中國學術思想

研究輯刊

三四編

林慶彰 主編

第13冊

中越儒學傳統現代轉化與價值路向之比較研究：以梁漱溟和陳仲金為例

阮壽德 著

花木蘭文化事業有限公司

國家圖書館出版品預行編目資料

中越儒學傳統現代轉化與價值路向之比較研究：以梁漱溟和陳
仲金為例／阮壽德 著 -- 初版 -- 新北市：花木蘭文化事業有
限公司，2021〔民110〕
序2+ 目2+226 面；19×26 公分
（中國學術思想研究輯刊 三四編；第13冊）
ISBN 978-986-518-496-4（精裝）
1. 梁漱溟 2.陳仲金 3.學術思想 4.儒學
030.8   110010880

ISBN-978-986-518-496-4

中國學術思想研究輯刊
三四編 第十三冊   ISBN：978-986-518-496-4

中越儒學傳統現代轉化與價值路向之比較研究：
以梁漱溟和陳仲金為例

作　　者　阮壽德
主　　編　林慶彰
總 編 輯　杜潔祥
副總編輯　楊嘉樂
編　　輯　許郁翎、張雅淋、潘玟靜　美術編輯　陳逸婷
出　　版　花木蘭文化事業有限公司
發 行 人　高小娟
聯絡地址　235 新北市中和區中安街七二號十三樓
　　　　　電話：02-2923-1455 ／傳真：02-2923-1452
網　　址　http://www.huamulan.tw 信箱 service@huamulans.com
印　　刷　普羅文化出版廣告事業
封面設計　劉開工作室
初　　版　2021 年 9 月
全書字數　198177 字
定　　價　三四編 14 冊（精裝）新台幣 36,000 元

中越儒學傳統現代轉化與價值路向之比較研究：以梁漱溟和陳仲金為例

阮壽德　著

作者簡介

阮壽德（Nguyễn Thọ Đức），越南河內人，1978 年生。2000 年畢業於越南河內國家大學所屬社會科學與人文大學文學系漢喃專業，2002 年畢業於河內外語大學（今河內大學）中文系，2005 年在臺灣國立雲林科技大學漢學資料整理研究所獲得碩士學位，2008 年繼入臺灣國立成功大學中國文學系攻讀博士班，2013 年獲得博士學位。現任越南河內國家大學所屬社會科學與人文大學東方學系講師，兼任中國研究中心主任。主要研究方向為近現代時期越南儒學思想史及其與中國儒學思想的比較研究。近年來先後發表學術論文十餘篇。

提　要

　　在過去，中國和越南是兩個在思想與文化上有著密切關係的儒教專制君主國家。在其發展過程當中，中國儒學學術思想的任何轉變幾乎都對越南儒學學術思想發生過影響。19 世紀末 20 世紀初，西方各國的大量軍事的進攻與強烈文化的侵入已經使曾經作為中國和越南長達千年正統思想體系的儒教學說陷入前所未有的全面與嚴厲的危機。20 世紀初期，在中越兩個儒教專制國家被推翻和解體之後，兩國之間原有悠久與密切的儒學學術思想的正統官方交流和接觸關係也由此斷裂。在儒教專制國家被推翻和解體不久之後，中國發生了一股由現代新儒家發動的振興儒學思潮，越南也形成肯定、提高、恢復及振興儒教的傳統趨向。

　　所要提出的問題是，在這種情況下，中國現代新儒學思潮與越南振興儒學趨向之間是否存在一個非官方的學術思想交流與接觸？若有的話，彼此之間的思想交流和接觸會怎樣進行？他們思想接觸與交流的具體內容如何？換言之，這時期越南儒學思想的運動與發展如何？它跟中國現代新儒學思潮有無聯繫？這時期越南儒學思想的特質與中國現代新儒學思想特質之間的異同如何？對這些學術問題進行研究並作出解答，是一個頗有科學意義的研究項目。可惜，從來這些問題幾乎未曾被中越學界所關心和研究。

　　為了解答上述問題，筆者以《中越儒學傳統現代轉化與價值路向之比較研究：以梁漱溟和陳仲金為例》當作本書的研究題目，旨在對梁漱溟在《東西文化及其哲學》和陳仲金在《儒教》的儒學思想現代轉化歷程的操作與內容進行考察、分析和論述。在此基礎上，本書把陳仲金在《儒教》的儒學思想現代轉化歷程放在中國現代新儒學思潮的運動與發展背景中來看待，進而再把梁漱溟和陳仲金的儒學思想現代轉化歷程的操作和內容進行對照和比較，並指出他們思想之間的異同及其彼此之間的思想關係。基於這樣的做法，本書已經發現中國現代新儒家思潮與越南振興儒學趨向之間的思想接觸與關係的具體線索，即陳仲金曾經接受梁漱溟儒學思想的影響。

序

陳益源

　　從我 1985 年夏天參與陳慶浩、王三慶兩位恩師主編《越南漢文小說叢刊》的校點整理工作算起，迄今已近卅六載；從我 1988 年在王三慶教授指導下完成碩士論文《〈剪燈新話〉與〈傳奇漫錄〉之比較研究》算起，到現在我已出版過七部越南研究專書和六、七十篇期刊論文；從我 1998 年獲得國家科學委員會補助「中越《金雲翹傳》之比較研究」開始，到現在我也前後執行了近二十項與越南有關的科技部專題研究計畫。

　　可以這麼說，我這三十幾年來的閱讀、研究與教學，幾乎天天都與越南為伍，而且隨著涉獵越來越深，我指導研究生撰寫與越南相關的學位論文也與日俱增，例如碩士論文有《明代中國所見越南漢籍研究》（吳秋燕，2008）、《〈西廂記〉、〈玉嬌梨〉與越南文學》（阮黃燕，2010）、《越南〈二度梅〉研究》（莊秋君，2010）、《在中國當官的越南人——以〈我國人入仕中國〉為研究對象》（吳氏新，2015）；此外，《〈聊齋志異〉影響之研究》（2003）、《廣西京族民間故事研究》（2006）、《接受與再生：〈平山冷燕〉之書寫續衍與轉化研究》（2008）、《馮小青故事研究》（2008）、《〈嶺南逸史〉研究》（2010）、《繆艮其人及其作品研究》（2011）、《項羽形象的塑造與轉變》（2017），其實也都與越南有程度不一的關聯。

　　至於我所指導與越南研究有關的博士論文也不少，包括《潘佩珠及其漢文小說之研究》（羅景文，2012）、《越南「雄王文化」研究》（裴光雄，2013）、《中越儒學傳統現代轉化與價值路向之比較研究：以梁漱溟和陳仲金為例》（阮壽德，2013）、《1849-1877 年間越南燕行錄之研究》（阮黃燕，2015）、《十七世紀閩南與越南佛教交流之研究》（范文俊，2015）、《十九世紀馬來群島和越南的交會與互動——以越南使節作品為討論對象》（邱彩韻，2015）、《清代

越南使臣在廣東的文學活動研究》（莊秋君，2017）、《清代越南燕行使節的北京書寫研究》（李宜樺，2017）、《〈三國演義〉與〈金雲翹傳〉在越南南部的傳播與影響》（阮清風，2019）、《越南嗣德皇帝〈御製越史總詠集〉之研究》（阮福安，2019）、《越南阮朝探花潘叔直漢文作品之研究》（吳氏新，2021）等。

其中，阮壽德所撰寫的博士論文《中越儒學傳統現代轉化與價值路向之比較研究：以梁漱溟和陳仲金為例》，現在就擺在讀者諸君面前。

壽德 2003 年遠從越南河內到臺灣留學，先是到國立雲林科技大學漢學資料整理研究所師從吳進安教授，撰成碩士論文《梁漱溟新儒家思想之研究》（2005），三年後又到國立成功大學中國文學系博士班深造，出於學術專業的考量，我特別商請本系同事林朝成教授與我聯合擔任他博士論文的指導教授，2013 年 5 月，壽德以高分通過了口試委員王三慶、吳進安、林安梧、黃麗生、鄭阿財五位教授和二位指導教授的面試，順利取得文學博士學位。

壽德 2013 年學成回到河內國家大學所屬人文與社會科學大學東方學系之後，很快就擔任該系中國學專業主任，2017 年起又擔任該校中國研究中心主任迄今。近七、八年來，我有好幾次特別邀請他到臺灣出席我所主辦的國際學術研討會和工作坊，他都因為工作的忙碌而未克成行。我知道他的榮譽心重，學術論文不輕易出手，而且責任感強，他的一項重要任務是致力於將臺灣哲學思想重要著作翻譯成越南文在河內出版，因此我也從不怪他不肯賞光。

根據我的了解，壽德除了榮譽心重、責任感強之外，又極富思辨能力，因此關於 20 世紀初期中越社會背景及其儒家所面臨的難題，以及梁漱溟、陳仲金這兩位中越儒學家的生平與著作、儒學思想現代轉化的歷程及其異同，他在他的博士論文都做了很深入的觀察與分析，並且提出很精闢的見解。如今，重閱他新修訂的這部專書，依然有種歷久彌新的感覺。可見他關於中越儒學傳統現代轉化與價值路向的思索，是經得起時間的考驗的。

忝為阮壽德博士論文指導教授之一的我，謹以此一短序，恭賀本書的在臺問世，並期盼即將榮膺河內國家大學陳仁宗學院副院長要職的壽德，繼續秉持其思考縝密的特質與做事嚴謹的態度，為未來越南與中國、臺灣思想文化研究的交流與合作做出更大的貢獻。

國立成功大學中國文學系特聘教授

陳益源

2021/5/18

誌　謝

　　本書是由筆者的博士學位論文（臺灣國立成功大學中國文學系，2013年5月）的點校部分修改而成的。

　　本書得以完成，得益於諸多師友的指教和幫助。在博士論文寫作和本書修改的過程中，始終得到陳益源教授和林朝成教授的關心和熱心指導。陳教授和林教授不僅給我提供許多珍貴的意見，時時關心、幫助和督促我寫作的進度，並且亦不厭其煩及辛勤地幫我閱讀和修改論文。我謹向陳教授和林教授對我在成大五年學習過程中難以細述的指導和照顧致以最誠摯的感謝。

　　論文在成大中國文學系發表和審查、答辯過程中，得到成大中國文學系王三慶教授、雲科大漢學所吳進安教授、海洋大學海洋文化研究所黃麗生教授、南華大學文學系鄭阿財教授、慈濟大學宗教研究所林安梧教授惠賜許多寶貴的修改意見和指正，使論文更為完善。我謹在此向各位教授致以最深的感謝。

　　本論文是筆者在臺灣國立成功大學中國文學系五年學習和研究的成果，在學習期間，無論在生活或學術方面，我時時刻刻都受到成大中國文學系各位教授、各位學長姐妹以及成大越南學生會各位學長姐妹的熱心關懷與幫助，我不敢或忘，在此特別表示深深的謝意。

　　我能有機會赴臺灣攻讀博士學位，要特別感謝母校越南河內國家大學所屬社會科學與人文大學阮文鴻教授、阮金山教授和東方學系各位老師的推荐、鼓勵和支持。

　　最後我感謝父母、兄弟姐妹和摯愛賢妻阮秋賢對我攻讀博士期間的全力支持與鼓勵，好讓我能安心研讀。

　　本書能在臺灣出版，也要感謝陳益源教授的熱心推薦和花木蘭文化事業有限公司的支持。在審讀本書稿件的過程中，我還得到編輯許郁翎女士的熱心幫助與指正，若沒有許女士的悉心校稿，本書更不會這麼快問世。這是我要特別申謝的。

　　本書在修改的過程中吸收了上述師友們許多寶貴的修改意見，不過由於筆者學識有限，本書難免還有不少疏漏和錯誤，希望讀者能多多賜教。

阮壽德　謹誌

2021 年 1 月 15 日，於越南河內

目次

第一章　緒　論

一、研究假定的提出

在過去，中國和越南是兩個在思想與文化上有著密切關係的儒教專制君主國家。在其發展過程當中，中國儒學思想的任何轉變幾乎都對越南儒學思想發生過影響。19 世紀末 20 世紀初，西方各國的大量軍事的進攻與強烈文化的侵入，已經使曾經作為中國和越南長達千年正統思想體系的儒教學說陷入前所未有的全面與嚴厲的危機。20 世紀初期，在中越兩個儒教專制國家被推翻和解體之後，兩國之間原有悠久與密切的儒學思想的正統官方交流和接觸關係也由此斷裂。在儒教專制國家被推翻和解體不久之後，中國發生了一股由現代新儒家發動的振興儒學思潮，越南也形成了肯定和提高儒教思想的現代價值及恢復與振興儒學的趨向，我們稱之為「振興儒學趨向」或「傳統趨向」。所要提出的問題是，在這種情況下，中國現代新儒學思潮與越南振興儒學趨向之間是否存在一個非官方的學術思想交流與接觸？若有的話，彼此之間的思想交流和接觸會怎樣進行？他們思想接觸與交流的具體內容如何？換言之，這一時期越南儒學思想的運動與發展如何？它跟中國現代新儒學思潮有無聯繫？這時期越南儒學思想的特質與中國現代新儒學思想的特質之間的異同如何？對這些學術問題進行研究和作出解答，是一個需要且頗有科學意義的研究項目。可惜，從來這些問題幾乎未曾被中越學界所關心和研究。

為了解答上述問題，筆者以《中越儒學傳統現代轉化與價值路向之比較研究：以梁漱溟和陳仲金為例》為本書的研究題目。筆者之所以選擇這個題目，是因為我先建立一個研究的假定：在 20 世紀三十年代時期，當中國和越南的振興儒學思潮在蓬勃發展時，已經發生了中國現代新儒家學者與越南振

興儒學趨向學者之間的某種思想接觸。研究假定的對象為中越兩位學者以及他們的兩部著作，即中國現代新儒學開山者梁漱溟的《東西文化及其哲學》〔註1〕一書和越南振興儒學趨向先驅者陳仲金的《儒教》〔註2〕一書。我們之所以選擇這兩位學者以及他們這兩部著作當作研究假定的對象，是根據以下三個論點：

第一、關於這兩位學者在當時中越振興儒學思潮的地位。《東西文化及其哲學》的問世，曾經震動了中國內外的學界，並使梁漱溟成為中國現代新儒學思潮的開山者。與此相同，《儒教》的問世，也引起了當時越南學界的一股轟動爭論，陳仲金也由此成為20世紀初期越南振興儒學趨向的第一代表者。

第二、關於《東西文化及其哲學》和《儒教》的思想。經由對這兩部書進行初步的考察，我們發現陳仲金《儒教》對儒教思想的觀點和見解，與梁漱溟《東西文化及其哲學》對儒家思想的觀點和見解，有了彼此之間的一些相同之處。

第三、關於這兩部著作的問世時間。《東西文化及其哲學》的問世時間為1921年，《儒教》的問世時間為1930年。其中，繼梁漱溟之後的中國現代新儒家代表熊十力一直到1932年才發表文言版《新唯識論》著作。因此，根據《新唯識論》和《儒教》二書問世時間的順序，陳仲金與熊十力之間的思想是否存在著彼此之間的接觸和聯繫的問題，當然是在我們研究假定的範圍之外，並且據我們的考察，《新唯識論》和《儒教》之間的思想內容並沒有任何相同之處。

按照這個研究的假定，本書將對梁漱溟在《東西文化及其哲學》和陳仲金在《儒教》關於儒學思想現代化過程的操作和內容進行考察、分析和論述。在此基礎上，我們把陳仲金在《儒教》的儒學思想現代化過程放在中國現代新儒學思潮的運動與發展背景中來看待，進而再把梁漱溟和陳仲金的儒學思想現代化過程的操作和內容進行對照和比較，旨在指出他們思想之間的異同並探索彼此之間的思想關係。基於這樣的做法，本書希望能發現中國現代新儒家思潮與越南振興儒學趨向之間的某種思想接觸和關係的線索。

〔註1〕梁漱溟的《東西文化及其哲學》一書的第一版是由中國商務印書館在1921年所出版的。

〔註2〕陳仲金的《儒教》第一卷和第二卷是分別在越南於1929年和1933年出版的。

二、研究問題的回顧與說明

　　在《儒教》一書，對儒教思想提出許多新見解之後，陳仲金肯定了儒教思想的現代價值與意義。陳仲金在《儒教》的新見解及振興儒學主張已經引起了當時越南許多學者的關注。他們紛紛針對《儒教》一書作出批評和評價。潘魁發表文章批判《儒教》的許多觀點，並與陳仲金直接爭論〔註3〕。吳必素則撰寫名為《批判陳仲金的〈儒教〉》一書，批評陳仲金《儒教》的編撰方法和選擇資料方式不恰當〔註4〕。陳文由則站在政治立場上批評《儒教》作者的改良與復古思想〔註5〕。不過，不論從任何角度來批判《儒教》，當時學者都認為陳仲金撰寫《儒教》的目的是為了振興和恢復儒教，他們也都承認《儒教》是20世紀初期越南振興儒學趨向的代表著作和先鋒旗幟。

　　不過，《儒教》如何振興儒學？它根據怎樣的思想和理論來振興儒學？《儒教》振興儒學的具體操作和內容是什麼？陳仲金在《儒教》所要振興的儒學思想是被當時越南學界所嚴厲地批判的腐敗和落後的儒學思想，還是經過他自己整理、改造和更新的儒學思想等這些問題，從來都沒有為越南學界所關心研究和理解。當時學界對《儒教》的批評和討論只是針對陳仲金在《儒教》所提出關於儒教的「民主」、「科學」等思想的新見解等幾個零散問題，並沒有對《儒教》思想內容進行系統和全面的研究。

　　與陳仲金同時代的學界不同，越南當代學界沒有對《儒教》學術思想內容進行研究和批評，只有從參考價值方面來評價《儒教》。在他們看來，《儒教》是越南現行頗有儒教史參考價值的一部大著。潘玉說：「至今，《儒教》仍然被視為關於儒教史的最下功夫和最為完備的一部書」〔註6〕。

　　據我們的了解，陳仲金的《儒教》不僅是一部論述儒教歷史的著作，陳氏也並非通過對儒教現代價值的一些簡單新見解和肯定來呼喚振興儒學。《儒

〔註3〕關於潘魁批評《儒教》及其與陳仲金直接爭論的具體內容，我們將在本書第五章進行具體論述。

〔註4〕〔越〕吳必素：《批評陳仲金的《儒教》》（河內：梅嶺出版社，1940年），頁12～13。

〔註5〕〔越〕陳文由：《越南思想由19世紀至八月革命時期的發展》，〈關於陳仲金的《儒教》一書及其思想特點〉，第四章，第三節（河內：社會科學出版社，1975年），頁327～355。

〔註6〕〔越〕潘玉：《越南文化與法國文化的接觸》，（河內：文化通訊出版社與文化研究院，2006年），頁60。

教》所包含的內容是經由陳仲金對儒教思想進行改造、更新和系統地詮釋的一系列新觀點和見解，我們稱之為「儒學思想現代化過程」的內容，而這個「儒學思想現代化過程」就是陳仲金所據以振興儒學的理論基礎。

不過，在《儒教》問世的八十幾年之後，至今還沒任何越南學者對《儒教》思想內容進行詳細、全面和系統的研究，還沒有把它貫穿和系統化成一個作為陳仲金振興儒學理論基礎的「儒學思想現代化過程」，進而把陳仲金在《儒教》的「儒學思想現代化過程」放在中國現代新儒學思想的運動和發展背景中來看待，再把兩者進行比較，並指出他們之間在思想上的異同及其聯繫。我們認為，從來越南學界之所以沒有對這個問題進行研究，是因為：

第一、由於《儒教》的撰寫方式所規定。與梁漱溟《東西文化及其哲學》著作的專門性不同。陳仲金的《儒教》是用撰寫儒學史的方式來著作，而不是用專門討論儒學思想現代化問題的方式來著作的。因此，在對沒有專門討論儒學思想問題的《儒教》一書進行研究它的「儒學思想現代化過程」時，我們特別注意具有方法論意義的一個特點。對研究儒學思想的人而言，這一特點是極為重要的。那就是傳統儒者在著述學術的習慣。

眾所周知，傳統儒者著述學術的習慣之一，是在想對某一個學術思想問題表示自己的觀點或意見時，他們一般都沒有撰寫一本專門著作直接針對那一問題進行論述和討論，經常只是通過對先人思想的論述和解釋來深沉地寄予自己的見解。

陳仲金的《儒教》是論述中國儒教史和越南儒教史簡約的著作。陳氏以思想史編年的方式來撰寫《儒教》，而不是用專門討論儒教思想問題的方式來著作。由於陳仲金沒有撰寫一本書專門論述自己對儒教思想的觀點和見解，而是通過編寫一部儒教史來進行寄托自己對儒教思想的觀點和見解，使他對儒教思想的新觀點和見解不集中在《儒教》一書的哪一個具體的章、節、目，零散地分佈在書中各不同的章節。我們認為，是否由於《儒教》的這一特點已經使越南學界從來只有認出陳仲金在《儒教》易見而零散的幾個新觀點和見解，而沒有具備、全面和系統地認出陳氏貫穿在《儒教》一書中對儒教思想史論述時所深沉和分散地寄托的所有新觀點和見解。為了全面和系統地把握陳仲金對儒教思想的所有新觀點和見解，並能將這些新觀點和見解概括化和系統化成一個「儒學思想現代化過程」，我們必須了解和把握他在《儒教》所表示的思想傾向和引導。

　　談到某一位作者在某一個具體著作的思想傾向或思想特質，即要指出那位作者在他著作中寄予了他自己怎麼樣的思想。相比之下，指明專門討論思想著作中的主導思想比指明用編年方式論述思想或歷史問題著作中的主導思想，是簡單得多的。因為在用編年方式論述思想或歷史問題的著作中，作者的主導思想時常沒有集中地體現於書中的任何一個具體章節，僅表現為作者對歷史上某一位思想家的思想觀念的褒貶、批評、評價、讚美等零散意見。即在對某一位思想家的思想觀念做論述之後，作者就含蓄地提出自己的看法和見解，或在分析和論述某一位思想家的思想觀念的同時，作者很含蓄地把自己的意見和見解穿插其中。因此，這種作者的思想很少體現為明顯的宣言，而時常表現成零散的觀點和褒貶意見，但這不意味著它沒有貫串性和系統性。

　　因此，想要把陳仲金在《儒教》對儒教思想的所有新觀點和見解內容進行分析、論述，並概括化和系統化成一個「儒學思想現代化過程」，**我們必定把陳仲金在《儒教》各不同章節對前輩儒者思想所表示的討論、評價、批評、肯定等零散意見貫穿起來，進而再把它概括成息息相關和互相統一的一個思想系統**。只有這樣做，我們才能把陳仲金在《儒教》的「儒學思想現代化過程」的總體面貌突出和系統地描述出來。

　　第二、過去我們僅以孤立的態度來看待陳仲金的《儒教》，而沒有把《儒教》放在當時東亞地區尤其是中國現代新儒學思想的運動與發展的共同背景中來看待。沒有中國現代新儒學思想的基本了解，就無法把中國現代新儒學思想與陳仲金儒教思想作對照和比較，因此不能認出陳仲金對儒教思想的全面和系統的新見解，並且也無法發現中國現代新儒學思想與陳仲金儒教思想之間的異同及其思想聯繫。換言之，要全面和系統地把握陳仲金儒教思想的新見解，必定要把它放在中國現代新儒學思想的運動和發展的背景中，並把兩者進行比較。不過，想要做到這一步，我們必須先有了中國現代新儒學思想的基本知識，尤其是要了解與陳仲金同時的現代新儒家代表的思想。如上面所說，本書所指與陳仲金同時的中國現代新儒學代表者就是梁漱溟。

　　不過，至今對中國現代新儒學思潮和梁漱溟著作的翻譯、研究和把他們的思想介紹給越南讀者的工作，幾乎仍是一無所有。據我們的了解，目前越南只有一篇論文針對梁漱溟哲學與文化思想作了簡要地介紹，那是阮金山在

2005 年發表的〈梁漱溟和中國現代新儒學的產生〉〔註7〕一文。由於一篇期刊論文的篇幅限制，阮金山不能給越南讀者提供有關梁漱溟的所有思想。為了總體、全面和深刻地把握梁漱溟的儒學思想，並且能把他與越南現代儒者的儒學思想進行比較，需要其它關於梁漱溟思想更為深刻的研究項目。可惜，至今這研究項目還沒有為越南學界所關心研究，甚至帶有啟發性的研究項目也還是沒有的。值得一提的是，中國現代新儒學已經過近百年的發展歷程，它對東亞地區各國發生了很大的影響。至今，現代新儒學思潮仍然在臺灣、香港和海外地區繼續發展。更值得注意的是，越南學界對於梁漱溟《東西文化及其哲學》一書並不陌生，因為在 20 世紀三十年代的時候，即《東西文化及其哲學》問世幾年之後，它已在越南流行了〔註8〕。不過，至今「中國現代新儒學」或「中國現代新儒家」似乎還是越南學界所不熟悉的一個概念。

這顯然是越南學界對中國現代新儒學和 20 世紀初期越南儒學研究的一個缺陷。以《中越儒學傳統現代轉化與價值路向之比較研究：以梁漱溟和陳仲金為例》作為本書的研究題目，我們對梁漱溟和陳仲金的「儒學思想現代化過程」進行初步的研究，進而把他們兩者之間的思想進行比較，旨在指出他們思想之間的異同及其思想聯繫。基於這樣的做法，本書希望既能為了解中國現代新儒學和 20 世紀初期越南儒學思想的發展提供了初步的認識，又能為克服越南學界上述的研究缺陷作出一些補充。就研究問題的歷史角度而言，可見本書研究題目當然是一個需要且頗有科學意義的研究項目。況且，這研究題目從來也未曾為中國和臺灣學界所探討和研究。這也就是本書之所以選擇這研究題目的根源所在。

三、研究對象與研究範圍

如上面所述，本書的研究對象是梁漱溟的《東西文化及其哲學》和陳仲金的《儒教》兩部著作。此外，有關陳仲金的儒學思想還有另外兩篇文章。這兩篇文章是陳仲金針對潘魁對他《儒教》一書批評的兩篇文章作答覆的。即在《儒教》問世後，潘魁撰寫兩篇文章對陳氏在《儒教》所論述的許多思想作出批評。為了回應潘魁的批評，陳仲金也寫了兩篇文章針對潘魁所批評的問

〔註7〕〔越〕阮金山：〈梁漱溟和中國現代新儒學的產生〉，《科學雜誌》，第一期（河內：越南河內國家大學，2005 年）。

〔註8〕關於梁漱溟《東西文化及其哲學》一書於 20 世紀初期在越南流行的痕跡，我們將在本書最後一章進行論述。

題做出答覆。就爭論問題而言，他們這四篇論文的內容都是與《儒教》一書思想內容有著密切關聯。因此，為能夠全面地論述陳仲金「儒學思想現代化過程」的內容及其與潘魁有關《儒教》思想的爭論，我們也選擇他們這四篇論文當作本書的研究對象。這四篇論文分別為：

1、潘魁：〈閱讀陳仲金先生的《儒教》〉，《婦女新聞》，西貢，第 54 期（1930年 5 月 29 日），收於賴原恩彙編：《潘魁檔案》，來源：http://www.viet-studies.info/Phankhoi/index.htm。

2、陳仲金：〈與潘先生漫談孔教〉，《婦女新聞》，西貢，第 60 期（1930年 7 月 10 日），收於陳仲金：《儒教》，〈附錄〉（河內：文學出版社，2003 年），第 671～687 頁。

3、潘魁：〈請陳仲金先生同孔子、孟子到邏輯（M.Logique）家做客。那裡，我們再談〉，《婦女新聞》，西貢，第 63 期（1930 年 7 月 31 日），第 64 期（1930 年 8 月 7 日），收於賴原恩彙編：《潘魁檔案》，來源：http://www.viet-studies.info/Phankhoi/index.htm。

4、陳仲金：〈請潘魁先生回我學堂談話〉，《婦女新聞》，西貢，第 71 期（1930 年 9 月 25 日）、第 72 期（1930 年 10 月 2 日）、第 74 期（1930 年 10月 16 日），收於陳仲金：《儒教》，〈附錄〉（河內：文學出版社，2003 年），第 687～720 頁。

四、研究方法與研究術語

比較研究工作的基礎前提是先要把握比較對象和被比較對象的內容和特點。本書的比較對象是梁漱溟在《東西文化及其哲學》的「儒學思想現代化過程」的內容，被比較對象是陳仲金在《儒教》的「儒學思想現代化過程」的內容。為了把握比較對象和被比較對象的思想內容，我們採用分析和描述方法，旨在對兩者「儒學思想現代化過程」的具體內容及其各操作、各環節進行分析、描述和論述。

由於本書的重心是比較研究，因此比較對照方法為我們在書中所貫串地採用。我們所運用的比較對照方法內容包括同代和歷代的比較。本書的重點在於把梁漱溟和陳仲金之間的儒學思想現代化過程進行比較，不過在強調和烘襯出陳仲金儒學思想的新思想和見解時，除了與梁漱溟思想作比較之外，我們也把陳仲金儒學思想與從前越南儒學思想及梁漱溟之後的中國現代新

儒家學者的儒學思想作比較。為了指出梁漱溟和陳仲金儒學思想之間的異同及其思想聯繫，比較研究法成為本書極其重要和不可少的研究方法。

關於書中「儒教」、「儒家」、「儒學」術語的用法：儘管接受中國儒學的影響，但越南和中國學界在使用有關儒家的術語有實質的差別。在中國，「儒教」是指「以儒教進行教化」的意義。中國人不把「儒教」視為一個學派、學說、思想體系或宗教。中國人使用「儒學」或「儒家」來表達由孔子開創的一個思想學派。中國學界使用「儒家」和「儒學」比「儒教」更為普遍。與中國學界不同，越南學界使用「儒教」術語則更為普遍。其中，「儒教」是指由孔子開創的學說內容、思想體系，包括其學說內容、一個學派、思想發展與演變等內容。越南人並沒有使用「儒家」、「儒學」術語來表達這個意思。因此，越南人所使用「儒教」術語的意義內涵與中國學界所使用「儒家」、「儒學」術語的意義相同。另外，越南人也沒有像中國人把「儒家學說」簡稱為「儒學」或把「儒學」等同於「儒家」。越南人也把「儒學」和「儒教」的意義清楚地劃分起來，「儒教」是指由孔子開創的學說內容或思想體系，「儒學」是指儒者在教育和著述方面的活動。作為儒者教育和著述的活動，「儒學」是受著儒教思想的支配和統治〔註9〕。

在《儒教》一書，陳仲金不僅用「儒教」術語給他著作命名，而且還使用「儒教」術語來表示由孔子創建的思想學派以及儒教學說的思想內容、歷代儒者、思想內容的演變與發展等意義。這樣一來，陳仲金所使用「儒教」術語的意義的確相當於中國人所使用「儒家」和「儒學」術語的意義。

因此，為了正確地表達中國和越南學界之間對「儒教」和「儒家」術語意義的差別，在本書筆者同時使用「儒教」、「儒家」和「儒學」三個術語。我將使用不同的術語來表達每一個不同的具體對象或場合，有關中國儒家的部分我將用「儒家」術語來表達，有關越南儒教的部分我將用「儒教」術語來表達，有關中越儒者學術著述活動的部分我們將用「儒學」術語來表達。為方便論述，偶爾我會將「越南儒教」與「中國儒家」同時以「儒教」稱之。

〔註9〕關於中國和越南學界所使用的「儒教」、「儒家」和「儒學」等術語之間的異同，參見阮金山：〈關於當今學界研究儒教所使用術語的若干意見〉，《漢喃學通報》（河內：漢喃研究院，1997年），頁542～551。

五、論文的創新和意義

　　經由對 20 世紀初期越南社會背景和陳仲金撰寫《儒教》的動機和目的及其儒學思想現代化過程的具體內容進行分析和論述，在某一程度上，本書已經明確描述了 20 世紀初期越南儒學思想的運動與發展的面貌，同時也指出導致它運動和發展的主要原因。根據陳仲金儒學思想的新見解，本書指出陳仲金儒學思想與從前越南儒學思想之間的異同，這為陳仲金《儒教》一書對 20 世紀初期越南儒學思想的運動與發展的地位的定位做出一定的貢獻。

　　19 世紀末 20 世紀初時期的振興儒學思潮是東亞地區各國的共同趨向。經由對梁漱溟與陳仲金的儒學思想現代化過程的比較，本書能為以下問題作出初步的解答，如：20 世紀初期越南儒學思想是怎樣運動和發展？它與中國現代新儒學之間的異同是如何？它是否與中國現代新儒學思潮發生思想交流和接觸？若有的話，這個交流和接觸過程是怎樣進行的？它與中國現代新儒學是否存在彼此之間的互相影響？若有的話，這互相影響過程的具體內容如何？20 世紀初期越南儒學是否接受中國現代新儒學思想的影響？若有的話，這個接受影響的具體內容又如何？是全盤地接受或是部分地接受呢？解答這些問題，就是明確了 20 世紀初期越南儒學是否加入東亞地區儒學思想的運動和發展的共同軌道的問題，同時也解決了 20 世紀初期越南儒學思想的許多學術問題。

　　中國現代新儒學思潮是在哲學、歷史和文化等方面都取得許多成就。它的影響力不限於東亞地區各國的範圍之內，並且還擴散地影響到世界一些國家和地區。目前，中國大陸、香港和臺灣的研究學界已經發表了關於現代新儒學思想及其對日本、韓國和世界各地的影響的許多研究論文和專書。不過，至今幾乎還沒任何中國大陸、香港和臺灣學者針對中國現代新儒學對越南儒學的影響或對兩者思想之間的異同比較等問題作過研究。因此，對梁漱溟和陳仲金儒學思想現代化過程進行比較研究，並指出他們思想之間的異同及其聯繫，在某一程度上，也是為研究中國現代新儒學對周邊各國的影響作出了一定的貢獻。這研究項目也初步為中國大陸、香港和臺灣學界對 20 世紀初期越南儒學思想的運動和發展提供了基礎知識。

第二章 20世紀初期中越社會背景及其儒家所面臨的難題

第一節 20世紀初期中越儒學所面臨的困境與難題

　　19世紀末20世紀初期，面對西方各國大量軍事的進攻與強烈文化的侵入，中國完全屈服於西方，中國文化也由此陷入前所未有的文化危機。作為中國社會政治、思想文化長達千年的正統思想的儒家學說也面臨著嚴重的生存危機。1911年辛亥革命的爆發，是標誌著中國儒教專制國家正式結束和解體的重要里程碑。儒教專制國家失去了政治地位和社會控制權，儒學科舉教育制度也早已廢除了。儒家的衰落與危機逐漸被全面歐化趨向所代替。在辛亥革命爆發不久之後，中國發生了主張學習西方文化和全面地批評、打倒和否定傳統儒家思想的五四新文化運動思潮。作為中國文化靈魂的儒教學說確實陷入嚴重的生存危機。儒家存亡的問題成為中國學界所關心爭論的熱點。學界所爭論的內容主要圍繞著中國將朝著哪個方向走、中國的將來文化會怎樣等問題進行激烈的爭論。所爭論的重點都涉及到如何看待儒教思想對中國傳統、現代和將來的地位、意義、價值和限制等問題。關於儒教思想對中國將來發展的地位及其對中國將來文化的價值和限制的激烈爭論，導致當時中國思想界互相對立的兩個學術派別的形成，即是新傳統派（現代新儒學）和反傳統派（自由主義）。

　　由於越南在過去的政治、思想、文化及當時所面臨的問題與中國的具有許多相同之處，因此這個時期越南思想的演變與發展是與中國有類似之處的。法國在 19 世紀末葉對越南的侵略，標誌著越南儒教開始瓦解的過程。從 20 世紀初期起，跟隨著法國的殖民地開拓擴大以及建立法越型學校來傳播西學和培訓新一代知識份子的過程，越南儒教也逐步瓦解。鄉試和會試分別在越南北圻和中圻於 1905 年和 1919 被廢除。1919 年標誌著越南儒教在政治和教育上的全面瓦解。1919 年至 1945 年期間是越南社會發生了迅速歐化趨向的時期。儒教專制國家被法國殖民控制成為傀儡政權，儒教科舉教育制度被廢除，漢文和喃文逐漸為拉丁文字所代替。這時期也發生了越南儒教傳統文化與代表西方文化的法國文化之間的激烈衝突。與越南儒教逐步全面瓦解過程相反，西方文化則日益泛濫。這種現象使當時越南許多儒者憂慮，他們認為要振興儒教來對付和抵抗西方文化的侵入與影響。與這個主張相反，當時越南一些新知識份子又認為儒教是腐敗和落後的根源，在他們看來，儒教思想不僅是腐敗與落後的根源，並且它正在阻礙越南向前發展，因此他們激烈地批判儒教，主張接受和學習西方文化。這兩股思想趨向之間的對立，形成了自 1923 年至 1940 年期間「批判儒教思想的反傳統趨向」與「肯定和提高儒教思想的傳統趨向」之間關於儒教思想的爭論〔註1〕。

　　不論中國現代新儒家或是越南傳統趨向者，他們都特別注重和關心民族文化的將來趨向。他們所提高儒教思想及振興儒教的主張都源於他們自己的民族精神，並企圖為民族建設能適應新時代逼迫要求的新文化。其中，儒教被視為問題的關鍵，因為在他們看來，儒教不但與民族傳統文化有著密切的關係，而且還涉及到民族將來文化的定向與發展。

　　在傳統派看來，面對西方文化的侵入與壓制，儒教已經露出它所有的缺陷。不論哲學、文化、教育等方面，儒教都不如西方，連被視為近現代時期各國家的最重要文明標誌的西方文化的「民主」和「科學」兩個成就，儒教也沒有。與西方文化相比，儒教的哲學、文化、政治體制、科學程度等方面都不如西方的。基本上，儒教沒有存在的理由，因為它再不能適應新時代的要求。

〔註1〕我們之所以稱之為兩個思想趨向，即批判儒教的「反傳統思想趨向」和提高及振興儒教的「傳統思想傾向」，是因為當時越南這個儒教思想爭論的發生和存在時間雖然也長達近二十年（從 1923 年至 1940 年），但其爭論的結果並沒有導致產生如中國反傳統派和現代新儒家學派的兩個真正典型的思想派別，也沒有前後繼承的代表者和思想理論系統。

在反傳統派看來，儒教不僅被歸結為導致國家民族的落後、懦弱和亡國的根源，而且還被視為阻礙國家的解放、發展和現代化事業的絆腳石。反傳統派激烈地控訴、排斥、批判和咒罵儒教，並把儒教視為教條和殘渣。

在此背景中，恢復和振興儒教成為中國現代新儒家和越南傳統趨向者的巨大挑戰和艱難任務。為了振興和把儒教復活起來，使儒教不但能適應現代社會的需求，且能在現代社會繼續存在，首先要對傳統儒教思想的落後、教條、腐敗等缺陷進行批判和清除。其次，要給儒教添加能適應新時代要求的新因素，並把儒教思想進行全面地現代化。換言之，想要振興儒教，並使儒教能適應和繼續存在於現代社會，必定要實現儒教思想現代化，為儒教謀求存在的新基礎。一般而言，「儒教思想現代化」是指儒教思想的批判與更新的活動，使儒教思想具備了新時代所要求的思想因素。這是中國現代新儒家和20世紀初期越南傳統趨向者恢復和振興儒教所選擇的共同方式。他們希望通過這種儒學思想現代化的方式，使儒教不但能適應現代社會的新要求，而且以自己原有獨特的道德倫理思想的普遍與永恒價值，昂然與驕傲地進入當代和未來的社會。按照這個現代化的模式，他們也相信和肯定儒教思想將成為中國和越南將來文化最理想的文化模式，甚至也是將來世界最優越的文化模式。

第二節　在不同視野中的「現代化」

「民主」與「科學」是人類在進化與發展史上的偉大成就。「民主」與「科學」是西方文化的獨特成就，而又是東方文化所缺乏的因素。「民主」與「科學」也是近現代時期西方各國之所以優越且強盛於東方各國的根源所在。「民主」與「科學」已經成為西方文化的力量與象徵，同時也成為現代時期每一個國家文明程度的表現和標誌。因此，「民主」與「科學」就是現代化的主要內容，並且成為東方地區各國所努力與奮鬥的目標。

19世紀末20世紀初中國和越南面對西方各國軍事力量的狼狽失敗，使中國和越南知識份子覺悟和逐漸地認識到作為西方文化獨特成就的「民主政治體制」和「現代科學」就是造成西方各帝國力量的重要因素。西方各國的繁榮與強盛取決於這兩個因素。不過，這兩個因素也是儒教專制國家所缺乏的。因此，若要國家能免除亡國之禍，打斷西方殖民各國的奴隸鎖鏈，把國

家解放出來，加快國家的發展速度，使自己國家富強並成為能與西方各國力量相對抗的強國，唯一的方法就是學習西方文化的長處來實現自己國家的「現代化」。換言之，「現代化」是接受和學習西方的民主政治體制和現代科學，為自己國家重新建設一個民主政治體制和現代科學的新國家。這樣一來，實現國家的「現代化」是新時代的逼迫要求，且成為新時代的不可逆流的趨勢，它貫串了現代中國和越南知識份子的認識和目標。

要強調的是，中國和越南現代知識份子所謂的「現代化」概念內涵並不只是指對於物質方面的片面現代化，而總是包含著兩個雙重的意義。在他們看來，國家民主政體與現代科學的現代化事業（物質方面）必定要與國家文化的現代化事業（精神方面）同時進行的。因此，國家「現代化」的具體內容並非只是努力接受和學習西方的民主政治與現代科學，而且還要為國家建設一個新的文化面貌。

雖然熱愛祖國和堅定以「現代化」模式為解放和振興國家民族金科玉律般的指南，但由於對同一個具體問題的視野不同，且又站在對立的不同思想陣營中，導致思想界對「現代化」問題具體化方式的看法不同。在五四新文化運動發生不久之後，中國思想界形成了鼎立的局面，即以胡適（1891～1962）為代表的自由主義（西化派），以現代新儒家開山者梁漱溟（1893～1988）為代表的保守主義或新傳統派（現代新儒家），和以李大釗（1889～1927）為代表的馬克思主義（激進主義）的三大思想潮流〔註2〕。在西化派的視野中，實現中國的現代化就是「全盤西化」，他們主張全盤地接受和學習西方工業文明的發展道路，即以西方現代化模型為標準，建設與西方各國的政治體制、現代科學和文化完全一樣的新中國。馬克思主義派則堅定以俄羅斯國家社會主義的現代化模型當作中國現代化的標準。

儘管西化派與馬克思主義派之間的現代化具體方式有所不同，但兩者都一致地認為中國的落後與懦弱的根源是由中國傳統儒教思想所造成的。雖然儒教已經被推翻和批評，但儒教思想的殘餘仍然阻礙著中國發展與現代化的進程。因此，無論採用怎樣的現代化方式，為成功和有效地接受與學習西方的民主政治和現代科學，必須對傳統儒教思想作批評和否定。換句話說，現代化的前提是要斷絕中國傳統腐敗與落後的儒教思想。因為，在他們看來，儒教思想不能與西方民主和科學相融合，兩者之間的衝突是如水火般的對立的。

〔註 2〕鄭大華：《梁漱溟傳》（北京：人民出版社，2001 年），頁 161。

現代新儒家不僅對接受和學習西方的民主政治與現代科學的現代化具體內容表示贊同，而且他們還肯定中國現代化的事業是要以西方的民主政治體制與現代科學為標準，為中國建設民主政治與現代科學的新國家。他們也承認西方的民主與科學是儒教思想所欠缺的。他們認為民主與科學是儒教思想的最大挑戰，但這兩個因素也是儒教能在現代社會繼續生存的基本條件。儒教的存亡取決於它是否能適應和容納新時代的民主與科學。不過，與反傳統派的全盤西化主張不同，現代新儒家認為「現代化」並不是等於「全盤西化」，「中國的現代化應是中國的精神文明加西方的物質文明」，即「以『儒家資本主義』為中國現代化道路的選擇」〔註3〕。在現代新儒家看來，「現代化」是中國文化在現代社會中的自我轉型和發展，「**現代生活是某一個具體文化在現代時代中的表現和發展**」〔註4〕，因此「現代化」並不是「全盤西化」，更不是要斷絕中國傳統儒教文化，而是相反才對。

儘管現代新儒家承認民主與科學為西方文化的偉大成就，但他們認為西方「物質文化」潛藏著許多病根和毀滅因子。西方文化正陷入嚴重的危機，西方人要清除它。面對當前西方的文化危機，西方學者們正在向東方謀求治療藥方。儒教思想雖然沒有產生出民主與科學，但儒教思想裏面包含許多普遍恒久的道德倫理與精神價值。儒教就是治療西方文化弊病的特效藥方。現代新儒家也相信和肯定中國將來文化將是儒教文化的復興，且儒教即將成為全世界的將來文化。因此，雖然承認和肯定民主與科學的價值，並主張中國要接受和學習西方的民主政治與現代科學來實現中國的現代化，但現代新儒家不願意接受和學習西方文化的物質生活方式，而是主張以儒教思想為基礎，將儒教思想作為指導中國接受和學習西方民主與科學過程的指導原則，即以儒教思想的現代轉化當作實現國家現代化的具體方式〔註5〕。

在現代新儒家看來，以富國強兵為目標的國家現代化事業總是離不開儒教思想現代化的過程，而且還強調國家現代化事業就是儒教思想現代化過程的直接成果。因為就本質而言，儒教思想現代化的過程是對儒教思想體系進

〔註3〕鄭大華：《梁漱溟傳》（北京：人民出版社，2001年），頁161。

〔註4〕余英時：《中國思想傳統的現代詮釋》（南京：江蘇人民出版社，2003年），頁2。

〔註5〕關於這問題的具體內容，參見方克立：《現代新儒學與中國現代化》（天津：天津人民出版社，1997年）；鄭家棟：《現代新儒學概論》（南寧：廣西人民出版社，1990年）。

行重新調整與建造，使儒教能適應和接受西方的民主與科學成就。換言之，只有以儒教思想為基礎，並且在儒教思想的指導之下，中國才能順利地接受西方的民主與科學，並成功地實現中國的「現代化」事業。因此，實行儒教思想的現代化，除了對傳統儒教思想的缺陷進行批判和清除及把儒教哲學思想體系重新建造和更新之外，為儒教思想的缺陷補充新時代所需要的西方民主與科學等新思想因素，也成為中國現代新儒家所面臨的逼迫需求。在新儒家看來，中國現代化事業所獲得的最終目標，必定是一個具有民主政治體制與現代科學的富國強兵的中國及其一個新儒教文化的面貌——現代儒教文化。這種中國現代化模式的理論為現代新儒家的下一代所研究和概括成「東方工業文明的道路」或「儒家資本主義」。其具體的模式為：「儒教」加西方現代「民主」與「科學」。這不僅是中國現代新儒家的儒教思想現代化模式，而且同時也是他們所主張實現國家現代化目標的具體化方式。

　　與中國政治、社會和思想的轉變較為接近，因此 20 世紀初期越南思想的運動與發展和中國思想的變化與發展有了許多相同之處。面對著當時急迫的現代化問題，越南也形成了「東西融合，完全歐化和徹底革命」〔註6〕的三個思想趨向。其中，完全歐化思想傾向者以全盤學習西方為實現國家現代化的具體方式，徹底革命思想傾向者則主張學習俄國社會主義模式的現代化方式，而東西融合思想趨向者（我們稱之為恢復和振興儒教的傳統趨向者）則主張把西方文化和儒教文化融合起來：「我們想要建設自己國家成為一個具備精神與物質兩面的強盛國家則要維護傳統文化（儒教文化——筆者），並以它為體，而以新文化（西方文化——筆者）為用，即是要靈活與巧妙地調和東方文化的精粹（儒教文化——筆者）和西方文化科學與技術的長處」〔註7〕。基於這種認識，為了恢復和振興儒教，當時越南東西融合思想傾向者著手對傳統儒教思想進行改造、更新和重新解釋，對儒教思想進行現代轉化，即實現儒教思想現代化，並且以儒教思想為基礎來接受、容納和消化西方文化的民主與科學因素。在東西融合思想傾向者看來，儒教思想現代化的過程就是實現越南現代化目標的具體化方式。

〔註 6〕〔越〕陶維英：《越南文化史綱》（河內：文化通訊出版社，2006 年），頁 360。
〔註 7〕〔越〕陶維英：《越南文化史綱》（河內：文化通訊出版社，2006 年），頁 358。

第三節　儒學思想現代轉化的具體操作與內容

　　中國振興儒教思潮發端於 20 世紀三十年代初期，並蓬勃發展成為中國現代思想史的一股大思潮，即中國現代新儒學思潮。歷來關於中國現代新儒家概念的界說和定義，中國學者已經提出不盡相同的許多看法。在此，筆者對鄭家棟關於中國現代新儒家的定義表示贊同，鄭家棟對中國現代新儒家這樣界說：

> 作為一個產生於本世紀二十年代的思想文化派別，現代新儒家企圖通過發動一場儒學復興運動來使我們民族擺脫近代以來所遭遇的文化危機。他們以弘揚儒學為己任，以融會中西、實現儒家思想的現代轉型為宗旨，以儒家的內聖之學為主導，以服膺宋明理學為特徵，表現出強烈的民族意識、歷史意識、道德意識、宗教意識和「為往聖繼絕學，為萬世開太平」的使命感〔註8〕。

　　至今，中國現代新儒家思潮已經歷了接近一百年的形成與發展的歷史。其代表人物包括：梁漱溟、張君勱、熊十力、馮友蘭、賀麟、錢穆、唐君毅、牟宗三、徐復觀等第一至第三代，及當代新儒家代表者如：杜維明、劉述先、蔡仁厚等。以自己哲學、文化和學術理論的龐大成就，現代新儒家早在中國現代學術思想史上佔有了應有的地位。現代新儒家不僅對中國國內思想界發生過影響，而且還影響到海外的思想界。至今，中國現代新儒家仍繼續存在和猛烈地發展。

　　如上面所說，「現代化」的主要內容是接收和學習西方的民主政治體制和現代科學，為自己國家建設一個民主政治體制和現代科學的新國家。如何把西方的「民主」與「科學」接受、學習和引進到中國是中國現代思想界所面臨的共同課題，「但把此問題（「民主」與「科學」──筆者）納入儒家『內聖外王』的思想架構中加以闡發、說明、消化和處理，卻反映了新儒家在中國現代化問題上既不同於傳統的守舊派也區別於自由主義的西化派的特殊進路。五十年代後，港臺新儒家把這一理路概括為『內聖開出新外王』或稱之為『返本開新』」〔註9〕。就是說，沿著由儒家傳統內聖心性之學到現代民主與科學的新外王目標的道路前進，後來中國現代新儒家不願意把接收和容納西方的民主與科學視為一個簡單的加法：儒家思想添加西方的民主與科學，而是要

〔註 8〕鄭家棟：《現代新儒學概論》（南寧：廣西人民出版社，1990 年），頁 16。
〔註 9〕鄭家棟：《當代新儒學論衡》，〈新儒家與中國現代化〉（臺北：桂冠圖書股份有限公司，1995 年），頁 55～56。

通過實現儒家哲學思想現代化的過程來謀求儒家哲學思想中所含有民主和科學思想的因素，並以此為形而上的理論基礎來合理化他們所提出和肯定「發展民主與科學是儒家內聖心性之學的必要內在需要」的論點。現代新儒家認為，只有在儒家哲學思想理論基礎所指導下的現代化，才是中國最理想的現代化方式。這是自中國文化根底的最徹底和最根本的現代化方式。其他現代化的所有方式都是一種忘本且不牢實的借用方式。

　　現代新儒家對儒家思想進行現代化的第一個操作是著手批評後儒，旨在恢復孔孟思想的真正精神與智慧。現代新儒家嚴厲地批評後儒尤其是宋儒學者，他們認為宋代儒者已經喪失了孔孟思想的真正意義，使儒家思想在過去只發展內聖一面，而外王一面極為懦弱，宋代儒者是阻礙和牽制儒家外王方面發展的根源。近現代時期中國文化——儒家文化之所以成為落後和薄弱，且陷入文化嚴重的危機都是由宋儒們所造成的。值得一提的是，現代新儒家批判宋儒，但他們所針對的主要是程朱理學一派，而不是陸王心學一派。他們對程朱理學做出許多嚴厲批判，並對陸王心學作出許多肯定和認同。他們都肯定陸王心學承接到孔孟的真正思想，陸王心學是孔孟思想的正派，而認為程朱理學沒有承接到孔孟的真正思想，程朱理學是孔孟思想的旁枝。

　　接下來，新儒家精心和刻苦地研究西方哲學，並對西方哲學思想內容和理論進行接受、容納和運用來重新建造儒家哲學的新思想體系。在某一程度上，新儒家已經融合西方哲學和儒家哲學。經由對儒家哲學思想進行重新詮釋和現代化，現代新儒家在哲學思想和理論方面已獲得許多突破性與創造性的成就。其中，包含著不少證明和肯定「發展民主與科學是儒家內聖心性之學的必要內在需要」的理論根據。儘管現代新儒家在哲學方面獲得許多創造性和突破性的龐大理論成就，但有關證明由儒家內聖心性之學開出現代民主與科學的新外王，是儒家內聖心性之學的必要自身內在發展需要的理論，還是一個存在著許多的限制與爭論的問題。換言之，現代新儒家所運用「由儒家內聖心性之學開出現代民主與科學的新外王的儒家思想現代化」的模式當作實現中國現代化的具體方式，仍是沒有真正的說服力〔註10〕。

〔註10〕參見韋政通：《儒家與現代中國》，〈現代中國儒家的挫折與復興：中心思想的批判〉、〈當代新儒家的心態〉、〈新儒家與自由主義觀念衝突的檢討〉（上海：人民出版社，1990年），頁160～260；鄭家棟：《現代新儒學概論》，第一章〈作為文化思潮的新儒學〉，第五節「科學、民主與儒學第三期發展」（南寧：廣西人民出版社，1990年），頁25～35。

　　以上是中國現代新儒家和越南振興儒教的傳統趨向者對儒學思想現代化過程所進行的共同操作與具體內容。當然，在儒學思想現代化過程的各不同具體環節中，由於中國現代新儒家和越南傳統傾向者對儒家思想每一具體問題的認識和見解不同，導致兩者對此問題所進行思想現代化的具體操作與內容不完全相同。

第三章 梁漱溟和陳仲金的生平與著作

第一節 梁漱溟的生平與著作

一、生平

梁漱溟於 1893 年 10 月 18 日（清光緒十年）在北京出生，名煥鼎，字壽銘，後來又取字漱溟。他的祖先是元朝宗室後裔，原籍廣西桂林，後移到北京定居。梁漱溟的父親名濟，字巨川，生有兩男二女，梁漱溟排行第二，兄長為煥鼐，小妹煥詰和煥紳。

1898 年，梁漱溟開始在家裡啟蒙讀書。由於梁漱溟的父親梁濟早受西方思想的影響，因此思想開明。梁濟曾對曾國藩、李鴻章等人主持的洋務運動和戊戌變法都表示贊成。慈禧於 1898 年 9 月 21 日發動科舉制度改革之後，即在梁漱溟讀完《三字經》和《百家姓》之時，梁濟就不再讓梁漱溟按照通常的習慣繼續讀儒家經典的四書五經，而以一本介紹世界各國歷史、地理的《地球韻言》來教他。1899 年，梁濟送梁漱溟去北京首創的一所新式學堂「中西小學堂」學習中文和英文。1906 年，梁漱溟小學畢業，繼續進入「順天中學堂」學習，這也是北京最早的新式中學之一，梁漱溟在這裡學習到 1911 年就畢業。

梁漱溟在中學時代的人生思想是功利主義的。他認為人生的目的是去苦就樂、趨利避害，所以辨別一切事物和行為的是非善惡的標準必須以利害得失為根據。凡對人帶來幸福、快樂、利益的行為或事物都是善。相反，凡對人

帶來不幸、苦悶、不利的行為或事物，無論在道德上有多麼重要的價值與意義都是惡。因此他只看重事功而輕視學問，著重學習有實用價值的學問，而忽略古文詩詞、經史典籍的學問。儘管後來他成為現代新儒學的開山者，對儒家思想進行重新詮釋，但事實上，他小時候沒有很好地讀過四書五經和儒家的其他經典。

辛亥革命爆發、清帝宣佈退位後，梁漱溟思想偏於君主立憲派，並反對民主共和。他接受了梁啟超君主立憲政治思想的影響，希望通過梁啟超的思想可以改造中國的現狀，因此他投身《民國報》工作，任外勤記者。《民國報》是革命黨人創辦的一份報紙，且為國民黨的機關報。由於職務工作的關係，梁漱溟常出入各式政黨團體的本部，參加各種政治的會議，採訪各式各樣的政客和領導者。在這段時期，梁漱溟親眼目睹各種政治生活中爭權奪利的腐敗現象，這使他對社會現實感到失望。因為社會現實與他所想像的政治理想有很大的差別。作為一個剛進入社會且對未來社會充滿希望的熱血青年的梁漱溟，但他所面對的都是當時政治的腐敗現象，使他厭倦、痛苦和失望。對現實與未來社會深感失望和厭倦，使梁漱溟於 1912 年兩次企圖自殺。自殺不成，梁漱溟從入世思想轉向出世思路。1913 年，他辭去《民國報》的記者之職，回家隱居鑽研佛學經典，希望能從佛法中求得精神痛苦的解脫，擺脫當時黑暗的現實。

1916 年，梁漱溟開始撰寫和發表有關佛學的文章。他在《東方雜誌》第五到第七號連續發表自己對佛學研究的〈究元決疑論〉一文。這篇論文批評中外古今的各家學說，而只推崇佛學一家。論文分為兩大部分，「究元」部分探究世界的本源，「決疑」部分探討人生的問題。梁漱溟這篇論文引起學界的廣大注意與高度評價。後來，梁漱溟被北大校長蔡元培邀請到北大講印度哲學，也正是靠著這篇文章。

1917 年 10 月，梁漱溟應北大校長蔡元培的邀請到北大任教。他在北大講學至 1924 年就辭職去山東辦學。在北大講學的時期，梁漱溟的思想又發生了一個重大的變化，即從印度佛學的出世思想逐漸轉向回到中國儒家的入世思想，由此形成他的新儒家思想，並成為中國現代新儒學的開山者。梁漱溟這次的思想轉變一方面受到第一次世界大戰的影響。第一次世界大戰的爆發已經為人類帶來前所未有的互相殘殺局面，西方文化的各種弊病也由此暴露。這一局面使包括梁漱溟在內的當時大多數人認為，西方物質文明已經破產，

東方精神文明就是挽救西方文化弊病的藥方。因此，人們都認為東方的中國文化對當前世界有了新的意義。另一面，梁漱溟思想的轉變也是由五四新文化運動對中國傳統文化、儒家思想所批評的壓力而造成的。以陳獨秀、胡適之和李大釗為代表的新文化運動者對中國傳統文化作嚴格批評及全盤否認。這種極端否定傳統文化的依法，使得對中國傳統文化仍然抱有愛護情感的一些人士覺得不安和反感。因此，有些知識份子站起來弘揚傳統文化，反對新文化運動所主張否認傳統和全盤西化的觀點。梁漱溟之所以拋棄佛家生活，回過頭來發揚中國傳統文化的孔學思想，宣佈過孔家的生活，也正是這個原因。五四運動者對傳統文化的批評及其對未來中國文化的規劃，使他不能不關懷中國在未來發展的問題。

　　1920 年，梁漱溟開始在北大講授「東西文化及其哲學」的課程。1921 年暑假，應山東省教育廳的邀請，梁漱溟到濟南對「東西文化及其哲學」的問題演講了四十天。演講之後，講稿獲得整理和出版。《東西文化及其哲學》的出版標誌著梁漱溟在思想上從佛家出世思想轉向儒家入世思想的完成過程。《東西文化及其哲學》也是梁漱溟第一部具有重大影響的重要著作，並使梁漱溟成為中國當代思想界的著名學者。《東西文化及其哲學》的問世已經為中國現代新儒家思潮打下了基礎，同時使梁漱溟成為中國現代新儒學的開山者，它還標誌著梁漱溟開始走上現代中國文化思想的舞台。在《東西文化及其哲學》一書，梁漱溟通過對東西文化各家學說進行批評之後，進而發揮孔子的哲學思想，回歸中國儒家的人生，並且肯定世界未來文化將是中國傳統文化的復興，然而梁漱溟所謂中國傳統文化是指中國儒家文化思想。

　　1924 年，梁漱溟離開北大去山東擔任曹州六中校長職務。梁漱溟離開北大的主要原因是為實現改造中國當時社會的理想，即實現他在《中西文化及其哲學》所陳述的新儒家思想，這標誌著他新儒家思想進入實踐的另一段時期。到曹州之後，梁漱溟開始著手對曹州六中學校的考試、收費及知識和實踐相結合等方面進行改革。對於考試問題，除了要求學生要考試國文和外文之外，梁漱溟更強調學生要接受面試。即想通過面試來看學生的體格、資格和態度，具體地說，就是看學生的道德方面重於知識方面。對於收費方面，梁漱溟實現根據學生家庭的具體經費條件來收費的制度，即學生的家庭富裕則收多，貧困則收少，沒有則不收。這樣使得貧困家庭的子弟有了上學的機會。為了培養學生的勞動習慣和改掉他們好逸惡勞的風氣，梁漱溟要求學生

每天都要做打掃衛生、燒開水等類的具體勞動。梁漱溟這種改革在某些方面上也取得一定的成效，但成效不大。

1925 年，梁漱溟辭去曹州六中校長的職務，回北京編輯和刻印他父親巨川的遺文《桂林梁先生遺文》。1927 年，李濟深、張難先等人邀請梁漱溟去實地考察廣東國民革命政府狀況。梁漱溟到廣東之後，在李濟深的支持之下，他開始在廣東進行實驗「鄉治」的計畫，從鄉村自治著手改造舊中國、建立新中國。他之所以主張鄉村改革，因為在他看來，中國是鄉村的國家，社會以鄉村為基礎，中國文化大半是自鄉村而來，因此鄉村是中國最重要的地方。鄉村的好壞是解決中國所有問題的關鍵因素。若不先從鄉村進行改造，其他方面的建設都不能成功。梁漱溟強調只有鄉村安定、產業興起、農產品增加、自治得到建立起來，中國才有基礎，才能富強。只有鄉村文化的提高，中國才有進步，只有對鄉村有辦法，中國才算有辦法。無論經濟、政治、教育都是如此。鄉村既然那麼重要，但當前由於西方文化的侵入，使鄉村發生了重大的變化。以前鄉村社會原來以倫理為本位，以職業分途為特徵，但西方文化的侵入已經破壞了鄉村的傳統經濟、政治和文化，且人民的生活越來越貧困。由此，梁漱溟肯定想要尋找中國未來的出路，必須從鄉村著手，中國未來的社會必定以鄉村為本位。這是梁漱溟所謂「鄉村自治」或稱之為鄉村建設的改革主張。

1929 年 3 月，由於李濟深為蔣介石軟禁，梁漱溟在廣東失去了政治的靠山，他在廣東實驗的鄉村計畫也就此停止了。他只好離開廣東去河南，在河南省政府主席韓復榘支持之下，梁漱溟開始在河南進行鄉治運動，並任《村治月刊》的主編兼任河南村治學院教務主任，主持河南村治學院的工作。1930年，由於中原戰爭爆發，河南成為戰場，河南村治學院因此關閉。

韓復榘投降蔣介石之後，被蔣任山東省政府主席。韓復榘任山東省主席後，再次邀請梁漱溟到山東繼續進行鄉村運動。1931 年 1 月，梁漱溟到山東繼續實現鄉村建設的事業。梁漱溟任山東鄉村建設研究院的研究部主任，並改稱「鄉治」、「村治」成為「鄉村建設」。不久之後，梁氏任山東鄉村建設研究院院長。山東鄉村建設研究院是鄉村建設問題的研究中心，是鄉村建設的幹部培養訓練中心，也是吸收青年從事鄉村建設工作的指導中心。到 1937 年 7 月 7 日，日軍挑起蘆溝橋事件，中日戰爭全面爆發，山東被日軍佔領，山東鄉村建設研究院也被關閉。

山東鄉村建設研究院關閉之後，梁漱溟被南京國民政府委任為國民參政會的參議員，後來他又被選為國民參政會的駐會委員。1939 年 10 月，梁漱溟和國民參政會的沈鈞儒、黃炎培、羅隆基、張伯鈞等人在重慶成立統一建國同志會。1941 年 3 月，統一建國同志會改名為中國民主政團同盟，梁漱溟被委任為同盟中央常委，並被派去香港創辦機關報。1939 年 12 月 7 日，日軍偷襲美國太平洋艦隊基地珍珠港，太平洋戰爭爆發，香港被日軍佔領。在中共組織的幫助下，梁漱溟回到國內。

1942 年起，梁漱溟在廣西桂林一邊參加抗戰運動，一邊開始著手撰寫《中國文化要義》。1949 年 6 月，《中國文化要義》一書正式完稿。

中共統一大陸之後不久，1950 年，梁漱溟回到北京定居。由於梁漱溟的思想與中共思想是相對立，然而他仍堅持自己的思想不改，因此從 1950 年到 1980 年，梁漱溟一直受到來自中國共產黨的批評。在這段時間，他幾乎失蹤於中國政治舞台和學術思想界。既然如此，他還是繼續思考，並撰寫許多文章和著作，這時期的主要著作有：《人心與人生》和《東方學術概觀》。

至二十世紀八十年代，中國進行改革開放的時候，梁漱溟才能恢復他的政治和學術活動。除了任中國文化書院院務委員會主席之外，梁漱溟還繼續講學，但這一段時期他沒有新的著作。1988 年，梁漱溟在北京去逝，享年 95 歲。

二、著作

梁漱溟畢生的著作豐富，除了重要著作之外，還有非常多論述學術、社會、文化、人生、教育等問題刊登於各種雜誌、月刊的單篇論文。不過，最能體現他的哲學與文化思想的著作主要有：《東西文化及其哲學》（1921 年），《中國民族自救運動之最後覺悟》（1932 年），《鄉村建設理論》（1937 年），《我的自學小史》（1942 年），《中國文化要義》（1949 年），《人心與人生》（1975 年），《東方學術概觀》（1975 年）。

《東西文化及其哲學》：由商務印書館於 1921 年出版。全書共五章，第一章為「緒論」，批評當時中國研究東西文化的各種觀點，強調中西文化研究的重要性，並提出自己研究中西文化的方法；第二章「如何是東方化？如何是西方化？（上）」，論述中西文化之間的特質差異；第三章「如何是東方化？如何是西方化？（下）」，以「意欲」範疇解釋宇宙的本體及人類文化形成的

淵源。由於人類的意欲不同，形成了人類的三大文化路向，即西方、中國和印度文化。這三大文化路向的不同是由意欲不同所決定的；第四章「西洋中國印度三方哲學之比較」，批評西方哲學思想，讚揚孔子哲學，並重新詮釋儒家哲學思想；第五章「世界未來之文化與我們今日應持的態度」，反對全盤西化主張，認為中國要接受西方文化的民主、科學成就，而要把西方的人生態度根本改過，肯定世界的未來文化將是中國傳統儒家文化的復興。

第二節　陳仲金的生平與著作

一、生平

　　陳仲金（1883～1953）是越南的著名學者。他也是越南帝國的第一位首相（16-04-1945 年至 30-08-1945 年）。

　　陳仲金於 1883 年出生在越南河靜省宜春縣丹浦社。他出身於傳統儒教家庭，從小就學習漢文。1897 年他開始在南定省法越學校學法文。1900 年他考上並在通譯（翻譯）學校學習，1903 年畢業。1904 年他在寧平省當通事員（翻譯員）。1905 年他去法國留學，在里昂（Lyon）貿易大學讀書。1909 年他繼續在默倫（Melun）師範大學學習，並於 1911 年畢業。

　　1911 年 9 月陳仲金回到越南並成為一名教師，逐漸在教育界嶄露頭角。他分別在中學保護學校（今為河內朱文安高中學校）、後補學校（École des aspirants-mandarins，法國佔據越南時期培訓行政幹部的中心）、小學師範學校、實行師範學校等授課。他曾經擔任法屬時期教育部的小學檢察員（1921 年）、小學教科書編撰組組長（1924 年）、河內小學署署長（1939 年）、北圻民表委員會委員等職務。

　　1945 年 3 月 9 日，日本推翻在越南法國殖民地政府。為了爭取越南人的支持，日本宣佈越南已經脫離法國殖民的統治並成為獨立。實際上，日本人在越南建立了越南傀儡政權，扶持保大皇帝（1913～1997）地位。雖然越南名義上是獨立國家，實際上是處在日本的軍事佔領之下。日本要求保大皇帝建立越南政府內閣，保大皇帝邀請陳仲金成立政府。陳仲金在 1945 年 4 月 17 日建立越南政府內閣並親自任新越南政府的首相職位。1945 年，陳仲金政府以「越南帝國」命名國號。

　　日本投降同盟國時，陳仲金政府也立即在 1945 年 8 月 23 日被推翻。雖然存在的時間短促，但陳仲金政府也做到一些重要的事情，如把原來割讓給法國的越南南圻部分在名義上統一於越南、把法文教育更換成越文教育等。

　　在越明取得政權並成立越南民主共和國時，陳仲金流亡到中國廣州和香港等地。一直到 1947 年，他才回到越南西貢市生活。1948 年，他去柬埔寨金邊（Phnom Penh）女兒家住著。之後，他又回越南度過沉默的生活。1953 年，他在大叻市過世，享年 71 歲。

　　陳仲金被視為兼備新學和舊學的淵博學者，他致力於 20 世紀初期越南教育事業，但他也被認為維護和支持保皇制的保守者。

二、著作

（一）著作

　　從 1910 年至 1940 年期間，陳仲金撰寫了許多有關史學、思想和教育等方面的著作如：《初學倫理》（1914 年），《王陽明》（1914 年），《師範科要略》（1916 年），《越南史略》（1920 年），《儒教》（1929 年第一卷，1933 年第二卷），《佛錄》（1940 年），《國文教科書》（與阮文玉、鄧廷福、杜慎等合撰，1941 年），《越南文範》（與裴杞、阮孟祥等合撰，1941 年），《一個風沙》（回憶錄，1949 年）。這些著作都是用越南語（越南拉丁字母）寫成，為越南國語字文化作出了巨大貢獻。其中，最著名的是出版於 1920 年的《越南史略》和出版於 1929 和 1933 年的《儒教》的兩部著作。

（二）關於《儒教》著作的問世背景及其內容

1. 《儒教》著作的問世背景（二十世紀初葉越南儒教爭論的情況）

　　1923 年 12 月，阮安寧（1900～1943）在《沙啞喇叭》第五、六期發表兩篇文章，對儒教進行多方面的批判。阮安寧指出，越南應該吸收西方文化。他認為，在吸收西方文明的道路上，儒教是需要排除的障礙，因為如果儒教繼續存在，我們將難以與西方文明接觸。這被視為 1923～1940 年儒教爭論的開端。其後，潘魁（1887～1959）在《婦女新聞》連續發表嚴批儒教的文章。潘魁批判舊學、痛斥大家庭制度、譴責「三綱」、「五常」、「貞節」等思想。對此，傘沱（1889～1939）在《安南雜誌》發表一系列文章，對儒教思想價值予以肯定，且將矛頭指向潘魁。1929 年末 1930 年初，潘魁與衡山相繼在《神

鐘》報上撰文，進行激烈的論戰。1930 年，黃叔抗（1876～1947）也在《民聲》報上發表多篇文章，對儒教予以批判。在陳仲金於 1930 年出版《儒教》（卷一），意在弘揚儒教、振興儒學之後，儒教爭論就更加如火如荼。《儒教》一亮相，潘魁就隨即發表了大量文章痛批陳仲金。兩人在《婦女新聞》進行了堪稱你死我活的爭論。1940 年，吳必素（1894～1954）出版《批評陳仲金的〈儒教〉》〔註1〕，批評陳仲金已歪曲儒教。此時期，關於儒教爭論的文章還零星地發表在其他報紙上〔註2〕。

2.《儒教》著作的內容

陳仲金的《儒教》包括兩卷，分別於 1930 年（卷一）和 1933 年（卷二）出版，共 745 頁〔註3〕，分 20 篇。該書第一到第九篇涉及孔子時代、孔子及其弟子的學說，第十到第十九篇介紹漢、六朝、隋、唐、宋、明、清等時期的中國儒教歷史，第二十篇則介紹儒教在越南的發展情況。另外，書首還有 40 多頁的〈序言〉和〈發端言〉，重點闡述陳仲金對儒教的觀點和解讀。

陳仲金的《儒教》是當時精細、科學地介紹中國儒教歷史的越南第一部國語著作。旨在弘揚和振興儒教、且是用國語書寫的《儒教》，不僅在給當時老知識份子傳播和灌輸儒教思想方面發揮重要作用，而且還對幾乎無法閱讀漢字儒教經典的接受法國教育的西學新知識份子具有重要的參考價值。

陳仲金的《儒教》自出版至今有了八十年的歷史。當評價陳仲金的《儒教》時，陳仲金同時代和越南當代的研究家一致認為，《儒教》是越南最精細、最充分地介紹中國儒教歷史的用國語書寫的第一部著作。潘玉認為「《儒教》一書至今仍然被認為是越南最精細、最充分地介紹儒教的著作」〔註4〕。潘魁和吳必素也做出類似的評價：「**對儒教描述得如此詳盡、精細的，實屬越南前所未有**」〔註5〕，「**也許我們難以奢望有這樣記載古代思想學術的第**

〔註1〕〔越〕吳必素：《批評陳仲金的《儒教》》（河內：梅嶺出版，1940 年）。

〔註2〕參考〔越〕馬江麟：《二十世紀上半葉的文學爭論》（河內：文化通訊出版社，2005 年）。

〔註3〕〔越〕陳仲金：《儒教》（河內：文化通訊出版社，2001 年）。

〔註4〕〔越〕潘玉：《越南文化與法國文化的接觸》（河內：文化通訊出版社與文化研究院，2006 年），第 60 頁。

〔註5〕〔越〕潘魁：〈閱讀陳仲金先生的《儒教》〉，《婦女新聞》，西貢，第 54 期（1930年 5 月 29 日），收於賴原恩彙編：《潘魁檔案》，來源：http://www.viet-studies.info/Phankhoi/index.htm。

二部著作」,「因此我們要倍加珍惜現有的《儒教》」〔註6〕。因此,《儒教》不僅對當時的儒教學習和研究者具有重要的參考價值,而且直到現在,仍然被認為是提供關於中國儒教歷史的最基本知識的越南著作之一。

　　陳仲金的《儒教》是在二十世紀三十年代越南儒教批判傾向者（反傳統趨向）與儒教提倡傾向者（傳統趨向）之間的儒教批判和儒教爭論運動進行得如火如荼的背景下問世的,旨在肯定、弘揚和振興儒教,因而引起了當時儒教批判趨向者的特別關注。正是《儒教》的出現,使儒教批判者與儒教振興者之間的儒教爭論變得更加強烈。其中,具有代表性的是陳仲金與當時嚴屬批判儒教者之一的潘魁在《儒教》卷一1930年出版後進行的論戰。兩人圍繞儒教思想在《婦女新聞》發表了一系列文章。從潘魁與陳仲金的有關文章的內容看,我們認為潘魁與陳仲金之所以爭論得那麼強烈,其原因也許不只是因為陳仲金主張提倡和振興儒教,而且更重要的是,陳仲金在《儒教》解讀儒教內涵和思想時提出了較多新的觀點和看法。

〔註6〕〔越〕吳必素:《批評陳仲金的《儒教》》（河內:梅嶺出版,1940年）,第12、13頁。

第四章　梁漱溟儒學思想現代轉化的歷程

　　20世紀三十年代初，正當反傳統的新文化運動蓬勃開展的時候，梁漱溟在中國學術史上第一次對中、西、印三方文化及其哲學進行系統地論述和比較，立即引起學術界的廣泛關注和熱烈討論。梁漱溟穿過文化現象，直透文化現象背後的根本精神，復由文化根本精神說明文化現象。梁漱溟中西文化研究方式已糾正了自嚴復以來中國文化思想研究學界所流行的進化論傾向。與批判中國傳統文化、批判儒家思想，並主張全盤西化的西化派不同，梁漱溟強調和肯定儒家思想的現代意義與價值。他主張走孔子的路，過孔子安樂的生活，並且肯定世界未來文化將是中國傳統文化的復興、儒家傳統文化的復興。不過，梁漱溟所講的中國傳統文化、傳統儒家思想、孔子的哲學思想再沒有像宋明理學家所講的儒家思想那樣，也不是被當時中國西化派者所批判的僵化、腐敗的傳統儒家思想。**他所講的儒家思想不是舊儒家的思想，而是新儒家的思想。**換句話說，為了使被當時中國西化派者所批判為僵化、腐敗的傳統儒家思想復活起來，梁漱溟已經對傳統儒家思想進行重新塑造、改進和現代化。梁漱溟儒家思想現代化過程的具體內容與操作分別體現在四個步驟，即：**批評傳統儒學和區別儒學的真假；認同陸王心學，讚揚泰州學派；借用柏格森哲學重新詮釋傳統儒家哲學思想及其方法；確立未來中國文化的模式。**經由對傳統儒家思想進行現代化的努力，梁漱溟已經成為中國現代新儒學的開山者。

梁漱溟是一位哲學家、思想家和著重實踐的文化家。他的著作事業較為龐大和豐富多彩，包括哲學、文化、社會和教育等許多方面。其中，最為重要的著作是《東西文化及其哲學》。《東西文化及其哲學》的問世已經為中國現代新儒家思潮打下了基礎，同時也使梁漱溟成為中國現代新儒學的開山者。

《東西文化及其哲學》是梁漱溟著作事業中的第一部著作，但它也是梁漱溟極為重要的著作。《東西文化及其哲學》已經突出和集中地體現了梁漱溟的哲學思想、文化觀念及其儒家思想現代化過程。《東西文化及其哲學》也是梁漱溟哲學和文化思想的理論基礎，並且支配和貫穿梁漱溟以後全部著作的一部書。梁漱溟以後的著作基本上是由《東西文化及其哲學》的理論而展開的。這就是本書根據《東西文化及其哲學》的內容來分析和論述梁漱溟儒家思想現代化過程的內容與操作之根源所在。

作為中國現代思想哲學與文化思潮的新儒家，新儒家把哲學視為自己的核心思想和出發點。新儒家認為，哲學是文化的核心，不同哲學為文化理論及思想打下了不同的形上基礎。西方文化和中國文化之間的差別取決於兩者的哲學思想的不同。中國屈服於西方是一種文化對另一種文化的屈服。近代時期中國民族的危機就是一個文化的危機，那是中國儒家文化的嚴重危機。因此，在新儒家看來，要把中國擺脫當前的嚴重危機，必定著手研究文化，只有從文化裏面才能找出陷入危機的根源和擺脫危機的出路。不過，文化又取決於哲學思想，因此對傳統儒家哲學思想進行重新檢討成為現代新儒家探索導致中國文化危機的根源之重要前提。換言之，對傳統儒家思想進行改造、更新和現代化就是現代新儒家恢復和振興中國傳統儒家文化所不能避免的思路。作為中國現代新儒家思潮的開山者，梁漱溟肯定中國形而上學，尤其為儒家哲學思想的重要性。在他看來，對儒家哲學思想的重建工作決定著中國今後的文化命運。基於這樣認識，梁漱溟著手對傳統儒家思想進行現代化。

第一節　批評傳統儒學和區別儒學的真假

在中國歷史上，儒教思想的運動和發展與中國儒教專制國家的發展有著密切的關係。早已成為慣例，在對探索導致某一王朝的崩潰或儒家陷入危機的原因之時，儒者們都對儒家思想作重新檢討，旨在檢查他們是否依照儒家的真正思想去做？自古至今，在儒者看來，孔子思想及學說是毫無瑕疵的金

科玉律，孔子思想並沒有任何缺陷。因此，在儒者們看來，中國之所以陷入近現代時期的嚴重危機，不是由儒家思想、孔子思想的缺陷所造成，而是由於後儒沒有領會到或依照孔子的真正思想與精神去做而來的。中國文化、儒家文化在近現代時期屈服於西方文化，導致現代新儒家和梁漱溟要再一次對傳統儒家思想進行重新檢討，也就是這個規律的重覆。

　　批判傳統儒學是梁漱溟儒學思想現代化過程的第一步驟，他花了比較多的篇幅針對中國儒學史作了儒學真假的辨別。梁漱溟認為，現世所傳的儒學思想不是孔子所創立的真正原始儒學，而是「假儒」。孔子的「真儒」傳到先秦荀子就變形了。荀子雖然是儒者，但他所領會到的思想只是外表，並沒有領會到孔子思想裏面的真正宗旨和精神。因此，荀子著力在外面建立準則來約束人的行為。漢人所傳主要是荀子之學和黃老的思想。三國、魏晉南北朝時期的儒家思想更為淺薄。唐代佛學大興，禪宗遍天下，沒有人提倡孔學。雖有韓愈，然而韓愈的思想，連一點儒家的影子也沒有。宋代儒者盡力對孔家的人生思想進行深入尋找，也獲得幾分，但他們所講的都不是孔子原來所講的東西，而主要是參取道家和佛家的思想。宋儒者們專門從事於內裡生活，但又取途窮理於外，因此也沒有獲得孔家思想的要旨。至明代時期，由王陽明和他弟子修正了窮理於外之弊，孔家思想的人生態度才得到彰顯。清代時期，漢學家又注重外面的考證而不管思想，使孔子的原來思想再次盡失。結果是，經過二千多年之後，孔子原來的真正思想沒有得到顯彰和實現，而完全變成「假儒學」：

> 荀卿雖為儒家，但得於外面者多，得於內心者少。他之說性惡，於儒家為獨異，此固由孔子不談性與天道，所以他不妨與孟子兩樣；但實由其未得孔家根本意思。〔…〕漢人傳荀卿之經，孔子人生思想之不發達固宜；而所謂通經者所得悉糟粕而已。即此糟粕形式，在那時也不能都用。其政治非王非霸，而思想中又見黃老之活動；實在是個混合的文化。〔…〕到清代實只有講經的一派，這未始於孔學無好處，然孔家的人生無人講究，則不能否認。講經家兩眼都是向外，又只就著書本作古物看，內裡生活原自拋卻，書上思想便也不管〔註1〕。

────────────

〔註1〕梁漱溟：《東西文化及其哲學》（北京：商務印書館，1999年）修訂本，頁150〜155。

> 以上都是敘孔子的人生哲學；此可為中國文明最重要之一部，卻非
> 即中國人所適用之文化。中國人所適用的文化，就歷史上看來，數
> 千年間，蓋鮮能採用孔子意思者。所謂禮樂不興，則孔子的人生固
> 已無從安措，而況並出來提倡孔子人生者亦不數見乎！然即由所遺
> 的糟粕形式和呆板訓條以成之文化，維繫數千年以迄於今，加賜於
> 吾人者，固已大矣〔註2〕。

　　在梁漱溟看來，孔子思想本來是充滿人情的倫理道德，而不是教條、腐
敗的思想。經由後儒的歪曲，孔子思想卻變成教條、腐敗，且被當時中國西
化派者批判為「吃人的禮教」的惡物。梁漱溟嚴格地批判假儒，特別是宋儒。
他認為，宋儒已經把孔子本來的思想弄壞，使儒家思想變成教條、腐敗。教
條與偽造的儒家思想已經把中國人禁閉在假造的無數禮教之中，使中國人多
年來受著種種約束，不能從種種在上的禮教權威解放出來而得自由，導致人
的個性不發展，社會也不發達。這一切後果都是由於在中國歷史發展的過程
當中，孔子的真正思想沒有獲得繼承和顯彰，而一直流行偽造的儒家思想所
造成的：

> 孔子的精神理想沒有實現，而只是些古代禮法，呆板教條以致偏欹
> 一方，黑暗冤抑，痛苦不少〔註3〕。

> 孔子的倫理，實寓有他所謂絜矩之道在內，父慈、子孝、兄友、弟
> 恭，總使兩方調和而相濟，並不是專壓迫一方面的——若偏欹一方
> 就與他從形而上學來的根本道理不合，卻是結果必不能如孔子之
> 意，全成了一方面的壓迫。〔…〕似乎宋以前這種束縛壓迫還不十分
> 利害，宋以後所謂禮教名教者又變本加厲，此亦不能為之曲諱。數
> 千年以來使吾人不能從種種在上的權威解放出來而得自由；個性不
> 能伸展，社會性亦不得發達，這是我們人生上一個最大的不及西洋
> 之處〔註4〕。

　　在批評宋儒者歪曲了孔子原來的思想，且把儒家思想弄成教條、腐敗的
東西之同時，梁漱溟也強調宋儒的教條思想使中國文化沒有按照正常規律而

〔註2〕梁漱溟：《東西文化及其哲學》（北京：商務印書館，1999年）修訂本，頁149
　　　　～150。
〔註3〕梁漱溟：《東西文化及其哲學》（北京：商務印書館，1999年）修訂本，頁157。
〔註4〕梁漱溟：《東西文化及其哲學》（北京：商務印書館，1999年）修訂本，頁156。

發展。即社會不發展，人的個性、情感、自由被壓制和抹殺，個人永遠沒有機會站在自己立場說話。這是中國文化的缺陷，也是中國文化不如西方文化之處。

　　批判現世所傳的儒學思想不是孔子原來的真正思想，而是「假儒學」，那怎麼樣的儒學思想才是孔子所創造的真儒學呢？梁漱溟認為，孔子所創建的真正儒學思想不是「綱常名教」的所有具體行為模式和規範，而是一種「自己學」。「自己學」是不要把自己的智慧向外追求，而要回過頭來反求諸己。自己對自己內在生命有主張。孔子思想的最重要一點就是要求人的智慧不要向外用力，而要回返自家生命上來，使生命成了智慧，而非智慧為役於生命。換言之，孔子的思想與西方的思想不同。西方人總是用自己的智慧向外追求而小看自己內裡的生命，西方人對任何東西都有具體的研究方法和研究成果，「只有對自己就很少體認」，「對自己無辦法」。西方人這樣的做法，使他們的智慧變成生命的工具。因此，儘管西方的科學成就多麼發達、物質生活多麼豐富也不能對他們自己有助，且還使他們的生活越來越附屬於物質，人的情感單薄、人與人之間的情感淺薄無聊。西方人的生活被物質化，彼此之間的競爭日益殘酷。孔子的思想與西方的思想完全不同，孔子的思想是生命修養的學問：

　　　　從可想見距今二千五百年前孔門的教法與學風。他總是叫人自己省
　　　　察，自己用心去想，養成你自己的辨別力〔註5〕。

　　　　孔子的教訓總是指點人回顧看自己，在自家本身上用力；喚起人的
　　　　自省與自求〔註6〕。

　　孔子的真正思想與學問是自省、自求、自得，而不是教條僵化的外面具體綱常禮教。所謂教條僵化、無人性的一切壞東西都是由漢儒、宋儒把孔子原來的真正思想弄壞所造成的。孔子的思想原來是充滿人情，而沒有任何教條的。如果說孔子有教條的話，那就是為了教人反省自求一條而已：

　　　　儒家沒有甚麼教條給人；有之，便是教人反省自求一條而已〔註7〕。

〔註5〕梁漱溟：《中國文化要義》（台北：五南圖書出版有限公司，1991年）重訂新
　　　　版本，頁106。
〔註6〕梁漱溟：《中國民族自救運動之最後覺悟》（北平京城印書局出版，1932年），
　　　　頁60。
〔註7〕梁漱溟：《中國文化要義》（台北：五南圖書出版有限公司，1991年）重訂新
　　　　版本，頁106。

經由對儒學真偽的重新區別和分辨，梁漱溟已經把為當時中國反傳統派
所批判為教條、腐敗、反人性、「吃人的禮教」等缺陷的傳統古老儒學思想通
通都歸結成假儒學的思想，並聲明和重新解釋孔子原來的真正思想。在他看
來，孔子的學問是反省內求、樂天知命之學。孔子的人生態度是「任直覺」、
「不認定」、「隨感而應」、「調和」。這才是所謂儒家真正的思想。孔子的思想
是充滿人情的倫理道德之學，而不是漢儒和宋儒所強調的「三從四德」等教
條和腐敗的東西。

通過自己對儒學思想真偽的辨別，梁漱溟已經盡力把日益僵化且被當
時中國反傳統派所嚴厲批判的傳統儒學思想復活起來，旨在使中國人擺脫
千年來假儒學的種種教條禮教的約束，並復活了孔子真正的思想與人生態
度。

第二節　認同陸王心學，讚揚泰州學派

認同、繼承和發揮宋明儒學的思想是中國現代新儒家的共同基本精神，
作為現代新儒家的開山者，梁漱溟也特別注重這個環節。為了把儒家思想進
行現代化，除了批判傳統儒學之外，梁漱溟亦認同和肯定陸王心學的思想。
可以說，認同陸王心學和讚揚泰州學派的思想為梁漱溟儒家思想現代化過程
的第二步驟。

在《東西文化及其哲學》一書，經由對東西各家學說的哲學與文化思想
進行分析和評價之後，梁漱溟致力繼承和發揮孔子的思想。在他看來，孔子
是中國思想文化的創造者和集大成者。在中國思想文化史上，孔子佔有至高
無上的地位。孔子之後，能繼他的思想與精神是孟子。孟子之後，能繼他的
思想與精神是王陽明。梁漱溟特別讚賞王陽明的思想，除了高度地評價王陽
明思想之外，梁漱溟更推崇王陽明弟子的王艮父子。在梁漱溟看來，王艮父
子已經承接到孔子的真正思想與精神，他說：

> 據我所見，宋明學者雖都想求孔子的人生，亦各有所得；然惟晚明
> 泰州王氏父子心齋氏東崖氏為最合我意。心齋氏以樂為教，而作事
> 出處甚有聖人的樣子；皆可注意處也〔註8〕。

〔註 8〕梁漱溟：《東西文化及其哲學》（北京：商務印書館，1999 年）修訂本，頁 143。

及明代而陽明氏興，始袪窮理於外之弊，而歸本直覺——他叫良知
〔…〕陽明之門盡多高明之士，而泰州一派尤覺氣象非凡；孔家的
人生態度，破可見矣〔註9〕。

不僅肯定和推崇王氏父子的思想，梁漱溟還承認他自己之所以能領會到
孔子的真正思想是因為王氏父子思想已經給他帶來許多啟發：

於初轉入儒家，給我啟發最大，使我得門而入的是明儒王心齋氏；
他最稱頌自然，我便是由此而對儒家意思有所理會〔註10〕。

我是先自己有一套思想再來看孔家諸經的；看了孔經，先有自己意
見再來看宋明人書的；始終拿自己思想作主。由我看去，泰州王氏
一路獨可注意〔註11〕。

這樣一來，在《東西文化及其哲學》梁漱溟已經以陸王心學思想和泰州學
派王艮父子稱頌自然生活的思想為基礎來重新詮釋孔子人生哲學的思想。他認
為王艮父子所崇尚自然生活的思想是儒家原來的真義，是孔子原來的思想。

眾所周知，梁漱溟提倡孔子學說和認同陸王心學思想是在五四新文化運
動正在盛行之時。當時，由於西方文化大量輸入中國，接受西方文化影響的
新文化運動者（反傳統派／西化派）對中國傳統思想文化加以嚴厲地批評。
西化派者舉著打倒孔家店的旗幟，並提倡科學、民主、自由、個性解放等口
號。從思想系統的角度而言，中國新文化運動已經把中國人千年來以儒家思
想為安身立命的世界觀與人生觀的思想體系做了全盤否認和毀壞。在西方文
化的猛烈輸入和中國傳統文化的猛烈崩潰之時，站在東西文化之間的思想與
價值交叉的時刻的中國人，一般都感覺到他們在精神方面上發生了道德、存
在和文化的意義危機。他們的心態是極為慌忙和恐懼的。

中國屈服於西方的事實，一方面使中國人失去了他們對傳統文化的原有
信心，但另一方面中國人還不敢相信現代的西方文化能夠為中國帶來一個美
好未來的前景。這是因為西方第一次世界大戰的發生已經為人類帶來大規模
的殘殺。這個事實使他們更懷疑這種陌生的西方文化。究竟，應該以被當時
中國五四新文化運動者所嚴厲批評的中國傳統儒家思想文化為人生的價值和
標準？還是要以隱涵著許多弊病的西方文化思想價值系統為人安身立命之處

〔註 9〕梁漱溟：《東西文化及其哲學》（北京：商務印書館，1999 年）修訂本，頁 154。
〔註 10〕《梁漱溟全集》，第二卷，（山東：山東人民出版社，1992 年），頁 126。
〔註 11〕梁漱溟：《東西文化及其哲學》（北京：商務印書館，1999 年）修訂本，頁 216。

才對？這真是一個進退兩難和難以選擇的狀態。中國人已經落入新舊價值的選擇的晃盪與慌忙狀態。他們不知要選擇哪一種文化的思想與價值當作自己安身立命的指南？更不知要選哪一種文化當做國家的未來文化？從這一角度來看，可見梁漱溟之所以站在中國傳統儒家思想的立場上提倡和肯定孔子思想及人生哲學的價值，旨在解決中國人當時所面臨人生價值選擇的問題。他針對人生價值的問題為中國人重新確立一個信心，且建立了安身立命的新思想系統。因為，梁漱溟深刻地感受到當時中國人心中所面臨的中西之間的價值選擇的難題。在他看來，當時的中國社會是一個「人生空虛」的時代。他如下描述當時中國的情況和人生的選擇：

> 這類問題——人生空虛無聊，人生究竟有何意義——也可以徑直走
> 入否定人生一途，也可以仍舊折回歸還到勉於人生。由前一途其結
> 果必為宗教；或長生的出世法如道教及印度幾外道，或無生的出世
> 法如佛教及印度幾外道。由後一途其結果則不必為宗教如托翁所為
> 者，盡可於人生中為人生之慰勉，如孔子家暨後之宋明儒皆具此能
> 力者也〔註12〕。

「人生空虛」時代會導致人們的兩種選擇，一為出世，一為入世。梁漱溟認為，由於對人生的價值與意義喪失信心，許多中國人已從事佛教的出世人生方案，另一部分則從事道教的避世生活方式，而很少人選擇儒家入世的生活方式：

> 在今日歐化蒙罩的中國，中國式的思想雖寂無聲響，而印度的思想
> 卻居然可以出頭露面。現在除掉西洋化是一種風尚之外，佛化也是
> 範圍較小的一種風尚；並且實際上好多人都已傾向於第三路的人
> 生。所謂傾向第三路人生的就是指著不注意圖謀此世界的生活而意
> 別有所注的人而說；如奉行吃齋、念佛、唪經、參禪、打坐等生活
> 的人和扶乩、拜神、煉丹、修仙等樣人，不論他為佛教徒，或佛教
> 以外的信者，或類此者，都統括在內。十年來這樣態度的人日有增
> 加，滔滔皆是：大約連年變亂和生計太促，人不能樂其生，是最有
> 力的外緣，而數百年來固有人生思想久已空乏，何堪近年復為西洋
> 潮流之所殘破，舊基驟失，新基不立，惶惑煩悶，實為其主因〔註13〕。

〔註12〕梁漱溟：《東西文化及其哲學》（北京：商務印書館，1999 年）修訂本，頁 104。
〔註13〕梁漱溟：《東西文化及其哲學》（北京：商務印書館，1999 年）修訂本，頁 209。

　　面對這個現象，為解決當時中國人所面臨煩悶的人生問題，梁漱溟已經主動地認同陸王心學，以陸王一派的人生思想來重新解釋孔子的人生哲學思想，進而肯定和提倡孔、顏的人生哲學，並以孔子人生哲學思想當做挽救中國人精神價值的藥方。就是說，為了解決民族思想文化的危機和人生的意義危機，為中國人重新建立安身立命之處，梁漱溟特別看重儒家人生哲學的思想。梁漱溟曾聲明他之所以提倡陸王一派的人生哲學思想是因為他要「**以孔顏的人生為現在青年解決他們煩悶的人生問題，一個個替他開出一條路來去走**」〔註14〕，也就是說他要「**替中國人設想如此**」〔註15〕的方法。

　　梁漱溟按照陸王一派的人生哲學思想來重新解釋孔子人生哲學的思想，從而以孔顏人生哲學的思想為標準對人生的意義和苦樂問題進行論述。梁漱溟認為人的生活之所以失去意義而落入無聊、焦慮、痛苦的狀態，是因為人們都有「欲望」。如果人放任自己的欲望，讓欲望自然發展將造成人生的空虛之感：

> 一味向前追求下去，處處認得太實，事事要有意義，而且要求太強，趣味太濃，計較太盛。將一個人生活的重心，全挪在外邊。一旦這誤以為實有的找不著了，便驟失其重心，情志大動搖起來，什麼心腸都沒有了。只是焦惶慌怖，苦惱雜集，一切生活都作不下去。在這茫無著落而急求著落的時候，很容易一誤再誤，抓著一個似是而非的東西便算把柄，如托翁蓋其例也。在生活中的一件一件的事情，我們常辨別他的意義，評算他的價值，這因無意中隨便立了個標的在，就著標的去說的。這種辨別評算成了習慣，挪到根本的人生問題，還持那種態度，硬要找他的意義價值結果。卻不曉得別的事所以可算評，因他是較大關係之一點，而整個的人生則是一個獨絕，更不關係於較大之關係，不應對之究問其價值意義結果之如何。始既恍若其有，繼則恍若其無，旋又恍若得之者，其實皆幻覺也。此種辨別計較評算都是理智受了一種「為我的衝動」在那裏起作用。一個人如果盡作這樣的生活，實為苦極。而其結果必倦於人生，會要有人生空虛之感，竟致生活動搖〔註16〕。

〔註14〕梁漱溟：《東西文化及其哲學》（北京：商務印書館，1999年）修訂本，頁215。

〔註15〕梁漱溟：《東西文化及其哲學》（北京：商務印書館，1999年）修訂本，頁211。

〔註16〕梁漱溟：《東西文化及其哲學》（北京：商務印書館，1999年）修訂本，頁104～105。

　　欲望、辨別、計較、算帳、評算等為人生造成「無意義」和「空虛之感」。那要消除這種計較、算帳的人生態度，我們要作甚麼呢？梁漱溟認為，只有消除人的欲望，才能克服這種「無意義」和「空虛之感」的人生。梁漱溟嚴格批判那種甚麼東西都要算帳、計較的人生態度。在他看來，西方人之所以痛苦衰微，因為西方人用「理智」，總是持那種計較、算帳的態度。凡所謂計較、算帳都由「理智」造成。理智使人對任何東西都持那種計較、算帳的態度，理智也使人「違仁、失中」。即是說，人們要消除人生的「空虛之感」和尋找人生的意義，一定要回頭尋找和秉持孔學的人生態度。那孔子的人生態度究竟是甚麼呢？據梁漱溟的解釋，孔子的人生態度是不計較、不算帳、任直覺的生活態度。所謂一切都不計較利害就是孔家的人生態度。孔子人生態度與西方功利主義所推崇理智的計較、算帳的人生態度完全兩樣，他說：

> 孔子的惟一重要的態度就是不計較利害。這是儒家最顯著與人不同的態度，直到後來不失，並且演成中國人的風尚，為中國文化的特異色彩的。這個道理仍不外由前邊那些意思來，所謂違仁，失中，傷害生機等是也〔註17〕。

　　梁漱溟十分贊同宋明儒者的「無欲」主張，他認為「仁」的最重要意義是「無欲」。「無欲」為宋明儒者最喜歡說的一個，也是我們最難懂的一點：

> 「仁」的重要意味則為宋明家所最喜說而我們所最難懂的「無欲」。從前我總覺以此為仁，似不合理，是宋儒偏處。其實或者有弊，卻不盡錯，是有所得的。其意即以欲念興，直覺即鈍〔…〕欲念多動一分，直覺就多鈍一分；亂動的時候，直覺就鈍得到了極點，這個人就要不得了。因此宋儒無欲卻是有故的，並非出於嚴酷的制裁，倒是順自然，把力量鬆開，使其自然的自己去流行〔註18〕。

　　在讚揚宋明儒者無欲、順自然的主張，並歌頌孔子任直覺的人生態度之同時，梁漱溟也激烈反對西方人所推崇理智和向外面用力的人生態度。他認為，西方人一直走入追求物質的生活態度，中國人則以著重向內用力和修養的孔子思想為人生的態度。梁漱溟肯定生活的真正意義與價值只能求於人的內心，而不能求於人心之外的外面物質東西：

〔註17〕梁漱溟：《東西文化及其哲學》（北京：商務印書館，1999 年）修訂本，頁 136。
〔註18〕梁漱溟：《東西文化及其哲學》（北京：商務印書館，1999 年）修訂本，頁 135。

在以前他們眼中的人生實在是只有很低等價值的人生，他們以為圓
滿了物質生活，圓滿了人生；〔…〕誤以為外境一經圓滿改造，就沒
有問題，其實哪裡便沒問題，問題正多得很〔註19〕。

也就是說，人生的意義和價值不是西方人所推崇和追求的外面物質東西，
而在於人的內心之中。人的內心就是孔子所謂「仁」、一切都任直覺、一切不
認定和計較的人生態度：

孔子有一個很重要的態度就是一切不認定。〔…〕對於其實不如何的
而認定其如何，是錯，並且一認定，一計算，在我就失中而傾欹於
外了。平常人都是求一條客觀呆定的道理而秉持之，孔子全不這樣。
制定這個是善那個是惡，這個為是那個為非，這實是大錯！〔…〕
認定一條道理順著往下去推就成了極端，就不合乎中。事實象是圓
的，若認定一點，拿理智往下去推，則為一條直線，不能圓，結果
就是走不通。〔…〕孔子總任他的直覺，到沒有自己打架，而一般人
念念講理，事實上只講一半，要用理智推理，結果仍得覓直覺。我
們的行為動作，實際上都是直覺支配我們的，理智支配他不動；一
邊自己要用理智，一邊自己實不聽他，臨時直覺叫我們往那邊去，
我們就往那邊去〔註20〕。

梁漱溟也高度地評價陸王一派所提倡的那種「樂天知命」、「孔顏樂處」
的人生態度。他認為「宋明人常說：『尋孔顏樂處』，那是不差的。他只是順天
理而無私欲，所以樂，所以無苦而只有樂。所有的憂苦煩惱──憂國憂民都
在內──通是私欲。私欲不是別的，就是認定前面而計慮。沒有那件事情值
得計慮──不但名利，乃至國家世界」〔註21〕。梁漱溟更推崇泰州學派王氏
父子的「崇尚自然」、「以自然為宗」、「純任自然」、「尋求自然之樂」的人生態
度和「以樂為教」的思想，並認為王氏父子「作事出處甚有聖人的樣子；皆可
注意處也」〔註22〕。在梁漱溟看來，這種「樂天知命」、「孔顏樂處」、「以樂
為教」的「樂」不是相對和表面的樂，而是真正的樂，是人生真正的意義與價
值之所在。人生真正之「樂」只能從人內心的不認定、不計較、任直覺、隨感

〔註19〕梁漱溟：《東西文化及其哲學》（北京：商務印書館，1999 年）修訂本，頁187。
〔註20〕梁漱溟：《東西文化及其哲學》（北京：商務印書館，1999 年）修訂本，頁128
　　　～129。
〔註21〕梁漱溟：《東西文化及其哲學》（北京：商務印書館，1999 年）修訂本，頁142。
〔註22〕梁漱溟：《東西文化及其哲學》（北京：商務印書館，1999 年）修訂本，頁143。

而應的態度而獲得，因為這種「樂」與外面物質事物或利益無關。它是一種自樂自得，而不能從人外面的物質、計較、理智的態度而得的：

> 我們可以說他（孔子）這個生活是樂的，是絕對樂的生活。旁人生活多半是不樂的；就是樂，也是相對的。何謂相對的樂？他這個樂是繫於物的，非絕關係的，所以為相對；他這個樂是與苦對待的，所以為相對。若絕關係而超對待，斯為絕對之樂。平常人走計算的路，總要由手段取得目的，於是必有所取得而後樂，取不得就苦了。其樂全繫於其目的物，而藉待於外；所以說是關係的而非絕對的。又其樂去苦來，苦去樂來，顯為相對待的；所以說是對待的而非絕對的。孔子不然。他願不認定計算而致情志繫於外，所以他毫無所謂得失的；而生趣盎然，天機活潑，無入而不自得，決沒有那一刻是他心理不高興的時候，所以他這種樂不是一種關係的樂，而是自得的樂，是絕對的樂。所謂煩惱這個東西在他是蹤影皆無，而心理無時不樂〔註23〕。

> 隨感而應則無所不可，繫情於物則無一而可〔註24〕；

　　這才是孔子人生哲學的真正與絕對之樂。只有依循孔子這樣的生活態度，人們才能擺脫無意義和空虛之感，且才能求得人在生活中的真正意義與價值。可見，提倡和肯定孔子、陸王和王陽明弟子王艮父子的人生哲學思想的價值是梁漱溟所採用來解決當時中國人在人生方面上的意義、道德、價值等危機的具體方式。

第三節　借用柏格森哲學重新詮釋傳統儒家哲學思想及方法

　　梁漱溟儒學思想現代化的另一種努力是借用西方近代時期生命哲學派代表者柏格森〔註25〕哲學思想來重新詮釋儒家哲學思想及方法，使儒家哲學思想與西方哲學思想在一定程度上相結合，從而創新了他的「新孔學」思想體系。關於梁漱溟新儒家思想的來源，宋志明認為梁漱溟的「新孔學的思想來

〔註23〕梁漱溟：《東西文化及其哲學》（北京：商務印書館，1999年）修訂本，頁142。
〔註24〕梁漱溟：《東西文化及其哲學》（北京：商務印書館，1999年）修訂本，頁143。
〔註25〕柏格森：（Henri Bergson，1859～1941）法國生命派的哲學家。

源主要有三個：一是佛教的唯識宗；二是宋明理學，特別是泰州學派王艮的思想；三是法國現代資產階級哲學家柏格森的生命哲學。〔…〕在新孔學的三個思想來源中，使之獨具特色的是柏格森的生命哲學」〔註26〕。梁漱溟也承認柏格森哲學思想對他從佛家思想轉入儒家思想，並領會到儒家思想的意義及發揮儒家思想起了積極作用：

> 於初轉入儒家，給我啟發最大，使我得門而入的是明儒王心齋氏；
> 他最稱頌自然，我便是由此而對儒家意思有所理會。〔…〕後來再與
> 西洋思想印證，覺得最能發揮盡致，使我深感興趣的是生命派哲學，
> 其主要代表者為柏格森〔註27〕。

這表明梁漱溟對儒家思想的了解與領會的過程，首先是對明代泰洲學派思想的領會，接下來他以泰洲學派思想與柏格森哲學思想互相結合和印證。經由對柏格森哲學思想的了解和把握，他再運用柏格森哲學思想來重新詮釋和發揮儒家哲學思想。因此，梁漱溟十分讚揚柏格森哲學思想，他說：

> 余購讀柏氏名著，讀時甚慢，當時常有願心，願有從容時間盡讀柏
> 氏書，是人生一大樂事。柏氏說理最痛快、透徹、聰明〔註28〕。

眾所周知，五四新文化運動前後期間，西方各種哲學思潮都可以在中國思想界找到他們的代表。唯意志主義、新黑格爾主義、實證主義、實用主義、馬克思主義等都有人提倡，生命哲學也不例外，都能在中國思想界找到他的代表。輸入中國之後，生命哲學思想與中國傳統形而上學思想很快就融合在一起，形成了主張全盤西化思潮的最強大反對者。其中，梁漱溟是提倡生命哲學的代表者。經由對西方生命哲學思想進行接受、容納和消化，梁漱溟已經運用西方生命哲學思想重新詮釋儒家哲學思想。

為甚麼在對儒家思想進行現代化的過程當中梁漱溟沒有接受和運用當時中國所流行的唯意志主義、實用主義、馬克思主義等哲學思想，而又接受和運用柏格森哲學思想來重新解釋儒家哲學思想？這並不是偶然的事。其原因是「柏格森的生命哲學之所以會受到中國思想家尤其是新儒家學者的青睞，其原因就在於它反科學主義和非理性主義的特徵不僅適應中國思想界對唯科學主義批判的需要，而且也與中國傳統哲學特別是儒家哲學有某些相通之處」

〔註26〕宋志明：《現代新儒學研究》（北京：中國人民大學出版社，1991 年），頁 36。
〔註27〕《梁漱溟全集》，第二卷，（山東：山東人民出版社，1992 年，4 月），頁 126。
〔註28〕《梁漱溟全集》，第二卷，（山東：山東人民出版社，1992 年，4 月），頁 127。

〔註29〕。具體地說，柏格森的唯意志論和直覺主義與陸王心學所強調主觀精神作用和直覺體認方法容易相通。這兩種哲學在較多方面具有共同的特點。柏格森批評理智不能認識宇宙大生命的不斷變化流行的本體，而強調只有直覺才能擔任這個任務。然而，宋明理學家也有類似的認識方法。他們所強調的是「忽然貫通」、「頓悟」、「致良知」等認識方法，而排斥理智認識方法的作用。這一點與柏格森所推崇直覺認識方法是很接近的。再如，柏格森認為宇宙的本體是一個永不停息之流、是生命的衝動（elanvital）、是變動不居的綿延，只有直覺認識方法才能體悟到這個宇宙的本體。個人生命與宇宙大生命及萬物生命是同一體，只有直覺認識方法才能幫我們認識到自己生命與宇宙生命原來為一體，彼此之間並沒有任何分別、隔絕。柏格森這些觀念與宋明理學家的「天理流行」、「天人合一」、「仁者與萬物同體」等觀念十分接近。由於兩者在思想上有較多類似之處，梁漱溟才說柏格森哲學思想是「替中國式思想開其先路」。因此，梁漱溟非常讚賞柏格森哲學思想，他稱柏格森為「邁越古人，獨闢蹊徑」。在他看來，「只有孔子的那種精神生活，似宗教非宗教，非藝術亦藝術，與西洋晚近生命派的哲學有些類似」〔註30〕。這就是梁漱溟之所以接受、容納和消化柏格森生命哲學思想來重新詮釋儒家哲學思想的根源所在。

柏格森（Henri Bergson，1859～1941）是法國哲學家。柏格森是生命哲學派的代表人物。他的哲學思想對當時及後來的哲學界影響很大。柏格森生命哲學思想於五四時期被介紹到中國來。1919 年，美國實用主義哲學家杜威到中國講學時，曾說詹姆士、柏格森、羅素是世界當代最著名的哲學家。此後，柏格森的哲學著作被翻譯和介紹到中國。

柏格森認為一種神祕的力量或生命的衝動創造了宇宙和萬物。生命的衝動有兩種不同的傾向。第一種是生命的自然運動，這種生命的衝動是向上奮發，產生一切生命形式。另一種是生命衝動的自然逆轉，這種生命的衝動是向下墜落，產生所有物質形式。這兩種傾向是互相對立和抑制的。生命向上的運動總是企圖克服下墜的傾向，即克服物質對生命的阻礙。只有克服物質的阻礙，生命才能進化和獲得自由，而只有人的生命才能做到這一點〔註31〕。

〔註29〕鄭大華：《梁漱溟傳》（北京：人民出版社，2001 年），頁 123。
〔註30〕梁漱溟：《東西文化及其哲學》（北京：商務印書館，1999 年）修訂本，頁 157
　　　　～158。
〔註31〕參見莫詒謀：《柏格森的理智與直覺》（台北：水牛出版社，2001 年），頁 149。

　　柏格森哲學思想的中心範疇是「生命奮進」（elanvital）。他認為宇宙不是固定不變的靜體，而是活動的「生命」。「生命」是世界唯一的實體。這個「生命」在時間中永遠向前變化，可稱這種變化為「綿延」。「綿延」表示生命的變動不居，也是生命的真實存在。我們生命總是變化，宇宙間的一切東西也在變化。變化本身即是實在，是「綿延」。宇宙是一個不斷變化的大生命。「綿延」是宇宙的本體。我們的生命總是由一個狀態向另一個狀態的發展變化。當我們說生命的某一種狀態時，是先假定有一個相對靜止、固定狀態的存在，然後才能對它進行描述。實際上，當我們談到某一狀態時，這個狀態已經發生變化並成為另一種狀態，再不是它了。我們生命的變化像一條長河的不斷流動一樣。我們的生命和宇宙大生命都在變化之中，彼此之間的結合造成一個整體的生命。柏格森認為「綿延」的最重要特點是不可分割。「綿延」是一個無間斷的連續過程，它並沒有存在任何辨別現在與過去的停頓。柏格森把時間分為兩種：第一種是純粹的時間或絕對的時間，即「綿延」；第二種是混入空間概念的時間。純粹的時間即「綿延」是一種連續不斷的變化，這種變化前後交融，不可將它分成階段，也不能以任何數目和標誌將它分割開來。所謂空間中的時間是人們將時間劃分為時段，用小時標誌出來，這是把空間概念摻入時間概念的結果，使它成為一種可以度量的時間。關於運動的概念，柏格森認為如果把運動放在空間之內，我們可以想像一些運動之中的停頓，且可把運動分成不同的地點與位置，由此，運動幾乎成為有停頓的。實際上，這種運動中的點、位置的停頓是不存在。它只不過是我們假設而強加給運動而已。其實，物體的運動永遠不停留在任何一點上，因此我們充其量只能說它通過了這些點。就本質而言，運動是由經過無數的地點和位置而形成的，但這些地點和位置不是運動的部分，而是運動中的許多快照或停頓站。運動與純粹的時間一樣，永遠處於變動之中，它是宇宙唯一的本體〔註32〕。

　　關於認識論方法，柏格森認為人的感覺是只能認識到宇宙的一個部分，而無法認識到宇宙的整體。理智則把宇宙視為一個靜體，想編織一張概念的網來囊括宇宙，因此它也不能認識到宇宙生命的綿延本體。宇宙不是一個靜實，而是「生命」、「綿延」，只有直覺才能把握和認識這個宇宙生命的絕對時

〔註32〕參見莫詒謀：《柏格森的理智與直覺》（台北：水牛出版社，2001 年），頁149～159。

間或綿延本體。理智的認識對象是靜體的東西，直覺的認識對象為變動不居的活潑生命。理智只能認識事物的外表，而不能穿透和深入事物生命的內在。只有直覺才能透徹地深入事物生命的內在實體，與生命實體混融為一體，從而認識和體悟生命內在的本質。

柏格森所謂宇宙本體的「綿延」、「絕對時間」或「純粹時間」的概念與科學中所用的時間概念完全差別和對立。在柏格森看來，科學家所謂時間，其實是「空間化的時間」，而他自己所說的真正時間是「絕對時間」或「純粹時間」即「綿延」。科學家所用「空間化的時間」為理智思考和認識的抽象時間。「絕對時間」或「純粹時間」即「綿延」為直覺思考和認識的對象。柏格森強調，如果能把「綿延」的概念與被「廣延」、「同時性」、「量」等性質所規定的科學時間概念區分開來，人的生命便是自由，且不為科學所決定的〔註33〕。

在對事物進行分析時，理智都把客體事物看成固定不動的東西。由於理智的認識對象是靜止與固定的東西，因此它所獲得和認識到的東西當然也是靜止的。我們的理智是電影攝錄機的翻版，它只能從現象世界的各種變化流程中拍下無數的照片，並把這些所照下來的照片作為運動的形態。像放映機一樣，理智把這些靜止的照片連接起來，造成一種假運動的狀態。其實，這種運動是由靜止和分開的一張又一張照片的結合而成的。這種運動給我們視覺帶來與運動很類似的感覺，但這些運動只是由一個靜止跳到另一個靜止、由一張相片到另一張相片所結合而成的機械化運動的。這些視覺上的運動也可以算是一種運動，但這種運動並不是事物本身的真實運動變化。與理智認識方法不同，直覺認識方法要求認識主體不要把認識對象視為靜止的東西來看待，而要求認識主體通過一種想像把自己直接投入對象的內部，且使自己與客體對象融為一體來感受、體驗和認識對象的本質。只有這樣的認識方法，才認識到生命的真正本體和體驗到事物最完美的境界：「只有在生命內部才是一種真實，只有這真實是完滿的，因此，只有當我們真能進入到某客體內部，和這客體融為一體，我們才能真正體驗到這個完滿的東西。而直覺則正是能夠體驗內部的方法，直覺就是認知者經由感應，把自己融入客體之內，使自己和客體完全融合為一。當融為一體時，認知者所體驗到的東西完全超越了

〔註33〕參見莫詒謀：《柏格森的理智與直覺》（台北：水牛出版社，2001年），頁100～147。

經由照片所堆積起來的現象,而是隨著這個被融合的客體的變化而變化,這時才是真實的存在」〔註34〕。

與五四新文化運動者所提倡和肯定西方哲學及其理智方法且批判和否認中國傳統哲學及其方法不同,在《東西文化及其哲學》一書,梁漱溟對柏格森生命哲學思想及直覺方法進行吸收、容納、消化,並運用它來重新建構和詮釋中國傳統儒家哲學思想及方法。梁漱溟聲明柏格森生命哲學思想是西方傳統哲學的轉向和變遷,而這些變化表示西方哲學正在轉向到中國儒家哲學思想。由此,梁漱溟肯定中國傳統哲學特別是傳統儒家哲學思想及方法的現代意義與價值。

首先,梁漱溟對中國哲學和西方、印度哲學進行區別。他認為西方、印度哲學與中國哲學的研究對象不同,因此它們所使用的方法也是兩樣。西方和印度哲學把宇宙視為靜止的實體,因此它所使用研究方法為理智。中國哲學沒有討論靜止的問題,也沒有把宇宙視為僵死的、呆定的東西,而把宇宙視為一個變化流行、生動活潑的生命實體,它所講的都是變化流行,它所用的研究方法為直覺。理智和直覺的認識方法是完全差別。理智的認識對象為靜止與呆板的東西,直覺的認識對象為宇宙大生命流行不息的本體。理智無法把握那種變化、抽象和意味等的生命哲學思想,也無法認識到宇宙大生命的流行變化實體。那種變化、抽象和意味等的生命哲學思想是直覺認識的對象,只有直覺才能把握、認識和體悟到宇宙生命的變化流行本體。這就是西方哲學、印度哲學與中國哲學在思想內容和方法上的最大差別:

> 據我觀察中國的形而上學與西方和印度的根本不同,可分為兩點去說:(一)問題不同:中國形而上學問題與西洋、印度全然不同,西洋古代和印度古代所問的問題在中國實是沒有的。他們兩方的問題原也不盡同,但如對於宇宙本體的追究,確乎一致。他們一致的地方,正是中國同他們截然不同的地方,你可曾聽見中國哲學家一方主一元,一方主二元或多元;一方主唯心,一方主唯物的辯論嗎?像這種呆板的靜體的問題,中國人並不討論。中國自極古的時候傳下來的形而上學,作一切大小高低學術之根本思想的是一套完全講變化的——絕非靜體的。他們只講些變化上抽象的道理,很沒有去過問具體的問題。〔…〕(二)方法不同:中國形而上學所講,既為

〔註34〕莫詒謀:《柏格森的理智與直覺》(台北:水牛出版社,2001年),頁165。

變化的問題，則其所用的方法，也當然與西洋印度不同。因為講具
體的問題所用的都是一些靜的、呆板的觀念，在講變化時絕對不能
適用，他所用的名詞只是抽象的、虛的意味。不但陰陽乾坤只表示
意味而非實物，就是具體的東西如「潛龍」、「牝馬」之類，到他手
裡也都成了抽象的意味，若呆板的認為是一條龍，一牝馬，那便大
大錯了。我們認識這種抽象的意味或傾向，是用甚麼作用呢？這就
是直覺。我們要認識這種抽象的意味或傾向，完全要用直覺去體會
玩味，才能得到所謂「陰」、「陽」、「乾」、「坤」。固為感覺所得不到，
亦非由理智作用的運施而後得到的抽象概念。理智所制成之概念皆
用明確固定的，而此則活動渾融的〔註35〕。

由於西方、印度哲學思想和方法與中國的不同，因此為了了解中國哲學，
我們不能用西方和印度的哲學方法來研究之，而必須用中國哲學特殊的直覺
方法來研究，才能真正地理解中國哲學的思想內容：

他那陰陽等觀念固然一切都是直覺的，但直覺也只能認識那些觀念
而已，他並不會演出那些道理來；這蓋必有其特殊邏輯，才能講明
以前所成的玄學而可以繼續研究。在前人頗拿他同數理在一起講，
這或者也值得研究。但我於此實無研究，不敢輕易說話，不過我們
一定可以知道這個方法如果弄不出來，則中國一切學術之得失利
害，就看不分明而終於無法講求。我們又相信除非中國文明無一絲
一毫之價值則已，苟猶於西洋印度之外自成一派，多少有其價值，
則為此一派文明之命根的方法必然是有的，只待有心人去弄出來罷
了〔註36〕。

中國哲學與西方哲學不同，但中國哲學與柏格森生命哲學思想十分類似，
兩者都把宇宙視為一個流行變化的大生命，且都強調直覺方法和批評理智方
法。他們與西方科學哲學所看重理智方法完全不同：

柏格森的哲學固與印度思想大有幫忙，似也有為中國思想開其先
路的地方。譬如中國人所用這出於直覺體會之意味的觀念，意有所

〔註35〕梁漱溟：《東西文化及其哲學》（北京：商務印書館，1999 年）修訂本，頁 121
～122。

〔註36〕梁漱溟：《東西文化及其哲學》（北京：商務印書館，1999 年）修訂本，頁 122
～123。

指而非常流動不定，與科學的思路捍格不入；若在科學思路佔唯一絕對勢力的世界就要被排斥不容存留。而今則有柏格森將科學上明確固定的概念大加指摘，他以為形而上學應當一反科學思路要求一種柔順、活動的觀念來用。這不是很像替中國式思想開其先路嗎？〔註37〕

梁漱溟認為中國形而上學思想源於《周易》。從來，對《周易》思想論述的書很多，也有較多與《周易》思想有關如《連山》、《歸藏》和陰陽五行思想等著作，但這些著作都具有一個共同的特點，即認為宇宙不是一個呆靜和固定的實體，而是一個不斷變化流行的生命實體。流行變化不息是宇宙的本體。宇宙變化流行的原則是由「調和」到「不調和」，又由「不調和」到「調和」的連續不斷過程。這個變化過程就是宇宙和萬物的創造和形成原則：

> 有一個為大家公認的中心意思，就是「調和」。他們雖然不一定像這樣說詞，而他們心目中的意思確是如此，其大意以為宇宙間實沒有那絕對的、單的、極端的、一篇的、不調和的事物；如果有這些東西，也一定是隱而不現的。凡是出現出來的東西都是相對、雙、中庸、平衡、調和。一切的存在，都是如此。這個話都是觀察變化而說的，不是看著呆靜的宇宙而是看宇宙的變化流行。所謂變化就是由調和到不調和，或由不調和到調和。彷彿水流必求平衡，若不平衡，還往下流。所差的，水不是自己的活動，有時得平衡即下流，而這個是不斷的往前流，往前變化；又調和與不調和不能分開，無處無時不是調和，亦無處無時不是不調和者。陰陽等字樣，都是表示相對待兩意味或兩勢力。在事實上為兩勢力，在吾人觀察上則為兩意味。他們說無處無陰陽即無處非調和，而此一陰或一陽者又各為陰陽之和。如是上下左右推之，相對待相關係於無窮。相對待固是相反而即是相成，一切事物都成立於此相反相成之調和的關係之上；純粹的單是沒有的，真正的極端是無其事的。這個意思我認為凡中國式思想的人所共有的〔註38〕；

這裡所謂「調和」和「不調和」也只是相對來講，因為實際上並沒有絕對的「調和」或「不調和」：

〔註37〕梁漱溟：《東西文化及其哲學》（北京：商務印書館，1999年）修訂本，頁124。
〔註38〕梁漱溟：《東西文化及其哲學》（北京：商務印書館，1999年）修訂本，頁125。

> 譬如我們說的變化，都是由調和到不調和，結果又歸於調和，我們
> 只是不得不用語言來表他，實在這從調和到不調和的兩者中間也未
> 嘗不調和，沒有法子可以分出從某至某為調和，從某至某為不調和；
> 即求所謂調和不調和實不可得，不過語言表明的力量限於如此罷
> 了。我們直覺所認的一偏不調和，其實還是調和，此下之調和與上
> 之不調和又為一調和，如是之調和為真〔註39〕。

可見，梁漱溟已經借用柏格森以宇宙為流動變化、永不停息的大生命的思想重新詮釋中國哲學是一種以宇宙為變化流行的大生命的生命哲學。接下來，梁漱溟又運用柏格森哲學思想及方法重新解釋和發揮儒家哲學的思想及方法，使儒家哲學的思想及方法與柏格森的很類似。

梁漱溟認為孔子的哲學思想源於代表中國形而上學的《周易》和《易經》。因此，孔子不但十分讚美《易經》的「生」範疇，且還強調「直覺」方法。在孔子看來，宇宙不是靜止的實體，而是一個充滿春意、生化流行的大生命。宇宙生化過程的本身為善、為好、為完美和諧。因此，孔子總是讚美生活，「以生活為對為好」。梁漱溟著重對儒家所謂「生」範疇的意義進行解釋。他認為儒家所講「生」是指宇宙為一個變化不居的大生命，這與柏格森所講宇宙為「大生命」、宇宙的本體為「綿延」相同。《易經》所謂「生生之謂易」，宋儒所謂「天理流行」、「萬物生化」等觀念，是與柏格森所謂宇宙為「活動生命」一樣的。這個宇宙大生命的變化不息是創造宇宙和萬物的原則。宇宙的生成是一個自然的過程，萬物的形成與發展是按照自然的原理，而不是人所造作的：

> 我看得很明孔子這派人生哲學完全是從這種形而上學產生出來的。
> 孔子的話沒有一句話不是這個的。始終只是這個意思，並無別的好多
> 意思。大概凡是一個有系統思想的人都只有一個意思，若不只一個，
> 必是他的思想尚無系統，尚未到家。孔子說的「一以貫之」恐怕即在
> 此形而上學的一點意思。〔…〕儒家盡用直覺，絕少來講理智。孔子
> 形而上學和其人生的道理都不是知識方法可以去一貫的〔註40〕。

> 我們先說孔子的人生哲學出於這種形而上學之初一步，就是以生
> 活為對，為好的態度。這種形而上學本來就是講「宇宙之生」的，

〔註39〕梁漱溟：《東西文化及其哲學》（北京：商務印書館，1999 年）修訂本，頁 123。
〔註40〕梁漱溟：《東西文化及其哲學》（北京：商務印書館，1999 年）修訂本，頁 126。

所以說「生生之謂易」。由此孔子讚美欣賞「生」的話很多，像是「天地之大德曰生」；「天何言哉，四時行焉，百物生焉，天何言哉」。〔…〕這一個「生」字是最重要的觀念，知道這個就可以知道所有孔家的話。孔家沒有別的，就是要順著自然道理，頂活潑頂流暢的去生發。他以為宇宙總是向前生發的，萬物欲生，即任其生，不加造作必能與宇宙契合，使全宇宙充滿了生意春氣〔註41〕。

「生」是儒家哲學思想的一個範疇。據儒家的理解，宇宙間的萬物萬事都處於永無休止的變易狀態之中。不過，儒家所指的是每一個事物本身的運動變化狀態，而不是說這個「變化」、「流行」、「生生」為宇宙的本體。梁漱溟卻把這個「生」範疇的意義視為柏格森哲學中所講的「生命」、「綿延」為宇宙本體的概念一樣。因此，在梁漱溟看來，儒家的「生」範疇也成為宇宙萬物的本體。梁氏反覆強調宇宙是一個大生命，要認識和體會這個流動變化的宇宙本體，一定要用直覺方法，理智方法不能認識和體會這個活潑的宇宙本體：

> 宇宙的本體不是固定的靜體，是「生命」、是「綿延」，宇宙現象則在生活中之所現，為感覺與理智所認取而有似靜體的，要認識本體非感覺理智所能辦，必方生活的直覺才行，直覺時即生活時，渾融為一個，沒有主客觀的，可以稱絕對〔註42〕。

> 如是之中或調和都只能由直覺去認定，到中的時候就覺得儼然真是中，到不調和的時候就儼然確是不調和，這非理性的判斷，不能去追問其所以，或認定就用理智順著往下推；若追問或推理便都破壞牴牾講不通了〔註43〕。

梁漱溟強調，只有直覺才能把主體與客體混融為一體，進而體會到人與宇宙的合一狀態，因為直覺是人內在生命與宇宙萬物之間的唯一交接途徑：

> 我們內裡的生命與外面通氣的，只是這直覺的窗戶〔註44〕。

可見，關於認識論方法，梁漱溟也借用和運用柏格森直覺主義的認識方法來重新解釋儒家哲學的認識論思想，使儒家的認識論思想完全偏於直覺而

〔註41〕梁漱溟：《東西文化及其哲學》（北京：商務印書館，1999 年）修訂本，頁 126～127。

〔註42〕梁漱溟：《東西文化及其哲學》（北京：商務印書館，1999 年）修訂本，頁 86。

〔註43〕梁漱溟：《東西文化及其哲學》（北京：商務印書館，1999 年）修訂本，頁 125～126。

〔註44〕梁漱溟：《東西文化及其哲學》（北京：商務印書館，1999 年）修訂本，頁 146。

排斥理智的趨向。中國傳統儒家哲學思想雖有當下反應的「忽然貫通」、「頓悟」、「致良知」等的直覺因素，但它並不完全排斥理智。就朱熹的修養方法言之，人先要對外面的事物進行認識，即格物致知。在格物致知達到一定水平之後，人才能認識、體悟或頓悟到「天」或「天理」的本體。王陽明雖然強調「格物」在於「致其良知」，但他也不完全否認理智的認識，而只是強調「知行合一」而已。接受柏格森肯定直覺而排斥理智思想的影響，梁漱溟對儒家哲學思想的認識論方法作了全盤非理性主義的解釋。梁氏認為，儒家哲學的方法是直覺。不論認識和體會宇宙大生命的流行變化本體或是人內在生命的道德本體，我們都要用直覺方法。理智方法無法認識和體會宇宙大生命和人內在生命的真正本體。就是說，「直覺」不僅是認識宇宙本體的方法，同時也是認識人內在道德本體的方法。「直覺」就是儒家哲學思想方法的核心。

既然「直覺」在儒家哲學思想中具有那麼重要的地位和意義，那「直覺」究竟是什麼？梁漱溟認為孔子之所以只教人們去求「仁」，而排斥理智，是因為「仁」是人所有美德的根源，人的所有美德都源於「仁」。「仁」是孔子思想的核心，「仁是頂大的工程，所有的事沒有大過他的了；而儒家教人亦惟要作此一事，一事而無不事矣」〔註45〕。具體地說，「仁」是人的道德、情感、本能。「仁」是「良知」——人內在「躍然可見確乎可指」〔註46〕的道德本體。「直覺」是「仁」，「直覺」也就是一種「不慮而知」的當下反應的「良知」。「仁」也是「中」。「仁」就是孔子思想的真正精神：

> 儒家完全要聽憑直覺，所以唯一重要的就在直覺敏銳明利；而唯一怕的就在直覺遲鈍麻痺。所有的惡，都由於直覺麻痺，更無別的原故，所以孔子教人就是「求仁」。人類所有的一切諸德，本無不出自此直覺，即無不出自孔子所謂「仁」，所以一個「仁」就將種種美德都可以代表。〔…〕「仁」就是本能，情感，直覺〔…〕孔子很排斥理智〔註47〕。

> 此敏銳的直覺，就是孔子所謂仁〔註48〕。

〔註45〕梁漱溟：《東西文化及其哲學》（北京：商務印書館，1999年）修訂本，頁135。

〔註46〕梁漱溟：《東西文化及其哲學》（北京：商務印書館，1999年）修訂本，頁131。

〔註47〕梁漱溟：《東西文化及其哲學》（北京：商務印書館，1999年）修訂本，頁132～133。

〔註48〕梁漱溟：《東西文化及其哲學》（北京：商務印書館，1999年）修訂本，頁131。

這個知和能，也就是孟子所說的不慮而知的良知，不學而能的良能，在今日我們謂之直覺。這種求對求善的本能、直覺，是人人都有的〔註49〕。

能使人所行的都對，都恰好，全仗直覺敏銳，而最能發生敏銳直覺的則是仁也。仁是體，而敏銳易感則其用〔註50〕。

「仁」與「中」異名同實，都是指那心理的平衡狀態。中即平衡、歸寂，即以求平衡，惟其平衡則有不合此平衡者就不安，而求其安，於是又得一平衡。此不安在直覺〔註51〕。

據梁漱溟對「直覺」的解釋，可見他所謂「直覺」不但是認識宇宙大生命的本體和人內在生命的道德本體的唯一途徑，「直覺」還是人內在生命道德本體的「仁」、「良知」。

與包含人各種美德的「直覺」相反，「理智」不僅不能認識宇宙大生命的本體、人內裡生命的道德本體，且在梁漱溟看來，凡有關「理智」的打量、計較都是私欲，理智是惡的根源。「直覺」認識方法本質上是排斥理智。因此，儒家才強調人要「聽憑直覺」，且對「理智」加以嚴厲地批評，因為直覺時，人的心就安靜，理智時，人的心就動亂：

所怕理智出來分別一個物我，而打量、計較，以致直覺退位，成了不仁〔註52〕。

在直覺、情感作用盛的時候，理智就退伏；理智起了的時候，總是直覺、情感平下去；所以二者很有相違的傾向〔註53〕。

心亂則直覺鈍，而敏銳直覺都生於心靜時也〔註54〕。

這樣，梁漱溟完全肯定直覺和全盤排斥理智。在他看來，「直覺」與「理智」之間的關係是完全對立和互相排除的。「直覺」與「理智」之間的對立不僅體現於彼此對宇宙生命本體和人內在生命道德本體的認識效果，而且還體現於人在道德方面上的「仁」與「不仁」。

〔註49〕梁漱溟：《東西文化及其哲學》（北京：商務印書館，1999年）修訂本，頁130。
〔註50〕梁漱溟：《東西文化及其哲學》（北京：商務印書館，1999年）修訂本，頁133。
〔註51〕梁漱溟：《東西文化及其哲學》（北京：商務印書館，1999年）修訂本，頁135。
〔註52〕梁漱溟：《東西文化及其哲學》（北京：商務印書館，1999年）修訂本，頁133。
〔註53〕梁漱溟：《東西文化及其哲學》（北京：商務印書館，1999年）修訂本，頁133。
〔註54〕梁漱溟：《東西文化及其哲學》（北京：商務印書館，1999年）修訂本，頁133。

　　梁漱溟還用孔子所說人心中的「安」與「不安」來解釋「仁」和「直覺」的根源。在他看來，「安」與「不安」是人道德情感的表現。面對同一個事情，有的人表示「安」，有的人表示「不安」。「安」的人表示他的情感淡薄，他的直覺遲鈍。「不安」的人表示他的情感濃厚，他的直覺敏銳。「安」與「不安」之間的差別就是「仁」與「不仁」的差別：

> 這個「仁」就完全要在那「安」字上求之。宰我他於這椿事安心，孔子就說他不仁，那麼，不安就是仁嘍。所謂安，不是情感薄直覺鈍嗎？而所謂不安，不是情感厚直覺敏銳是什麼？像所謂惻隱、羞惡之心，其為直覺是很明的；為什麼對於一椿事情，有人就惻隱，有人就不惻隱，有人就羞惡，有人就不羞惡？不過都是一個安然不覺，一個就覺得不安的分別罷了〔…〕不安者要求安的表示也，要求得一平衡也，要求得一調和也。直覺敏銳且強的人其要求安，要求平衡，要求調和就強，而得發諸行為，如其所求而安，於是旁人就說他是仁人，認其行為為美德，其實他不過順著自然流行求中的法則走而矣〔註55〕。

> 我們已經說過孔家要作仁的生活了，最與仁相違的生活就是算賬的生活。所謂不仁的人，不是別的，就是算賬的人。仁只是生趣盎然，才一算帳則生機喪矣！即此生趣，是愛人、敬人種種美行所油然而發者；生趣喪，情緒惡，則貪詐、暴戾種種劣行由此其興。計算不必為惡，然計算實唯一妨害仁的，妨害仁的更無其他；不算帳未必善，然仁的心理卻不致妨害。美惡行為都是發於外之用，不必著重去看；要著重他根本所在的體，則仁與不仁兩種不同之心理是也。要著重這兩種心理，則計算以為生活不計算以為生活不可不審也！這是說明孔家不計較利害之由於違仁的一個意思。計算始於認定前面，認定已失中，進而計算更失中；〔…〕孔家為保持其中又不能不排斥計算。〔…〕違仁失中都是傷害生機〔…〕孔家是要自然活潑去流行的，所以排斥計算〔註56〕。

> 孔子說：「剛毅木訥近仁」，又說：「巧言令色鮮矣仁」，我們都可以看出這「仁」與「不仁」的分別：一個是通身充滿了真實情感，而

〔註55〕梁漱溟：《東西文化及其哲學》（北京：商務印書館，1999 年）修訂本，頁132。
〔註56〕梁漱溟：《東西文化及其哲學》（北京：商務印書館，1999 年）修訂本，頁140。

理智少暢達的樣子；一個是臉上嘴頭露出了理智的慧巧伶俐，而情
感不真實的樣子〔註57〕。

「直覺」是「仁」，「仁」又是人所有美德的根源，因此「孝」、「悌」也只
不過是子女對父母和兄長的一種本能直覺罷了。只要發揮人這種道德的本能，
社會就安定和美好，而不必任何其他規矩：

　　那孝也不過是兒女對其父母所有的一直覺而已〔註58〕。

　　孝弟實在是孔教唯一重要的提倡。他這也沒有別的意思，不過他要
　　讓人作他那種富情感的生活，自然要從情感發端的地方下手罷了。
　　人當孩提時最初有情自然是對他父母，和他的哥哥姊姊；這時候的
　　一點情，是長大以後一切用情的源泉；絕不能對於他父母家人無情
　　而反先同旁的人有情。《論語》上「孝弟也者其為仁之本歟」一句話，
　　已把孔家的意思說出。只須培養得這一點孝弟的本能，則其對社會、
　　世界、人類，都不必教他甚麼規矩，自然沒有不好的了。

　　禮樂不是別的，是專門作用於情感的；他從「直覺」作用於我們的
　　真生命〔註59〕。

連宋明理學家所嚴厲批評的人的欲望也被梁漱溟解釋成「本能直覺」。在
宋明理學家看來，「天理」和「人欲」是兩個重要的範疇。「天理」既是創造宇
宙和萬物的本源客觀的「理」，又是人內在道德的根源。就是說人的純善道德
本性源於客觀的「天理」，它與人私心私欲的「欲望」是完全相違。若要「存
天理」，一定要「滅人欲」。不過，梁漱溟對「天理」和「人欲」的解釋與宋明
理學家完全不同。梁漱溟認為「理」不是客觀的「理」，而是存於人內在生命
自然流行的「理」。「人欲」也只是人的自然本能直覺，沒什麼不好的，所謂不
好的是理智的一切打量、計較、安排、不由直覺去隨感而應。因此，與宋明理
學家主張禁欲不同，梁漱溟不但不主張禁欲，甚至還鼓勵和讚揚人的本能欲
望。在他看來，人的道德本能直覺與自然欲望直覺之間並沒有差別：

　　道在調和求中，您能繼此而走就是善，卻是成此善者，固由本性然
　　也。仁就在這一點上，知也就在這一點上，你怎樣說他都好，尋常

〔註57〕梁漱溟：《東西文化及其哲學》（北京：商務印書館，1999 年）修訂本，頁 133。
〔註58〕梁漱溟：《東西文化及其哲學》（北京：商務印書館，1999 年）修訂本，頁 139。
〔註59〕梁漱溟：《東西文化及其哲學》（北京：商務印書館，1999 年）修訂本，頁 145
　　　～146。

人人都在這裡頭度他的生活，而自己不曉得。這自然流行日用不知的法則就是「天理」，完全聽憑直覺，活動自如，他自能不失規矩，就謂之「合天理」；於這個之外自己要打量計算，就通通謂之「私心」、「私欲」。王心齋說的好：「天理者，天然自有之理也，才欲安排如何，便是人欲」。大家要曉得，天理不是認定的一個客觀道理，如臣當忠，子當孝之類；是我自己生命自然變化流行之理，私心人欲不一定是聲、色、名、利的欲望之類，是理智的一切打量、計較、安排、不由直覺去隨感而應。孔家本是讚美生活的，所有飲食男女本能的情欲，都出於自然流行，並不排斥。若能順理得中，生機活潑，更非常是好的〔註60〕。

這種好善的直覺同好美的直覺是一個直覺，非二；好德，好色，是一個好，非二，所以孟子說：「口之於味也有同嗜焉，耳之於聲也有同聽焉，目之於色也有同美焉。至於心獨無所同然乎？心之同然者何也？謂禮也，義也，聖人先得我心之所同然耳；故禮義之悅我心，猶芻豢之悅我口」。這種直覺人所本有，並且原非常敏銳，除非有了雜染習慣的時節〔註61〕。

要注意的是，梁漱溟所謂人的情欲是指人的本能直覺、自然之理，而不是人為理智所支配而來的打量、計較的欲望。他所強調的是人的道德本能直覺，人只要順著自然流行的本能直覺，不論是「情」還是「欲」都是善、是好，且「合天理」和「合人性」。凡用理智去打量、計較的都是惡。在梁漱溟看來，儒家所謂「性善」實質上就是「情善」，因此他把人的「情」和「性」混在一起。欲望不是區別人善惡的標準，區別人善惡的標準要看人的欲望是從直覺發出或是從理智發出。發於本能直覺的欲望是好，發於計較理智的欲望是壞的。發於人自然道德本能、先天的求善本能的欲望與行為是道德的，發於是人理智打量、計較的欲望與行為是不道德的。「直覺」是人純然純善的本能情感道德。人的私心、私欲和所有不道德的行為都是由理智所造成的。這就是人的「情感」或「直覺」與人的「智」或「智理」之間的對立。人的

〔註60〕梁漱溟：《東西文化及其哲學》（北京：商務印書館，1999年）修訂本，頁132～133。

〔註61〕梁漱溟：《東西文化及其哲學》（北京：商務印書館，1999年）修訂本，頁130～131。

「情」或「性」是人道德本體的「仁」、「良知」、「直覺」，而人的「智」是不仁的計較、打量的理智。因此，他一直讚美人性／人情的本能自然道德直覺，而批評和排斥理智。

梁漱溟認為由於基於以宇宙本體為變化不息大生命的那種哲學思想，因此孔子以「任直覺」和「不認定」的態度作為自己的人生哲學。孔子對一切都持著不認定、不計較的態度，因為認定態度是與儒家哲學變化思想相反，認定態度是理智打量、計較利害得失的結果，都是錯的。「不認定」的態度是孔子人生哲學的最重要一點，同時也是中國人生哲學和中國文化的特異色彩。不認定、不計較的態度是「任直覺」、隨感而應的。孔子要求人們在生活中絕不要用理智去打量、計較和認定，而要順直覺來隨感而應：

> 孔子的惟一重要的態度，就是不計較利害。這是儒家最顯著與人不同的態度，直到後來不失，並且演成中國人的風尚，為中國文化之特異色彩的〔註62〕。

> 孔子有一個很重要的態度就是一切不認定〔…〕「子絕四，毋意，毋固，毋我」；又說「我則異於是，無可無不可」。又不但對於其實不如何的而認定其如何，是錯，並且一認定，一計算，在我就失中而傾敧於外了。平常人都是求一條客觀保定的道理而秉持之，孔子全不這樣。制定這個是善那個是惡，這個為是那個為非，這實是大錯！我們覺得宋明學家算是能把孔子的人生重新提出的，大體上沒有十分的不對，所有的不對只在認定外面而成了極端的態度和固執（明人稍好一點）。他們把一個道理認成天經地義，像孔子那無可無不可的話不敢出口。認定一條道理順著看去往下推就成了極端，就不合乎中。事實像是圓的，若認定一點，拿理智往下去推，則為一條直線，不能圓，結果就走不通〔註63〕。

> 我們再來看孔子從那形而上學所得的另一道理。他對這個問題就是告訴你最好不要操心。你根本錯誤就在找個道理打量計算著去走。若是打量計算著去走，就調和也不對，不調和也不對，無論怎樣都不對；你不打算計量著去走，就通通對了。人自然會走對的路，原

〔註62〕梁漱溟：《東西文化及其哲學》（北京：商務印書館，1999年）修訂本，頁136。
〔註63〕梁漱溟：《東西文化及其哲學》（北京：商務印書館，1999年）修訂本，頁128。

不需你操心打量的。遇事他便當下隨感而應，這隨感而應，通是對
的，要於外求對，是沒有的。我們人的生活便是流行之體，他自然
走他那最對，最妥貼最適當的路。他那遇事而感而應就是個變化，
這個變化自要得中，自要調和，所以其所應無不恰好〔註64〕。

他只要一個「生活的恰好」，「生活的恰好」不在拘定客觀一理去循
守而在自然的無不中節。拘定必不恰好，而最大之尤在妨礙生機，
不合天理。他相信恰好的生活在最自然，最合宇宙自己的變化——
他謂之「天理流行」。在這自然變化中，時時是一個「中」，時時是
一個「調和」——由「中」而變化，變化又得一「中」，如是流行不
息。孔家想照這樣去生活，所以先得「未有發之中而後發無不中節」
了〔註65〕。

不論大家所謂好習慣壞習慣，一有習慣就偏，故所排斥，而尤怕一
有習慣就成了定型，直覺全鈍了。大家認為好習慣的也未必好，因
為根本不能認定。就假設為好習慣，然而從習慣裏出來的只是一種
形式，不算美德。美德要真自內發的直覺而來才算。非完全自由活
動則直覺不能敏銳而強有力，故一入習慣就呆定麻痺，而根本把道
德摧殘了。而況習慣是害人的東西，用習慣只能對付那一種時勢局
面，新的問題一來就對付不了，而頑循舊習，危險不堪！若直覺敏
銳則無所不能對付。一個是活動自如，日新不已；一個是拘礙流行，
淹滯生機。害莫大於滯生機，故習慣為孔家所必排〔註66〕。

儒家人生哲學是全靠直覺而排斥理智的。人生活中「最妥貼最適當的路」
就是隨感而應的直覺之路，而「最不適當和不合理的路」是計較、打量的理
智的路。直覺為人內在本性的無私道德情感、是好的，理智則是人打量、計
算的私心、私欲，是壞的。想要有了美好的生活，人必須順著直覺的路而走
的，絕不要用理智去打量和計算。直覺是善的根源，它給人帶來美好的生活。
理智是惡的源頭，它給人帶來不仁的生活。直覺幫人體會到宇宙大生命的變
化流行本體及人內在生命的道德本體。只有「不認定」、「不計較」和「任直
覺」的隨感而應的人生態度才符合於宇宙大生命的變化流行和人內在生命的

〔註64〕梁漱溟：《東西文化及其哲學》（北京：商務印書館，1999年）修訂本，頁130。
〔註65〕梁漱溟：《東西文化及其哲學》（北京：商務印書館，1999年）修訂本，頁134。
〔註66〕梁漱溟：《東西文化及其哲學》（北京：商務印書館，1999年）修訂本，頁136。

道德本性。直覺的生活雖然沒有給人帶來豐富的物質享受，但它為人們帶來真正和愉快的道德情感生活。理智的生活雖然給人帶來豐富的物質享受，但它也給人帶來精神上的不安與痛苦。直覺生活是人物、人和宇宙融為一體的儒家哲學人生態度。儒家的直覺人生態度與西方**「表面非常富麗，而骨子裡其人痛苦甚深」**〔註67〕的理智人生態度完全兩樣。那也是中國人和西方人在生活中所使用的直覺和理智之間的差別：

> 大約這個態度問題不單是孔墨的不同，並且是中國西洋的不同所在
> ——孔子代表中國，而墨子則西洋適例〔註68〕。

> 墨子非命，而孔家知命，其對待之根本在用理智與用直覺之不同。
> 在墨子以理智計算，則非非命不能鼓天下之動；然如此之動不能長
> 久不疲，有時而墮矣。孔家一任直覺，不待鼓而活動不息；其動原
> 非誘於外，則不管得失成敗利鈍，而無時或倦〔…〕墨子兩眼只看
> 外面物質，孔子兩眼只看人的情感〔註69〕。

> 西洋人是要用理智的，中國人是要用直覺的——情感的〔註70〕。

可見，梁漱溟幾乎都把儒家思想的所有領域做了全盤「直覺化」。「直覺」既是認識宇宙的本體、體悟人內在生命道德本體的工具，又是人內在道德的本體。「直覺」是人所有真實的情感與道德，是人道德實踐的方式，同時也是人的美好人生態度。

雖然把直覺與理智在認識和道德方面上對立起來，並嚴厲地批評理智，但有時梁漱溟也把直覺和理智混在一起，即也肯定理智的積極作用，露出他自己思想含有一種矛盾。在解釋孔子時，他說：

> 我們在以前專發揮孔子尚直覺之一義。這也應有一個補訂——非常
> 重要的補訂。譬如純任直覺則一一所得俱是表示，初無無表示之義；
> 無表示之義，蓋離開當下之表示，有一回省而後得之者；此離開當
> 下而回省者，是有意識的，理智的活動。孔子差不多常常如此，不
> 直接任一個直覺，而為一往一返的兩個直覺；此一返為回省時附於

〔註67〕梁漱溟：《東西文化及其哲學》（北京：商務印書館，1999 年）修訂本，頁 156。

〔註68〕梁漱溟：《東西文化及其哲學》（北京：商務印書館，1999 年）修訂本，頁 139。

〔註69〕梁漱溟：《東西文化及其哲學》（北京：商務印書館，1999 年）修訂本，144～145。

〔註70〕梁漱溟：《東西文化及其哲學》（北京：商務印書館，1999 年）修訂本，157。

理智的直覺。又如好惡皆為一個直覺，若直接任這個直覺而走下去，很容易偏，有時且非常危險，於是最好自己有一個回省，回省時仍不外訴之直覺，這樣便有個救濟。〔…〕。又說「極高明而道中庸」；這明明於直覺的自然求中之外，更以理智有一種揀擇的求中。雙、調和、平衡、中，都是孔家的根本思想；所以他的辦法始終著眼在這上頭，他不走單的路，而走雙的路；單就怕偏了，雙則得一調和平衡。這雙的路可以表示如下：（一）似可說是由乎內的，一任直覺的，直對前境的，自然流行而求中的，只是一往的；（二）似可說是兼顧外的，兼用理智的，離開前境的，有所揀擇而求中的，一往一返的〔註71〕。

然此時有不可不提醒的一點：理智是無私的、是靜觀的，自己不會動作而只是一個工具，則此所謂理智作用太強太盛者，是誰在那裏役使他活動呢？此非他，蓋一種直覺也〔註72〕。

就本質而言，梁漱溟認為直覺所認識到的東西與感覺和理智的是不一樣。感覺和理智的認識對象是客觀外界的具體和靜止的事物，它們所認識到是事物的真理或規律，即事物的真正知識。直覺的認識對象為宇宙大生命變化流行的本體、人生命內在道德的本體和事物的真與美，但直覺所認識到只是人主觀體驗的情感、意味、意義、趨向、價值等，這些內容不是客觀事物原有的真正知識，而是由人的主觀妄添給事物的。因此，直覺所認識到的東西並沒有像理智所認識到關於客觀事物的真正知識。理智認識是對外在事物進行客觀地分析、綜合、歸納，並抽出事物的真正知識。直覺認識的對象不是外在客觀的事物，而是人對事物的主觀體驗，它所獲得的不是事物的真正知識，而是人對事物的美感、意味。這種認識突出地表現在於藝術、繪畫和飲食等方面。我們對繪畫、音樂、飲食等欣賞所獲得的美感和意味，都是直覺認識的表現。只有直覺才能給我們帶來事物的美感，感覺和理智無法體會到事物的美感和意味：

至於直覺所認識為帶質境，其影乃一半出於主觀，一半出於客觀，有聲音為其質，故曰出於客觀，然此妙味者實客觀所本無而主觀之

〔註71〕梁漱溟：《東西文化及其哲學》（北京：商務印書館，1999 年）修訂本，148～149。

〔註72〕梁漱溟：《東西文化及其哲學》（北京：商務印書館，1999 年）修訂本，163。

所增，不可曰全出客觀，不可曰性境；只得曰帶質而已。（唯識家不承認客觀，此特為一時便利，暫如此說之）譬如我們聽見聲音覺得甚妙，看見繪畫覺得甚美，吃糖覺得好吃，其實在聲音自身無所謂妙，繪畫自身無所謂美，糖的自身無所謂好吃；所有美、妙、好吃等等意味都是人的直覺所妄添的。所以直覺就是「非量」，因為現量對於本質是不增不減的；比量亦是將如此種種的感覺加以簡、綜的作用而不增不減得出的抽象的意義，故此二者所得皆真，雖有時錯，然非其本性；唯直覺橫增於其實則本性既妄，故為非量〔註73〕。

凡直覺所認識的只是一種意味精神、趨向或傾向。試舉例以明之。譬如中國人講究書法，我們看某人的書法第一次就可以認識得其意味，或精神；甚難以語人；然自己閉目沉想，固躍然也；此即是直覺的作用。此時感覺所認識的只一橫一畫之墨色。初不能體會及此意味，而比量當此第一次看時，絕無從施其綜簡作用，使無直覺則認識此意味者誰乎？我們平常觀覽名人書法或繪畫時，實非單靠感覺只認識許多黑的筆畫和許多不同的顏色，而在凭直覺以得到這些藝術品的美妙或氣象恢宏的意味。這種意味，既不同乎呆靜的感覺，且亦異乎固定之概念，實一種活形勢也〔註74〕。

　　經由對梁漱溟儒家哲學思想及方法進行分析和論述，可見梁漱溟通過接受、容納、消化和運用柏格森生命哲學思想及直覺方法來重新詮釋儒家生命哲學思想及直覺方法。具體地說，他已經創造地運用柏格森生命哲學思想及直覺概念來詮釋傳統儒家哲學思想及方法的內容，同時他也以繼承和發揮傳統儒家哲學思想及方法內容來詮釋柏格森生命哲學思想及直覺方法。這樣一來，傳統儒家哲學思想內容及認識方法不但獲得繼承和發揮，並且在概念形式上也獲得現代化。

　　經由對直覺與理智的特點、性質和功能之間的差別進行區別之後，梁漱溟站在儒家生命哲學思想及直覺方法的立場上批評西方哲學的思想內容和理智方法，並肯定儒家哲學直覺方法的價值與意義。從而，重新肯定傳統儒家哲學思想及方法在現代社會的地位、價值與意義。這就是梁漱溟為儒家哲學能在現代社會繼續存在所探尋的新思路。

〔註73〕梁漱溟：《東西文化及其哲學》（北京：商務印書館，1999年）修訂本，頁80。
〔註74〕梁漱溟：《東西文化及其哲學》（北京：商務印書館，1999年）修訂本，頁80。

第四節　確立將來中國文化模式

　　中國現代新儒家既是一股哲學思潮，又是一股文化思潮，因此在發展過程當中，文化成為新儒家所特別關心和討論的主要問題。作為現代新儒家的開山者，梁漱溟也十分注重探討文化問題。梁氏的文化思想是他思想整體的重要組成部分。在《東西文化及其哲學》，梁漱溟對中國、西方和印度三方的文化思想進行論述、分析和評價。

　　梁漱溟用「意欲」範疇來解釋文化形成的根源，並以滿足「意欲」要求的具體方式來論證各方文化的差別。他認為文化是生活的「樣法」，生活又是沒盡的「意欲」，「意欲」是文化的「最初本因」。人類的生活只不過是「意欲」的活動和表現。生活是「意欲」從不滿足到滿足，又從滿足到不滿足的反復無窮的過程。「意欲」的性質及滿足「意欲」的方式決定著每家文化的特質。各民族文化之間的差別，實質上是由他們滿足「意欲」的具體方式所不同造成的：

> 你且看文化是甚麼東西呢？不過是那一民族生活的樣法罷了。生活又是甚麼呢？生活就是沒盡的意欲（will），此所謂「意欲」與叔本華所謂「意欲」略相近，和那不斷的滿足與不滿足罷了。通是一民族通是個生活，何以他那表現出來的生活樣法成了兩異的彩色？不過是他那為生活樣法最初本因的意欲分出兩異的方向，所以發揮出來的便兩樣罷了。然則你要去求一家文化的根本或源泉，你只要去看文化的根原的意欲，這家的方向如何與他家的不同。你要去尋這方向怎樣不同，你只要他已知的特異彩色推他那原出發點，不難一目了然〔註75〕。

　　文化是生活的樣法，「生活」又是「事的相續」。「生活」有大範圍和小範圍的「生活」。「生活」不僅是每一民族的文化表現，而且還是宇宙的本體：「照我的意思，盡宇宙是一生活，只是生活，初無宇宙。由生活相續，故爾宇宙似乎恆在，其實宇宙是多的相續，不似一的宛在。宇宙實成於生活之上，托乎生活而存者也。這樣大的生活是生活的真象，生活的真解」〔註76〕。就大範圍言之，「生活」是宇宙的本體，就小範圍而言，「生活」則是在某範圍內的「事的相續」：

〔註75〕梁漱溟：《東西文化及其哲學》（北京：商務印書館，1999 年）修訂本，頁 32。
〔註76〕梁漱溟：《東西文化及其哲學》（北京：商務印書館，1999 年）修訂本，頁 56。

我們縮小了生活的範圍，單就著生活的表層去說。那麼，生活即是在某範圍內的「事的相續」。這個「事」是什麼？照我們的意思，一問一答即唯識家所謂一「見分」一「相分」，是為一「事」。一「事」，一「事」，又一「事」〔…〕如是湧出不已，是為「相續」。為什麼這樣連續的湧出不已？因為我們問之不已，追尋不已。一問即有一答。自己所為的答。問不已答不已，所以「事」之湧出不已。因此生活就成了無已的「相續」。這探問或追求的工具其數有六：即眼、耳、鼻、舌、身、意。凡剎那間之一感覺或一念皆為一問一答的一「事」。在這些工具之後則有為此等工具所自產出而操之以事尋問者，我們叫他大潛力、或大要求、或大意欲，沒盡的意欲〔註77〕。

為什麼各民族文化之間的差別又取決於他們滿足「意欲」的具體方式所不同的呢？梁漱溟認為，人類的生活是一個「意欲」無窮不盡探問的過程，不過在生活中，不是所有問題都能滿足人的「意欲」。有的問題，只要經過人的努力就可以得到滿足，但亦有的問題，儘管人家如何努力也無法得到滿足。「意欲」的滿足與否，給人帶來三大問題，即人對物、人對人及人對自己生命的問題。就是說，在生活中，人要面對和解決的問題有三。第一問題要解決的是人與物之間的關係（物質）；第二問題是人與他人之間的關係（情感）；第三問題是人與自己生命（身與心／生與死）之間的關係（生老病死的必然因果規律）。問題在於，為甚麼人類同面對相同的三大問題，而他們生活的樣法又發生彼此之間的不同文化呢？梁漱溟的答案是：由於解決問題的方法不同（滿足「意欲」的具體方式不同），造成不同的各種文化樣式。人類解決問題的具體方法大概有三種類型：

（一）本來的路向：就是奮力取得所要求的東西，設法滿足他的要求；換一句話說就是奮鬥的態度。遇到問題都是對於前面去下手，這種下手的結果就是改造局面，使其可以滿足我們的要求，這是生活本來的路向。

（二）遇到問題不去要求解決，改造局面，就在這種境地上求我自己的滿足。譬如屋小而漏，假使照本來的路向一定要求另換一間房屋，而持第二種路向的遇到這種問題，他並不要求另換一間房屋，

〔註77〕梁漱溟：《東西文化及其哲學》（北京：商務印書館，1999 年）修訂本，頁56。

而就在此種境地之下變換自己的意思而滿足，並且一般的有興趣。這時下手的地方並不在前面，眼睛並不望前看而向旁邊看；他並不想奮鬥的改造局面，而是回想的隨遇而安。他所持應付問題的方法，只是自己意欲的調和罷了。

（三）走這條路向的人，其解決問題的方法與前兩條路向都不同。遇到問題他就想根本取消這種問題或要求。這時他既不像第一條路向的改造局面，也不像第二條路向的變更自己的意思。只想根本上將此問題取消。這也是應付困難的一個方法，但是最違背生活本性。因為生活的本性是向前要求的。凡對於種種欲望都持禁欲態度的都歸於這條路〔註78〕。

由於人類對生活中三大問題的解決方法不同，形成了三種不同的人生態度，與此相應是三大文化路向。換言之，各民族文化之間的差別，是由他們生活樣法所不同造成的，而生活的樣法不同，又取決於他們滿足「意欲」的具體方式所不同的。

基於這種文化的理論，梁漱溟以此三種不同的人生態度來解釋他所提出的「世界文化三大路向說」。梁氏認為，由於人類在生活當中所選解決三大問題的態度及方法不同，形成了三種不同的生活樣法或文化路向。第一大問題的解決方法所產生的生活樣法或文化路向為「向前面要求」（第一文化路向）；第二大問題的解決方法所產生的是「對於自己的意思變換、調和、持中」（第二文化路向）；第三大問題的解決方法所產生的是「轉身向後去要求」（第三文化路向）。梁漱溟肯定「所有人類的生活樣法大約不出這三個路徑樣法。〔…〕這是三個不同的路向。這三個不同的路向，非常重要，所有我們觀察文化的說法都以此為根據」〔註79〕。為了解決我物關係的第一大問題，人只要持著意欲向前的態度去征服自然，追求自己對物質的滿足；為了解決人與他心關係的第二大問題，人要向內用力，反求自己求得和諧與滿足；為了解決人與自己生命關係的第三個問題，人只能運用禁欲主義的修鍊方法，使人自己的內在生命從外面幻想世界的存在解脫出來，達到涅盤境界的滿足。

基於這樣文化的解釋，梁漱溟對西方、中國和印度的文化特點進行考察和印證，看它們是否符合於他自己提出的「世界文化三大路向說」。經由考察

〔註78〕梁漱溟：《東西文化及其哲學》（北京：商務印書館，1999年）修訂本，頁61。
〔註79〕梁漱溟：《東西文化及其哲學》（北京：商務印書館，1999年）修訂本，頁61。

和比較之後，梁漱溟結論：西方文化的路向是以意欲「向前面要求」，以征服自然來滿足自己的「意欲」。因此，西方文化的特長為「科學方法」和「人的個性伸展」。這一特點使西方具有豐富的物質生活、現代科學和「德謨克拉西」（民主）的政治社會。西方文化代表人類的第一文化路向。與西方不同，中國文化的路向是以意欲「調和、持中」為根本精神。中國文化的特質是知足、寡欲、攝生。由於不喜歡征服自然和改造局面，中國的物質方面沒有發展。中國人並沒有提倡物質生活的享受，而主張隨遇而安，這樣的想法就形成了我與物、我與人、我與自身之間的統一和諧。中國文化代表人類的第二文化路向。與西方和中國文化不同，印度文化的路向是以意欲「轉身向後去要求」，因此物質方面無成就、社會亦不進步，唯有宗教的一物。印度文化代表人類的第三文化路向：

> 一個便是科學的方法，一個便是人的個性伸展，社會性發達。前一個是西方學術上特別的精神，後一個是西方社會上特別的精神〔註80〕。

> 中國人的思想是安分、知足、寡欲、攝生，而絕沒有提倡要求物質享樂的；卻亦沒有印度的禁欲思想（和尚道士的不娶妻、尚苦行是印度文化的摹仿，非中國原有的）。不論境遇如何他都可以滿足安受，並不定要求改造一個局面〔註81〕。

> 印度文化與中國文化同樣的沒有西方文化的成就〔…〕其物質文明之無成就，與社會生活之不進化，不但不及西方且直不如中國。他的文化中俱無甚可說，唯一獨盛的只有宗教之一物。而哲學、文學、科學、藝術附屬之。於生活三方面成了精神生活的畸形發展，而於精神生活各方面又為宗教的畸形發達，這實在特別古怪之至！所以他與西方人非一條線而自有其所趨之方向不待說，而與中國亦絕非一路〔註82〕。

　　根據三方文化之間的不同，梁氏把它們歸類成世界上三種不同的典型文化類型，即西方、中國和印度文化。「西方文化是以意欲向前要求為根本精神的」，「中國文化是以意欲自為調和、持中為其根本精神的」，「印度文化是以

〔註80〕梁漱溟：《東西文化及其哲學》（北京：商務印書館，1999年）修訂本，頁29。
〔註81〕梁漱溟：《東西文化及其哲學》（北京：商務印書館，1999年）修訂本，頁72。
〔註82〕梁漱溟：《東西文化及其哲學》（北京：商務印書館，1999年）修訂本，頁73。

意欲反身向後要求為其根本精神的」〔註83〕。西方人所走的是第一條路向，中國人所走的是第二條路向，印度人所走的是第三條路向。它們的特色分別為：

> 西方文化之物質生活方面現出征服自然之彩色，不就是對於自然向前奮鬥的態度嗎？所謂燦爛的物質文明，不是對於環境要求改造的結果嗎？科學方法要變更現狀，打碎、分析來觀察；不又是向前面奮鬥的態度嗎？科學精神於種種觀念、信仰之懷疑而打破掃蕩，不是銳利邁往的結果嗎？德謨克拉西不是對於種種威權勢力反抗奮鬥爭持出來的嗎？這不是由人們對人們持向前要求的態度嗎？〔註84〕。

> 無征服自然態度而為與自然融洽游樂的，實在不差。這就是甚麼？即所謂人類生活的第二條路向態度是也。他持這種態度，當然不能有甚麼征服自然的魂力，那輪船、火車、飛行艇就無論如何不會產生。他持這種態度，對於種種的威權把持者，要容忍禮讓，哪裡能奮鬥爭持而從其中得個解放呢？那德謨克拉西實在無論如何不會在中國出現！他持這種態度，對於自然，根本不為解析打碎的觀察，而走入玄學直觀之路，如我們第二章所說；又不為制馭自然之想，當然無論如何產生不出科學來。凡此種種都是消極的證明中國文化不是西方一路，而確是第二條路向態度〔註85〕。

> 印度人既不像西方人的要求幸福，也不像中國人的安遇知足，他是努力於解脫這個生活的；既非向前，又非持中，乃是翻轉向後，即我們所謂第三條路向。這個態度是別地方所沒有，或不盛的，而在印度這個地方差不多是好多的家數，不同的派別之所共同一致〔註86〕。

根據上面的論述，我們可以把梁漱溟的文化理論內容歸納如下：文化是生活的樣法，生活是不盡的意欲，意欲又是生活的來源。意欲在生活中的滿足與否給人帶來要解決的三大問題。人們對這三大問題的具體解決方

〔註83〕梁漱溟：《東西文化及其哲學》（北京：商務印書館，1999 年）修訂本，頁 33，63。

〔註84〕梁漱溟：《東西文化及其哲學》（北京：商務印書館，1999 年）修訂本，頁 62。

〔註85〕梁漱溟：《東西文化及其哲學》（北京：商務印書館，1999 年）修訂本，頁 72。

〔註86〕梁漱溟：《東西文化及其哲學》（北京：商務印書館，1999 年）修訂本，頁 73。

法不同形成了三種不同的文化路向。西方、中國和印度文化是世界典型的三種文化。

在對「世界文化三大路向說」的內容進行論述之後，梁漱溟還提出「文化三期重現說」。他認為西方、中國和印度三種文化是世界典型的文化類型，代表人類文化發展的三個層次或三個時期。這三種文化分別擔任解決人類生活中在每個時期所面臨不同的三大問題的責任。第一期文化是人類需要生存的時期，因此人們要採用「意欲向前要求」的西方第一文化路向去征服自然來取得物質方面的滿足，旨在解決人類生活中所面臨的第一大問題：物質的滿足。第二期文化是人類需要道德、情感的時期，因此人們要採用「意欲自為調和、持中」的中國第二文化路向向自己內在追求來取得人與人之間在道德情感方面的滿足，旨在解決人類生活中所面臨的第二大問題：道德、情感的滿足。第三期文化是人類需要宗教的時期，因此人們要採用「意欲反身向後要求」的印度第三文化路向來取得人與自己內在生命之間的滿足，旨在解決人類生活中所面臨的第三大問題：宗教的滿足。

西方文化是人類的第一期文化，中國文化是人類的第二期文化，印度文化是人類的第三期文化。西方文化解決的是物質方面的第一問題（人類文化的第一期），解決問題的方式為科學（第一種態度或第一文化路向）。中國文化解決的是情感方面的第二問題（人類文化的第二期），解決問題的方式為道德倫理（第二種態度或第二文化路向）。印度文化解決的是宗教方面的第三個問題（人類文化的第三期），解決問題的方式為宗教（第三種態度或第三文化路向）。換言之，西方文化是物質文化，中國文化是倫理道德文化，印度文化是宗教文化。

梁漱溟認為人類文化的發展是一個順序的過程，即由第一期到第二期，又由第二期到第三期。每一種文化類型只合適於一個時期，且只能為人類解決一個問題。西方、中國和印度文化將依照時間的順序分別為人類所選擇來解決他們於每個時期在生活中所面臨不同的三大問題，並成為那個時期的世界文化：

> 照我的意思人類文化有三步驟，人類兩眼視線所集而致其研究者也
> 有三層次：先著眼研究者在外界物質，其所用的是理智；次則著眼
> 研究者在內界生命，其所用的是直覺；再其次則著眼研究者將在無
> 生本體，其所用的是現量；初指古代的西洋及在近世之復興，次指

> 古代的中國及其將在最近未來之復興，再次指古代的印度及其將在
> 較遠未來之復興〔註87〕。

當人類處於需要物質滿足的第一期文化時，只有征服自然來取得物質滿足的西方第一文化路向能答應這時期的要求。因此，當人類處於第一期文化發展的時期，西方文化便成為文化第一期的世界文化。物質方面得到解決與滿足之後，人類文化將由第一期文化轉入第二期文化。在人類需要情感道德滿足的第二期文化時，只有調和持中人生態度來取得人與人之間在道德倫理方面的滿足的中國第二文化路向能答應這時期的要求。因此，中國文化就成為文化第二期的世界文化。第二期完成之後，人類文化又轉入文化第三期。在人類需要宗教滿足的第三期文化時，只有反身向後人生態度來取得人與自己內在生命之間的宗教滿足的印度第三文化路向能答應這時期的要求。因此，印度文化就成為文化第三期的世界文化。

梁漱溟認為西、中、印三種文化的發展規律是一個循環和重現的過程，並且是依照順序、次第和循環進行的。當前，西方文化已經完成滿足人類在第一期文化所需要物質問題的任務，並走到了盡頭。接下來將是中國文化和印度文化的重現，它們將分別成為第二期和第三期的世界文化，旨在滿足人類的道德倫理和宗教的要求：

> 人類文化之初，都不能不走第一路，中國人自也這樣，卻他不待把
> 這條路走完，便中途拐彎到第二條路上來；把以後方要走到的提前
> 走了，成為人類文化的早熟。但是明明還處在第一問題未了之下，
> 第一路不能不走，那裡能容你順當去走第二路？所以就只能委委
> 曲曲表出一種曖昧不明的文化，不如西洋化那樣鮮明；並且耽誤了
> 第一路的路程，在第一問題之下的世界現出很大的失敗。不料雖然
> 在以前為不合時宜而此刻則機運到來。蓋第一路走到今日，病痛百
> 出，今世人都想拋棄他，而走這第二路，〔…〕第一路走完，第二
> 問題移進，不合時宜的中國態度遂達其真必要之會，於是照樣也揀
> 擇批評的重新把中國人態度拿出來。印度文化也是所謂人類文化
> 的早熟；他是不待第一路第二路走完而徑直拐到第三路上去的。
> 〔…〕他的問題是第三問題，前曾略說。而最近未來文化之興，實
> 足以引進了第三問題，所以中國文化復興之後將繼之以印度文化

〔註87〕梁漱溟：《東西文化及其哲學》（北京：商務印書館，1999 年）修訂本，頁 180。

復興。於是古文明之希臘、中國、印度三派竟於三期間次第重現一遭〔註88〕。

　　第一期文化的西方文化路向為人類帶來燦爛的物質成就，但今天它已發生了許多弊病。一直講究物質、科學和民主自由的西方文化使人喪失了人的本性，社會動盪，生活無味。西方文化符合人類的第一期文化，但不再符合當前人類的要求了。因此，人類要改變文化路向，由第一期文化轉入第二期文化：「**這樣一來就致人類文化要有一根本變革，由第一路向改變為第二路向，亦即由西洋態度改變為中國態度**」〔註89〕。因此，世界未來文化不再是西方文化，而是中國文化的復興：「**世界未來文化就是中國文化的復興，有似希臘文化在近世的復興那樣**」〔註90〕。

　　由於中國文化走的是第二條路向，而成為人類的早熟文化。中國文化的物質方面沒有像西方文化那麼發達。梁漱溟認為，中國文化在物質方面的缺陷是中國文化的不足和不如西方文化之處，但這一缺陷又是中國人的「莫大之大幸」，因為中國人沒有像西方人要面對當前由物質生活所帶來的種種弊病和痛苦。中國文化不適合世界文化的第一期，但現在又能發揮他自己的長處了。第一條路向的西方文化已經走到盡頭，人類要拋棄西方文化的第一條路向而轉入中國文化的第二路向。第一條文化路向只能滿足人的物質方面，而不能滿足人的情感方面。現在人類在物質方面得到滿足了，第一條文化路向則沒有存在的理由。人類的未來文化將是中國文化。只有中國文化的人生態度才能滿足人在情感道德方面的需要，且能避免西方人當前生活上的種種苦悶：

> 因為此種態度即不會產生西洋近世的經濟狀況。西洋近百年來的經濟變遷，表面非常富麗，而骨子裡其人苦痛甚深；中國人就沒有受著。雖然中國人的車不如西洋人的車，中國人的船不如西洋人的船〔…〕中國人的一切起居享用都不如西洋人，而中國人在物質上所享受的幸福，實在倒比西洋人多。蓋我們的幸福樂趣，在我們能享受的一面，而不在所享受的東西上，穿錦繡的未必便愉快，穿破布

〔註88〕梁漱溟：《東西文化及其哲學》（北京：商務印書館，1999年）修訂本，頁202～203。

〔註89〕梁漱溟：《東西文化及其哲學》（北京：商務印書館，1999年）修訂本，頁170。

〔註90〕梁漱溟：《東西文化及其哲學》（北京：商務印書館，1999年）修訂本，頁202。

的或許很樂；中國人以其與自然融洽游樂的態度，有一點就享受一點，而西洋人風馳電掣的向前追求，以致精神淪喪苦悶，所得雖多，實在未曾從容享受〔註91〕。

由於中國文化能夠滿足人類道德情感的要求，因此中國文化成為人類第二期文化的世界文化。人類第二期文化的特點是以「人對人」的態度取代了第一期文化以「人對物」的態度去解決人與人之間的關係，以精神的安樂代替物質的滿足，使人在精神上得到安寧、在道德情感上得到愉快：

> 蓋人類將從人對物質的問題之時代而轉入人對人的問題之時代〔…〕以對物的態度對人。人類漸漸不能承受這態度，隨著經濟改正而改造得的社會不能不從物的一致而進為心的和同，總要人與人間有真妥洽才行。又以前人類似可說在物質不滿足時代，以後似可說轉入精神不安寧時代；物質不足必求之於外，精神不寧必求之於己。又以前人類就是以物質生活而說，像是只在取代時代而以後像是轉入享受時代，不難於取代而難於享受！若問如何取得，自須向前要求，若問如何享受，殆非向前要求之謂乎？凡此種種都是使第一路向、西洋態度不能不轉入第二路向、中國態度的重大情勢〔註92〕。

除了從理論上說明第二路向的中國文化在未來將代替第一條路向的西方文化，並肯定中國文化一定復興且成為世界的文化以外，為了證明自己的論點，梁漱溟還舉了許多例子說明西方近代社會在經濟、學術和哲學等的變遷。在他看來，西方這些變化都是朝著中國文化的內容而變化的。根據這些西方的變遷，梁漱溟更相信中國文化逐漸成為世界文化的事實。

關於西方經濟的變遷，梁漱溟認為在中世紀時期，西方的經濟是一種「消費本位」的經濟，生產是為了消費，消費多少就生產多少，兩者之間是相適的。進入近代時期，由於機械的發明，勞動分工的出現和自由競爭的市場，使中古時期的消費本位的經濟變成「個人本為」、「生產本位」的經濟。這時，生產的目的不是像以前為了社會的消費而生產，而變成為個人賺錢而生產。生產更多，個人賺到的錢也更多。機械的發明已經取代了人工。當初，工業是手工、家庭、小資本，現在變成機械、工廠、大資本，「小規模的生產組織

〔註91〕梁漱溟：《東西文化及其哲學》（北京：商務印書館，1999 年）修訂本，頁 156。
〔註92〕梁漱溟：《東西文化及其哲學》（北京：商務印書館，1999 年）修訂本，頁 172。

破壞，而大規模的生產勃興」，「自由都市於此破壞，資本主義的經濟與近世的國家由此而興」。這樣發展下去，使當初消費本位的經濟變成「生產本位」的局面。這種經濟蓬勃發展的局面將為社會造成不合理的現象。少數人成為資本家，大多數人破產而成為工人。這種經濟給人帶來不良的後果，就是生產過剩的現象。生產非常多，但賣不出去。然而很多人陷入失業的困境，沒有飯吃，沒有衣穿。面對這種不合理的經濟，人們很自然要求改正它：

> 這個樣子實在太不合理！尤其怪謬不合的，我們去生產原是為消費，織布原是為穿衣，生產的多應當大家享用充裕，生產的少才不敷用，現在生產過剩何以反而大家享用不著，甚至不免凍餒？豈非織布而不是為給人穿的了嗎？然而照現在的辦法竟然如此，這樣的經濟真是再不合理沒有了〔註93〕。

梁漱溟強調這種經濟是「全失生產的本意」的經濟。面對當前個人本位、生產本位的經濟，西方人提出改正這種不合理經濟的辦法是社會主義的經濟：**「照現在的辦法竟然如此，這樣的經濟真是再不合理沒有了！這種不合理的事決敷衍不下去。這全失我們人的本意，人自然要求改正，歸於合理而後已。就是把現在個人本位的，生產本位的經濟改正歸到社會本位的，分配本位的。這出來要求改正的便是所謂社會主義。西方文化的轉變就萌芽於此」**〔註94〕。社會主義的社會本位、分配本位經濟之出現，意味著西方文化正在由第一路向的西方文化改變為第二路向的中國文化：

> 我們雖不能說現在經濟將由如何步驟而得改正〔…〕但其必要歸於合理，以社會為本位，分配為本位是一定的，這樣一來就致人類文化要有一根本變革，由第一路向改變為第二路向，亦即由西洋態度改變為中國態度。這是為甚麼要這個樣子？不為別的，這只為他由第一種問題轉入第二種問題了〔註95〕。

關於西方學術的變化，梁漱溟認為西方在科學方面也發生了巨大的變化，即見解的變遷或科學的變遷。梁漱溟認為西方人總以為人的生活都是有意識，人人都用理智作主，就利免害，避苦就樂，誤解知識為道德，所以提倡一種計算的人生態度。近來，由於動物心理學的發展，西方心理學也有根本的變

〔註93〕梁漱溟：《東西文化及其哲學》（北京：商務印書館，1999年）修訂本，頁168。
〔註94〕梁漱溟：《東西文化及其哲學》（北京：商務印書館，1999年）修訂本，頁168。
〔註95〕梁漱溟：《東西文化及其哲學》（北京：商務印書館，1999年）修訂本，頁170。

化。他們發現人類心理的重要部分不在知，而在情與意方面。除了意識之外，還有比它更重要的就是無意識。他們發現以前的種種見解都不對，從而對以前的見解作了反省。這一次反省使西方人逐漸看到孔子的思想。孔子沒有像西方人一直看重人類的有意識方面，而全力看重人類的情感方面：

> 於是西洋人兩眼睛的視線漸漸乃與孔子兩眼視線所集相接近到一處。孔子是全力照注在人類情志方面的；孔子與墨子的不同處，孔子與西洋人的不同處，其根本所爭只在這一點！西洋人向不留意到此，現在留意到了，乃稍稍望見孔子之門矣〔註96〕。

西方以前的見解獲得修正之後，一定影響到西方未來的文化，使西方人把原來所走個人、為我、計較利害、算帳、理智等的第一文化路向改變為第二文化路向。第二文化路向的中國文化人生態度是任直覺、重本能、不計較厲害得失、尚情無我。梁漱溟亦肯定西方人對「社會的本能」的發現，就是未來文化的基礎：

> 以前所作的生活（指西洋近世），偏靠著理性，而以後將闢的文化則不能不植基於這社會本能之上，所以這「社會的本能」之發見，就是發見了未來文化的基礎，其關係為何等重大呢！又這類的見解變遷以來，適當這要求社會改造之會，於是大提倡與以前相反的學說。以前提倡個人的、為我的、計較利害的，現在完全掉換了；他們宣言現代思想的潮流是倫理的色彩，不是個人主義。近世西洋文化的發展都出於為我而用理智，而中國則為尚情無我的態度，是已經證明的；那麼這不是由西洋路子轉入中國路子是甚麼？〔註97〕

除了經濟和學術的見解發生了變化之外，梁漱溟還認為西方哲學思想也在發生巨大的變遷。以前西方哲學界都講絕對，現在轉向開始講相對，以前主知，現在轉向主情與意，以前用理智，現在尚直覺，以前講靜，現在講動，以前向外看，現在回過頭來看自己的內在生命：

> 拿西洋現在這些家數的哲學對他從古以來的哲學而看其派頭、風氣、方向簡直全部翻轉過來：從前總是講絕對，現在變了講相對；從前主知，現在主情意；從前要用理智，現在則尚直覺；從前是靜

〔註96〕梁漱溟：《東西文化及其哲學》（北京：商務印書館，1999年）修訂本，頁174。
〔註97〕梁漱溟：《東西文化及其哲學》（北京：商務印書館，1999年）修訂本，頁178。

的,現在是動的;從前只是知識的,現在是行為的。從前是向外看
的,現在回轉其視線於自己,與生命〔註98〕。

　　許多西方哲學家如尼采〔註99〕,杜威〔註100〕,柏格森等都講相對,主情
意,尚直覺,尤其為生命派代表者的柏格森生命哲學思想。西方哲學發生這
樣的變化,表示西方哲學的新風氣正朝著東方哲學色彩而發展的。然而梁漱
溟所謂東方哲學是指中國哲學、儒家哲學的:

> 現在的哲學色彩不但是東方的,直接了當就是中國的,中國哲學的
> 方法為直覺,所著眼研究者在「生」〔…〕現今西方思想界已彰明的
> 要求改變他們從來人生態度;而且他們要求趨向之所指就是中國的
> 路,孔家的路〔註101〕。

　　總而言之,梁漱溟對西方經濟、學術和哲學的變化進行論述和分析,旨
在證明西方文化正在轉入中國文化的事實。中國文化將代替西方文化而成為
人類第二期的世界文化,而梁漱溟所謂中國文化實質上是指儒家思想、孔子
思想的。

　　值得一提的是,在科學和民主早已成為一個現代國家的標誌的時代裏,
沒有發展出燦爛的物質文明、也沒有科學和民主、且還屈服於西方各強國的
早熟中國儒家文化,又如何能成為未來人類第二期文化的世界文化呢?梁漱
溟對此問題作出如下的答覆。當今,世界上幾乎都是西方化的世界。歐美國
家是西方化,東方國家也是如此。哪個國家能接受和運用西方文化的成就才
能站得住,要不然就難以存在:

> 我們所看見的,幾乎世界上完全是西方化的世界!歐美等國完全是
> 西方化的領域,固然不須說了。就是東方各國,凡能領受接納西方
> 化而又能運用的,方能使他的民族、國家站得住;凡來不及領受接
> 納西方化的即被西方化的強力所佔領。前一種的國家,例如日本,
> 因為領受接納西方化,故能維持其國家之存在,並且能很強勝的立
> 在世界上;後一種的國家,例如印度、朝鮮、安南、緬甸,都是沒
> 有來得及去採用西方化,結果遂為西方化的強力所佔領。而唯一東

〔註98〕梁漱溟:《東西文化及其哲學》(北京:商務印書館,1999 年)修訂本,頁 179。
〔註99〕Friedrich Nietzsche(1844~1900):德國哲學家。
〔註100〕Jonh Dewey(1859~1952):美國哲學家。
〔註101〕梁漱溟:《東西文化及其哲學》(北京:商務印書館,1999 年)修訂本,頁
　　　　181。

> 方化發源地的中國也為西方化所壓迫，差不多西方化撞進門來已經
> 好幾十年，使秉受東方化很久的中國人，也不能不改變生活，採用
> 西方化！〔註102〕

西方化已成為世界必要的趨向，中國也不是例外。若想要把國家脫離落後的現狀，並發展成現代強盛的國家，中國必定實現西方化。梁漱溟並不反對中國要西方化，而且還肯定中國一定要實現西方化。不過，與反傳統派所主張徹底否定中國傳統文化和全盤西化有所不同，梁漱溟的西方化方法不是把中國進行全盤西方化。在梁漱溟看來，西方文化「這條路便走到了盡頭處」，已經露出好多弊病，若把中國進行全盤西方化，一定會給中國社會帶來如當前西方所面臨嚴重弊病的那樣，中國人的生活更痛苦和無味。為了避免當前西方文化的危機，梁氏不主張全盤西方化，而是選擇西方文化的長處來補救中國文化的短處。梁漱溟認為，西方文化的長處是現代科學和民主政治：「**西方化是以意欲向前要求為其根本精神的。或說：西方化是由意欲向前要求的精神產生『塞恩斯』與『德謨克拉西』兩大異彩的文化**」〔註103〕。中國文化是以意欲調和持中的第二條路向，沒追求征服自然和改造環境。中國文化所追求的不是外面的物質方面，而是人自己的內心，即追求人與物、人與我、人與自身的調和。中國文化沒有像西方文化把外面的物和人視為自己的對立來征服。因此，中國文化沒有產生現代科學和民主政治。西方文化的科學和民主特長就是中國傳統文化所缺乏的。這一缺點使中國落後於西方，並屈服於西方各強國。為了把中國脫離落後的狀態並發展成為富國強兵的國家，中國一定要學習西方的科學和民主。這表明梁漱溟已經意識到科學和民主的重要性。在梁漱溟看來，如何引進、接受和學習西方的科學和民主是緊急的問題：

> 其實這兩種精神完全是對的；只能為無批評無條件的承認；即我所
> 謂對西方化要「全盤承認」。怎樣引進這兩種精神實在是當今所急
> 的；否則，我們將永此不配談人格，我們將永此不配談學術。你只
> 要細審從來所受病痛是怎樣，就知道我這話非激〔註104〕。

〔註102〕梁漱溟：《東西文化及其哲學》（北京：商務印書館，1999 年）修訂本，頁
　　　　12。

〔註103〕梁漱溟：《東西文化及其哲學》（北京：商務印書館，1999 年）修訂本，頁
　　　　33。

〔註104〕梁漱溟：《東西文化及其哲學》（北京：商務印書館，1999 年）修訂本，頁
　　　　209。

　　雖然主張學習西方的科學和民主，但梁漱溟不願意接受西方文化的人生態度，而且還對西方文化的人生態度加以嚴屬的批評。他認為西方文化的人生態度看重理智、計較、算帳等已給西方人帶來的種種弊病。中國絕對不學習西方文化的人生態度。就在這一點，梁漱溟的西方化主張與當時中國西化派所主張全盤西化有所相異：

> 新派所倡導的總不外乎陳仲甫氏（陳獨秀）所謂「塞恩斯」與「德謨克拉西」和胡適之氏所謂「批評的精神」；這我們都贊成。但我覺得若只這樣都沒給人以根本人生態度；無根的水不能成河，枝節的作法，未免不切。〔…〕西洋人從來的人生態度到現在已經見出好多弊病，受了嚴重的批評，而他們還略不知揀擇的要原盤拿過來。雖然這種態度於今日的西洋人為更益其痛苦，而於從來的中國人則適可以救其偏，卻是必要修正過才好。況且為預備及促進世界第二路文化之開闢，也要把從來的西洋態度文化變化才行〔註105〕。

　　批評西方文化的人生態度和當時中國西化派所全盤西化的主張，梁漱溟認為為了避免西方文化人生態度所帶來的痛苦和弊病，中國絕對不要學西方文化的人生態度，而要以中國文化原來的人生態度為根本。只有中國文化原來的人生態度才能滿足人類第二期文化的要求，也只有中國文化原來的人生態度才能有效地引進西方文化的科學和民主到中國來。梁漱溟所謂「**中國原來態度，實際上指的就是儒家的態度，或稱之為『孔子的人生哲學』**」〔註106〕。孔子的人生哲學或中國原來的人生態度是什麼呢，梁漱溟說：

> 於是我將說出我要提出的態度。我要提出的態度便是孔子的所謂「剛」。剛之義也可以統括了孔子全部哲學，原很難於短時間說得清。但我們可以就我們所需說之一點，而以極淺之話表達他。大約「剛」就是裏面力氣極充實的一種活動〔註107〕。

　　梁漱溟還聲明中國人從來雖然走第二條文化路向，但沒有走到中國文化的真正道路，即孔子人生哲學的真意：

> 本來中國人從前就是走這條路，卻是一向總偏陰柔坤靜一邊，近於

〔註105〕梁漱溟：《東西文化及其哲學》（北京：商務印書館，1999 年）修訂本，頁207。

〔註106〕鄭大華：《梁漱溟傳》（北京：人民出版社，2001 年），頁 114。

〔註107〕梁漱溟：《東西文化及其哲學》（北京：商務印書館，1999 年）修訂本，頁213。

> 老子，而不是孔子陽剛乾動的態度；若如孔子之剛的態度，便為適
> 宜的第二路人生〔註108〕。

由於中國人從來所走的是老子思想的道路，而不是孔子思想的道路，因此中國人的生活中從來都缺少活氣、落後和痛苦。在此，中國人要拋棄老子的路向，並走入中國原來的態度，即孔子的真正路向。梁漱溟認為，孔子所謂「剛」的是一種往前動作的精神，這種精神出於人內在的直接充實情感，而不是出於人的欲望計較。欲望和剛都是很勇的往前活動，但欲望全是假的、不充實、假有力和向外追去，而剛則是內裡充實有力，從內裡發出。有剛人的一切動作都發於內在真實情感：

> 我今所要求的，不過是要大家往前動作，而此動作最好要發於直接
> 的情感，而非出自欲望的計慮。〔…〕孔子所謂「剛毅木訥近仁」全
> 露出一個人意志高強，情感充實的樣子；這樣人的動作大約便都是
> 直接發於情感的。我們此刻無論為眼前急需的護持生命財產個人權
> 利的安全而定亂入治，或促進未來世界文化之開闢而得合理生活，
> 都非參取第一態度，大家奮往向前不可，但又如果不根本的把他含
> 融到第二態度的人生裡面，將不能防止他的危險，將不能避免他的
> 錯誤，將不能適合於今世第一和第二路的過度時代。〔…〕剛的動只
> 是真實的感發而已。我意不過提倡一種奮往向前的風氣，而同時排
> 斥那向外追物的頹流〔註109〕。

中國文化的人生態度是孔子思想的人生態度，只有孔子的人生態度才能為中國文化成功地引進、學習和接受西方文化的科學和民主成就。在孔子思想人生態度的指導之下，中國文化才能避免西方文化人生態度給人們所帶來的痛苦和弊病：

> 現在只有踏實的奠定一種人生，才可以真吸收融取了科學和德謨克
> 拉西兩精神下的種種學術種種思潮而有個結果；否則，我敢說新文
> 化是沒有結果的〔註110〕。

〔註108〕 梁漱溟：《東西文化及其哲學》（北京：商務印書館，1999 年）修訂本，頁
　　　　 215。

〔註109〕 梁漱溟：《東西文化及其哲學》（北京：商務印書館，1999 年）修訂本，頁
　　　　 213～214。

〔註110〕 梁漱溟：《東西文化及其哲學》（北京：商務印書館，1999 年）修訂本，頁
　　　　 215。

現在只有先根本啟發一種人生，全超脫了個人的為我，物質的歆慕，處處的算帳，有所為的而為，直從裡面發出來活氣——羅素所謂創造衝動——含融了向前的態度，隨感而應，方有所為情感的動作，情感的動作只能於此得之。只有這樣向前的動作才真有力量，才繼續有活氣，不會沮喪，不生厭苦，並且從他自己的活動上得了他的樂趣。只有這樣向前的動作可以彌補了中國人夙來缺短，解救了中國人現在的痛苦，又避免了西洋的弊害，應付了世界的需要，完全適合我們從上以來研究三文化之所審度。這就是我所謂剛的態度，我所謂適宜的第二路人生〔註111〕。

只有昭蘇中國人的人生態度，才能把生機剝盡死氣沉沉的中國人復活過來，從裏面發出動作，才是真動。中國不復活則已，中國而復活，只能於此得之；這是唯一無二的路〔註112〕。

中國文化的人生態度就是孔子的人生態度，因此所謂中國文化即將成為人類第二期文化的世界文化就是說孔子思想的人生態度將是人類第二期文化的世界文化。

總而言之，梁漱溟認為西方文化只適合滿足人類物質方面的第一期文化，現在物質方面得到解決之後，人類文化即將進入第二期文化，能滿足人類第二期文化的需求不再是西方文化的人生態度而是中國文化的人生態度。但由於中國文化本來缺少西方文化的科學和民主成就，因此中國要接受、容納和學習西方文化的科學和民主。不過，為了避免當前西方文化所面臨的嚴重危機和成功地引進和學習西方文化的民主與科學，中國絕不要學習西方文化所看重理智的人生態度，而必定以中國文化、孔子哲學思想所看重直覺的人生態度為基礎來接受、容納和學習西方文化的民主與科學。基於這種見解，梁漱溟已經為中國未來文化建立了一個中西文化融合的新模式，即：儒家（哲學思想和方法、道德倫理和人生哲學）＋（西方）「民主」與「科學」。在梁漱溟看來，該模式既是中國未來文化又是世界未來文化的理想模式，同時也是實現中國現代化事業的具體方式，也是儒家思想現代化的具體模式。梁漱溟

〔註111〕梁漱溟：《東西文化及其哲學》（北京：商務印書館，1999 年）修訂本，頁214。

〔註112〕梁漱溟：《東西文化及其哲學》（北京：商務印書館，1999 年）修訂本，頁215。

相信，只有這個模式才能把中國擺脫當前文化的嚴重危機，且能復活和振興儒家思想。

第五節　小結

綜觀而言，梁漱溟儒學思想現代化的過程包括四個環節，即：批評傳統儒學和區別儒學的真假；認同陸王心學、讚揚泰州學派；借用柏格森哲學重新詮釋傳統儒家哲學思想及方法；確立中國未來文化模式。梁漱溟儒學思想現代化的過程當中，不論在思想或理論方面上都存在著不少矛盾與限制。對梁漱溟思想的限制，學界這樣理解：「梁漱溟無論對傳統儒家哲學還是對柏格森的生命哲學理解得都不是很深刻的，他常常用他不甚了解的柏格森哲學去解說他不甚了解的儒學，有時思想比較混亂，表述亦不夠清楚。在融合這兩家學說的時候，他往往採用比附的方法。例如，他用『天理流行』比附『生命衝動』，用『致良知』比附『直覺』」〔註113〕。這顯然是梁漱溟儒學思想現代化的缺陷。我們認為，雖然梁漱溟在接受柏格森生命哲學思想來重新詮釋儒家思想的過程中仍存在著許多矛盾的地方，但就他儒學思想現代化的方向及其意義而言，我們不容否認他的學術貢獻。

在某一程度上，可以說梁漱溟力圖接受、容納和消化柏格森哲學，並把柏格森哲學與儒家哲學融合起來，進而借用柏格森生命哲學重新詮釋傳統儒家哲學思想，實現儒家哲學思想的現代轉化，已經使被當時五四文化運動所嚴厲批判而日益僵化的傳統儒家思想重新復活起來。這是梁漱溟試圖重新建構能適應現代社會所需要的新儒家生命哲學思想的努力。就這方面而言，梁漱溟已經開闢了接受西方哲學重新詮釋傳統儒家哲學的先河。楊明對梁漱溟這個努力如下評價：「他開闢了『以洋釋儒』的新學風。梁氏用柏格森的生命哲學印證宋明儒學的天理流行說，以直覺主義論說陸王心性修養方法，這一思路是前所未有的，在一定程度上突破了近代儒學思想家『中體西用』的陳舊框架，對於深化中國傳統哲學的研究大有裨益」〔註114〕。從現代新儒學思潮的形成與發展史的角度而言，梁漱溟儒學哲學思想現代化的努力是一個極為重要且頗有學術意義的活動。接受、容納、消化和運用西方哲學思想來創

〔註113〕宋志明：《現代新儒學研究》（北京：中國人民大學出版社，1991年），頁40。
〔註114〕楊明：《現代儒學重構研究》（南京：南京大學出版社，2002年），頁95。

新儒家哲學思想是現代新儒家的共同努力方向，而梁漱溟儒學思想現代化的努力不但對儒家哲學在新階段的發展作出定位的貢獻，而且在某一程度上，他已經為後來現代新儒家的發展方向奠定了基礎。論及梁氏對孔子思想的繼承和發揮，牟宗三曾高度地評價：「梁先生實在不易。在新文化運動中反孔鼎盛的時候，盛論（雖然是浮淺的）中西文化的時候，他獨能以讚嘆孔子的姿態出現，他維護孔子的人生哲學。〔…〕他獨能生命化了孔子，使吾人可以與孔子的真實生命及智慧相照面，而孔子的生命與智慧亦重新活轉而披露於人間」〔註 115〕。

〔註 115〕牟宗三：《生命的學問》（台北：三民書局股份有限公司，1978 年），頁 181。

第五章 陳仲金儒教思想現代轉化的歷程

在《儒教》中，陳仲金已對儒教的許多方面進行現代化。其現代化過程的具體內容包括撰著《儒教》的緣起及目的；對將來越南文化模式的確立；對傳統儒教的批判以及對西方哲學理念的儒教化；對儒教哲學思想內容和方法的現代化；對儒教道統傳承譜系的重新確立及對朱熹思想的批判；在「民主」與「科學」方面實現儒教思想現代化。

第一節 從撰著《儒教》的初衷和目的到確立將來越南文化模式

陳仲金在《儒教》的〈序言〉和〈發端言〉裡說明了其撰寫該書的目的，即「素描儒教的地圖」、「描述儒教的真相」、「將歷代儒教的真相描述得正正確確」〔註1〕，而他的任務是努力「描述得正確」、「客觀」，以「彰顯聖賢之道」。為何要在越南重畫儒教地圖以彰顯聖賢之道呢？越南豈不是儒教文化源遠流長的國度嗎？是不是越南的「聖賢之道」——儒道早就衰落、變黑、得不到彰顯呢？確實如此，因為陳仲金撰著《儒教》的當時背景是越南人正背棄舊者（傳統儒教文化），追求新者（現代西方文化）。陳仲金認為儒教是越南史上的「無價之寶」。本來那麼美好、高尚的儒教如今竟然變得如此狼狽、

〔註 1〕陳仲金：《儒教》（河內：文化通訊出版社，2001 年），第 7、11 頁。《儒教》的原文是用越文寫的，書中所有《儒教》的引文，都是由筆者翻譯成中文的。

被世人所背棄、旁觀冷漠。在儒者的眼裡，當時的越南社會的確是發生了大的動盪。西方文化（法國文化）的侵蝕氾濫成災，致使越南社會陷入嚴重的「禮壞樂崩」危機，傳統儒教的倫理道德體系本末倒置，「人道」與「人心」顛倒混亂。傳統文化呈瓦解趨勢，逐步被崇拜物質生活的西方文化所取代。人們背棄傳統儒教的道理和禮儀，趨附西方崇拜物質主義的實用生活風尚。這樣的社會實踐使陳仲金無比痛心，但同時也敦促他敢於擔負搶救「人道」、挽救「人心」的使命。於是，他為重畫儒教歷史地圖傾注了自己「微不足道」的心血。

據陳仲金自述，他撰著《儒教》的初衷是希望維護傳統儒教的「遺跡」，讓當代和後代人知道昔日的儒教是多麼美好、而今日的儒教是何等狼狽。他還希望通過《儒教》為儒教研究者「考究」儒教歷史提供一份「參考」資料。不過，陳仲金重畫儒教歷史地圖的目的並不單純是將儒教歷史當作「死物」或「死地圖」來描繪，並將之放在寶庫裡供後人瞻仰、觀賞，而更深遠、更重要的是，陳仲金想在正確解讀儒教的基礎上提取和繼承傳統儒教的精華，以便將儒教的美好價值搬入現代生活中。陳仲金認為傳統儒教文化並不腐朽，其價值依然存在。尤其是在西方文化的浮華、實用風尚儘管流入越南為時不久，但已潛藏和呈現出導致社會動盪、人心變亂的隱患和跡象的當時背景下，儒教價值更顯得重要。況且，作為與民族傳統文化息息相關、培育和造就民族性格、本色和精神的重要因素，當民族跨入現代時代時，儒教不會成為「死物」，而相反，仍然對當今和將來的民族文化的發展具有至關重要的意義：

> 一個民族的進化並不是只要學會人家（西方文化──筆者）的東西
> 即可，而是更要真正瞭解自己原有的東西（儒教文化──筆者），並
> 將新舊兩者相交融，從而產生適合自己環境、水準和性格的新精神
> 〔註2〕。

陳仲金早就提醒我們，跨入現代時代，並不意味著盲目追求西方文化、背棄民族傳統文化──儒教文化。換句話說，現代化並不等於完全的「西化」。現代化是民族傳統文化在新的環境──現代環境的運行。因此，學習西方不等於背棄儒教傳統文化。有效學習西方的前提是要真正瞭解本民族的文化傳統。只有真正瞭解本民族過去的「文化底蘊」，才能夠做出恰當的調整，將本

〔註2〕《儒教》，〈序言〉，同上，第8頁。

民族傳統文化與現代文化有機地結合和融合。只有這樣才能造就既繼承民族傳統文化的美好、又吸收西方現代文化的精華的新的和諧文化。這才是適應自己環境、水準和性格的文化。這意味著，將來的越南文化並不是對傳統儒教文化的保守，也不是對現代西方文化的極端趨附，而是儒教傳統文化與西方現代文化有機結合。

因此，陳仲金著述《儒教》的初衷並不單純是描繪儒教歷史，而是追求更長遠的目標。他希望越南人在閱讀他的《儒教》之後，不僅局限於瞭解傳統儒教的美好義理和價值，而更要的是，在此基礎上自覺地將儒教做為基礎，與現代西方文化進行結合，從而產生新的越南文化面貌。將來的越南文化模式是建立在「儒教」與西方現代「科學」兩者的基礎上。而這兩者若缺其一，越南就不可能擁有一個理想的文化。陳仲金這樣寫道：

> 希望我們能保持傳統道德，並參照當時生活，使心（儒教倫理道德
> ——筆者）與智（西方現代科學——筆者）共同進化、相互融合。
> 只有這樣，聖賢之道或許才能更加光明，人類也因而不會像走在夜
> 裡的行人那樣模糊不清〔註3〕。

在陳仲金看來，這種文化模式不僅是將來越南文化的優越選擇，而且更是將來世界的理想文化模式。因為一旦儒教得到振興，聖賢之道重復光明，儒教的影響範圍就不僅局限於引導、促進越南現代化進程取得美好成就，而且還為生活在當時「無道」昏暗背景下的全人類照耀「世道、人心」。

不過，作為西方文化的突出成就之一、作為造就近現代西方國家的強盛的因素、作為顯示近現代國家的文明水準的標誌、作為現代化事業的目標，「科學」是否能與被當時反傳統傾向者所痛批為腐朽落後、阻礙國家發展和現代化事業的儒教思想融而合之呢？關於儒教與西方「科學」結合和融合的可能性，陳仲金認為儒教與「科學」並不相互對立、衝剋。儒教重視個人道德修養，一直要求人務必正心、修身。但儒教並不因此而輕視自然科學知識和實驗。在重視道德修養的同時，儒教仍然以「格物致知」為核心。儒教的「格物致知」與現代「科學」思維並不相反，而是相近。陳仲金指出，他自己並不是因為偏愛儒教、想復興儒教而主張儒教與西方「科學」相結合的。該主張絕不源於他自己的主觀偏見，而源於儒教的宗旨。儒教教人不應死板、教條，

〔註3〕《儒教》，同上，第37頁。

應「因時而異以求合時」〔註4〕。因此，儒教與西方「科學」相結合、融合是合乎時宜的，完全符合孔孟思想的「隨時變易」原則：

> 儒教重視正心、修身，但仍以致知格物為核心。因此，本人以為，將儒教與當今科學相融合並不違背孔孟關於隨時變易的宗旨。只要始終以仁義為本，那麼越變換就越適合儒教主義〔註5〕。

可以將陳仲金所確立的將來越南文化模式概括為：儒教加（＋）西方現代「科學」。這是陳仲金《儒教》熱衷嚮往的理想文化模式和目標，是東西合璧的和諧，既能繼承傳統的儒教倫理道德特色，又能吸收西方現代科技精華。該文化模式是將來越南文化最優越的選擇，同時也是引導越南現代化進程的指標。

儘管不贊成西方實用的物質生活風尚，認為它是導致社會混亂的根源，但陳仲金仍然對西方文明成就，尤其是現代化科技，予以承認和肯定。面對西方文化，陳仲金特別重視「科學」因素。他認為「科學」有其真正價值，是構築將來越南文化必不可少的重要因素。因此，他主張越南應學習西方「科學」以實現國家現代化，促使國家發展強盛並與時俱進。學習西方「科學」，跟上現代生活節奏已成了不可逆轉的必然趨勢。陳仲金本人對此也是持肯定態度的：「如今我國正處於科學進步時代，不能回到古時的生活方式」〔註6〕。因此，學習和接受西方「科學」是理所當然的。

主張在儒教傳統文化基礎上接受、吸納西方現代「科學」，這表明陳仲金對儒教傳統文化並不是固執地保守。他已認識到儒教不能成就現代科學的缺點，並認為，要使儒教繼續在現代社會裡存在著，就不能把傳統儒教思想固執地保守下去，而要對其加以補缺、創新和現代化，要將其與現代科學結合起來。有了這樣的認識，陳仲金並不反對學習（「效仿」）西方。他認為要把國家建設強大，就必須實現科技現代化。因此，在當前背景下，學習西方是「迫在眉睫」的，是不可逆轉的必然趨勢。

不過，他學習西方的方法與當時越南廣大知識份子只顧追求西學、急於背棄儒教的方法截然不同。陳仲金認為當時越南人，尤其是新學知識份子，學習西方的方法是「一時心血來潮」和不理性的。他們熱衷追求西方文化，

〔註4〕《儒教》，同上，第744頁。
〔註5〕《儒教》，同上，第38頁。
〔註6〕《儒教》，同上，第37頁。

但當尚未學到更好的新東西（西方文化）的時候，他們就急匆匆地背棄自己固有的舊東西。於是，自己的壞處未能根除，而儒教的好處、長處和「美滿」卻被丟棄，導致業已狼狽的我國文化更是狼狽不堪。結果，我們不知所措，「**迷惑方向，不知何去何從，不知拿何物為理想道路的核心**」〔註7〕。陳仲金指出，學習西方務必將自己的民族精神——儒教精神作為核心，只應「效仿」人家的好處充實自己的精神。當自己精神已變壞，又急於效仿人家，就只能使自己更壞，使自己的性格、文化、習俗更加變亂，並製造多種社會弊端，這就是當時新學者的錯誤所在。

陳仲金認為一個民族的強盛，被該民族的傳統文化「精神」是否強盛所決定，「**一個民族之所以強盛是因為其懂得維護自己的精神，使之永保鮮活。一個民族之所以衰弱是因為其損害了自己的精神，且不知如何培育它**」〔註8〕。一個民族的精神猶如一棵樹的根。根若得到精心培育，樹就枝繁葉茂。相反，根若得不到培育，樹就變得枯萎。越南的軟弱是因為我們不能維護和培育自己的民族精神——傳統儒教文化所致。因此，當務之急不光是學習西方「科學」，而是在學習西方「科學」的同時，我們應提取、繼承、培育和弘揚民族傳統精神。在此基礎上，以傳統儒教的精華為基礎，並與西方「科學」相結合。陳仲金強調，如果我們不瞭解其中的關鍵所在，急於背棄傳統儒教的精髓，完全效仿西方文化，這無疑將是將來越南文化的不幸。這就是陳仲金所確立的將來越南文化模式是傳統儒教與西方現代「科學」相結合的原因所在。其中，陳仲金特別重視作為將來越南文化基礎的民族精神——傳統儒教文化。

越南只需學習西方的「科學」（而不是西方文化的全部——筆者），因為越南的民族精神——傳統儒教文化有許多處比西方文化還優越。「天理流行」，「以感情為重」的儒教文化重視道德仁義。雖然儒教不能帶來富有的物質生活和燦爛的科學，但仍令人有「很強的生趣」，從而培養出高貴的人格和品德。西方文化重視理性、征服大自然、科學發展和富有的物質生活。西方文化使生活變得美麗，物質發展得燦爛，但由於過分追求物質生活，人們不知不覺地陷入激烈、麻煩的競爭渦旋中，少有「休閒舒適」之感。更危險的是，由於西方人推崇實用的物質生活，遺忘人心道德，所以導致西方社會陷入嚴重的

〔註7〕《儒教》，同上，第17頁。
〔註8〕《儒教》，同上，第19頁。

危機。那就是兩種文化的長處和短處所在。但是，「如果我們能夠反省，致力於發揮自己的長處，並採納人家的長處，我們就一定能夠慢慢地培養出足以使我國強盛的強有力的美好精神」〔註9〕。顯而易見，只有通過提取、繼承和發揚民族傳統文化的精髓，並將之與西方現代文化的精髓相結合，即：將兩種文化的優點相結合和融合，才能產生理想的文化模式。

陳仲金認為他所確立的儒教加「科學」的文化模式是將來越南文化的最佳選擇，是可持續和強盛發展的前提。因為，與當時反傳統傾向者提出的完全照搬「西化」方式、「移植、半洋半土、忘本」地實現國家現代化的主張相比，陳仲金所確立的文化模式的優點在於，既能促使越南實現國家現代、國富兵強，又能保留傳統儒教倫理道德的價值。在該文化模式中，儒教扮演至關重要的角色，既是將來越南文化模式的核心，又是引導、促進現代化進程的指標。儒教促使國家的學習、現代化進程能健康、正常地進行。在儒教倫理道德思想引導下的國家現代化事業，一方面能幫助越南取得西方現代化科技的成就，另一方面能幫助越南免得承受西方所承受的由理性和物質極端趨向導致的不堪設想的後果。上述優點正是陳仲金選擇儒教加「科學」的文化模式為落實越南現代化進程的方式的原因所在。

總之，陳仲金之所以把精力傾注於撰著《儒教》，不僅是因為要重畫儒教歷史地圖，滿足自己的「樂道之心」〔註10〕，而且還是因為想通過《儒教》寄託自己的思想嚮往，希望《儒教》對「今日之學」有或多或少的幫助。陳仲金希望自己對傳統儒教思想的意義和價值以及將來儒教的長久價值的新解讀能夠「彰顯聖賢之道」，並將之視為引導和照耀人心道理的指針，旨在挽救和振興儒教，使傳統文化能夠擺脫當時的危機。

第二節　對傳統儒教的批判及西方哲學學說的儒教化

一、對傳統儒教的批判

陳仲金認為儒教建立並維持中國和越南的社會已有千年之久，跟我們的生活、思想、教育和風俗習慣緊密相聯，在陶冶道德、塑造人格的方面上為

〔註9〕《儒教》，同上，第20頁。
〔註10〕《儒教》，同上，第8頁。

我們獻出一份力量。儒教本是我們無限尊崇的無價之寶。儒教既然如此美好，跟我們的生活如此密切相關，那麼其衰落為什麼竟如此之快呢？對於近現代儒教衰落的原因，陳仲金這樣理解：

在中國，儒教學說得到重用，始於漢代。因漢朝推崇並主張獨尊儒術，所以漢代是儒教發展的鼎盛時期。但是正因為占獨尊的地位，儒教就開始「腐化」。被選為獨尊的學說的同時，儒教就被視為完美的學說，是社會生活中所有領域的金科玉律。對儒教沒有人敢批評，改變，更不敢革新，使得儒教漸漸地變成僵硬的教條。獨尊是儒教的不幸，因為遵循自然之理，凡事物都要改變，「**變則生，不變則死**」〔註11〕。自漢代以後，儒教偏重於科舉、詩賦、辭章，趨於虛文套語之學，違反孔孟最初的宗旨。儒教因科舉而得以普遍天下，但也因科舉而變成空虛、腐舊之學。儒士只注意雕琢辭章，追求名利而不關心聖賢的思想。到了宋代，雖然儒者少些挽回了孔孟精神，但又過於拘泥小節，使儒教宗旨一誤再誤。隨著跨入明清時期，儒教更加僵硬，死板。這是自漢代以後儒教日趨懦弱的原因。造成這個錯誤的就是不恪遵孔子精神的後儒：「**儒學之徒的錯誤是不恪遵孔子的宗旨——要隨時而改變以合乎自然，因此才造成今天惡劣的結果**」〔註12〕。結果是，當西方文化蜂擁而至，儒教很快就坍塌崩壞。

在越南，幾百年內，儒教思想也占了正統的地位。越南儒者之前遵循漢儒的訓詁之學，後來又遵循宋儒的程朱之學，先後「**我們只盤桓在這兩種學說的範圍之內，不能脫離並從而創立另外一個學說**」〔註13〕。越南儒者卻認為聖賢之道已備載於經典之中，只要靠書學習便可。因此，他們很少著述談論思想，探索儒教流行變化的奧義，「**尋求高遠的道理，或者像中國儒者一般提倡有真價值的學說。這真是我國學者的短處**」〔註14〕。故而儒教之學雖普遍全國，但其思想學術枯燥僵硬，沒有任何新鮮可言。

與中國儒者一樣，越南儒者也只偏重於表面形式。較之學術思想，他們更重視名利和地位。他們的學問只是為了能夠寫好文章，認識更多的漢字，以供考試，當官發財。並沒有人探索研究儒教思想。他們也不追隨儒教高遠

〔註11〕《儒教》，同上，第38頁。
〔註12〕《儒教》，第40頁。
〔註13〕《儒教》，第734頁。
〔註14〕《儒教》，第725頁。

宏大的思想，只專注於瑣碎小節，歪曲儒教思想，使得「**孔孟之學日趨崩壞，以至於有名而無實**」〔註15〕。這是越南儒者古往今來的罪過：

> 世人迷戀名利，貪逐私欲，常把聖賢的道德當作擋在面前的屏風，遮住其後邊的種種奸惡斜淫之事。故此聖賢的精粹日益消磨。人家步步登高，自己卻裹足不前，時間一久，自己只守著枯朽之軀而靈活的精神已經化為烏有。這樣豈不是古今學者的最大罪過嗎？〔註16〕

在整個發展的過程當中，越南儒者一味沿襲舊規，沒有人敢脫離這個規範並拿儒教思想來批判改革。致使儒教日益僵硬腐敗，完全沒有抵抗力，在西方文化面前甘拜下風。既然如此，當儒教崩潰，西方文化湧入的時候，人人都批判並不約而同地聲稱要廢棄儒教。沒有人願意思索本來美好的儒教之所以迅速衰落的原因。誰也都相信自己的舊文化不成什麼氣候，社會才如此衰弱不堪。他們一律拋棄儒教，學習西方。越南儒者的學習方法以及他們對傳統儒教文化的旁觀態度，陳仲金不吝言辭地罵詈他們。他認為後儒是儒教的「罪人」。他們有眼如盲，有耳如聾，一味專注名利之道，自恃聖賢之後裔，但其實完全不理解儒教的精神和其真正的意義：

> 那群人昏昧，有眼不能視，有耳不能聞，無事之時便引文作詩，抖腿自得，自以為神聖，到處高舉儒家兩個字矇騙愚夫愚婦之徒，此外更不知世事如何，及臨危時，眼看世變，立即將昨日所崇拜的塑像，置之湖中、沼中，隨後搖唇鼓舌，阿諛諂媚，如此這般地嫌棄儒教。其實那群人學儒教而不明知儒教的精神，平日只執迷於辭章之學，企圖走上名利之道，此外不知如何是名節，如何是廉恥。這群俗儒既不甘接受其罪，深自懺悔，修改過錯，還想方設法說出誹謗之言，不知學儒教者應當理解儒教的精神和意義，應當隨時而變以合乎時宜〔註17〕。

陳仲金認為過去儒者阿諛趨附的學習習慣還影響到當今的年輕一代。過去在我國，科舉是唯一的一條進身之路，所以「**想在社會中占上一丁點兒的尊貴地位，那麼只有專心學業罷了**」〔註18〕。故而他們爭著學習，科舉之學

〔註15〕《儒教》，第 15 頁。
〔註16〕《儒教》，第 190 頁。
〔註17〕《儒教》，第 744 頁。
〔註18〕《儒教》，第 4 頁。

也因此盛行。不過，學人的目的是為了生計，為了尋找進身當官的機會。很少人為了研究和探索儒教思想而學習。如今時勢已變，儒教失去了正統地位，科舉制度也沒有紮根之地了，聖賢詩書「不再是仕宦所求」〔註19〕。這時候，聖賢之道隨即被拋棄，聖賢經傳隨即變成一堆亂紙。他們拋棄了儒教，爭著追隨西學來「維新改革」。雖說學習西方來維新改革，但實際上還是為了尋找生計，尋找名分和社會地位：「那群少年，誰學業有成就有地位，不管怎樣說，也足以讓群眾珍愛。所以家有孩子的人也盡所能為讓他學一點新學，以便討個名分」〔註20〕。

陳仲金強調，儒教是聖賢的學問，其學習是為了「懂得道理，知道對錯，從而修身成為有德之人，而不是專為尋找生計」〔註21〕。然而在西方物質文化的影響下，人們都爭權奪利，只在意眼前的物質之利，「不再崇尚儒教的所謂道德仁義了」〔註22〕。這個狀況使得本來已經狼藉不堪的儒教現在更加迅速地走向衰落。

二、對西方哲學理念的儒教化及儒教哲學的肯定

西方文化影響到當代越南的許多方面如思想、教育、生活方式、價值體系、科學技術等等。眾多越南知識份子追從西方的生活方式，推崇西方文化和思想是一個事實。比如在學習研究文學和哲學方面，當時的越南知識青年都學習並研究西方文學和哲學，很少人研究所謂載道言志的文章以及傳統儒教的哲學思想。這個事實一部分是由法國教育方案所規定，另外也要認識到這一點：儒教的道德倫理教條及腐朽淺薄的哲學對年輕人來說不再有吸引力。這個事實促使儒教面臨存亡關頭。科舉制度已經瓦解，法越學校推行的教育方案不歡迎儒教的課程。儒教已經沒有紮根托命之地。在整個社會都轉過身子背向儒教並普遍受到西方文化的影響的背景下，要如何肯定儒教思想價值及其地位，如何說服知識份子再有信心返顧儒教？面對這個逼迫和困難的問題，陳仲金已經把西方哲學思想進行儒教化，進而肯定儒教哲學思想的價值。

〔註19〕《儒教》，第16頁。
〔註20〕《儒教》，第16頁。
〔註21〕《儒教》，第125頁。
〔註22〕《儒教》，第15頁。

　　對於儒教哲學思想，陳仲金認為儒教思想本來是基本的、切實的、高遠的思想，而不是教條的，腐敗的思想。儒教的教條腐敗是由後儒不繼承且發揚其高遠的哲學思想所致。後儒只關心官場上推行的科舉之學所帶來的名利和俸祿。這讓儒教既高遠又基本、切實的學問變成空虛之學。當西方思想東渡，那群後儒竟然批判儒教哲學思想，說其僵硬、教條，完全遜於西方哲學思想。陳仲金認為越南（也包括中國）的儒者之所以不理會儒教哲學中的高遠精神，是因為他們向來只專注於政治、倫理及科舉，因此只能領會儒教淺近凡俗的一面而忽略了高超深遠的思想。陳仲金肯定，當時西學知識份子和儒者認為儒教哲學思想低於西方哲學思想，這個觀點是錯誤的，淺近的。為了證明這一點，陳仲金將儒教哲學思想和一系列西方哲學論說進行比較。從而肯定儒教哲學思想不但不亞於西方哲學思想，甚至還高於西方哲學思想。

　　按陳仲金的說法，儒教哲學思想含有許多西方哲學的理念如愛奧尼亞派（赫拉克利特 Héraclite）、埃利亞的派（巴門尼德和芝諾 Parménide và Zénon D'Elée）、畢達哥拉司派（Pythagore）、蘇格拉底派（Sorcate），還有（荷蘭）斯賓諾莎（Spinoza）、（德國）費希特和黑格爾（Fichte，Hegel）、（法國）奧古斯特·孔德和亨利（Auguste Comte）、柏格森（Henri Besgson）等學派的哲學思想：

> 和愛奧尼亞派（Ioniens）相比，那麼儒教根據傳統經驗將萬物的變化性視為真理，並在這個真理之上還認為有絕對的真理，也就是太極之理，主宰整個宇宙。和埃利亞的派（Eléates）相比，那麼儒教雖然承認有太極之理，但認為此理太超越，其靜態是如何則非人智所能理會。因此只單獨察其動態，認為萬物由天理之變而生，而且萬物雖不是絕對的恒常的實體，但也是有無常的比例的實體〔註23〕。
> 儒教使用易學，用滿畫和斷畫表示天理的變化，並以奇數和偶數算出人世間迴圈的命運，這一點就和畢達哥拉司派（Pythagoriciens）的數學相符〔註24〕。
> 儒教的心傳之學幾乎和畢達哥拉司（Pythagore）之學相似，而儒教的共傳之學則是一門人生哲學，注重人事，以正心修身為本的學問。

〔註23〕《儒教》，第 24 頁。
〔註24〕《儒教》，第 24 頁。

這一點便和蘇格拉底（Sorcate）之學很相符，其宗旨僅以倫理為重〔註25〕。

不僅包含西方哲學思想，在一些地方，儒教哲學顯得比西方哲學還要深邃高明：

> 對於精神的教導，儒教比奧古斯特・孔德（Auguste Comte）的實驗法更高明一些，學人更容易努力〔註26〕。

> 儒教直覺觀和法國著名哲學家亨利・柏格森（Henri Bergson）的思想有些相符的地方。亨利・柏格森主要以直覺探察真理，其學問在當今歐洲發揚光大。雖然西學一向淋漓盡致，更本乎科學方法，但那只是表面形式而已。若以精神方面相比則兩者之間有許多類似的地方。我們越仔細地瞭解亨利・柏格森的學問，越明顯地看到儒教的高明所在〔註27〕。

陳仲金認為，因地理和習慣的差異，儒教哲學和西方哲學在名稱概念、表達方式、實踐方法等方面上有些不同，但精神和思想內容則很相符。所以，探索儒教哲學思想要「以精神察看事物」〔註28〕，這樣就看到儒教的宗旨精神也和西方哲學的一樣。如此說來，儒教不僅包含著西方哲學理念，在某些方面，甚至還高於西方哲學。我們遜色於西方的並不是哲學思想，而是現代科技。

通過西方哲學和儒教哲學的比較以及西方哲學理念的儒教化，陳仲金強調儒教哲學的偉大，力圖糾正當時西學知識份子一味認為儒教哲學亞於西方哲學的觀點，同時提醒他們重新認識並回歸傳統的儒教哲學。儒教化西方哲學理念是為了肯定儒教哲學的價值，可見陳仲金已經認識到西方哲學對儒教哲學的挑戰以及儒教哲學思想內容、理論方法的限制。欲將儒教哲學和西方哲學相提並論的話，必須重新建立並且具體地、深刻地將儒教哲學進行現代化，而不只是簡單地儒教化西方哲學理念。對陳仲金來說，西方哲學理念的儒教化只是在更高的水準上現代化儒教思想過程的起始。

〔註25〕《儒教》，第 26 頁。
〔註26〕《儒教》，第 28 頁。
〔註27〕《儒教》，第 29 頁。
〔註28〕《儒教》，第 30 頁。

第三節　儒教哲學思想內容和方法的現代化

　　以儒教和西方現代科學定為未來越南文化的模式後，陳仲金竟然嚴厲地批判傳統儒教。那麼陳氏所主張繼承的儒教思想並將此作為未來越南文化的奠基石，嚮導越南實現現代化，究竟是怎樣的思想呢？這當然不是當時學界和陳仲金本人所批判的俗陋腐敗的儒教，而是已經被陳氏還原到最初的合乎孔孟真實精神的儒教。這一套儒教思想本著孔孟「**隨時而變以合乎時宜**」〔註29〕的宗旨接受陳仲金的反省，批判和改造。其內容思想以及哲學方法都得以全面地革新和現代化。

　　十九世紀末二十世紀初，隨著西方民主與科學思想和實用物質生活方式的強烈影響，西方各種哲學流派也進入中國和越南並散播其影響。和西方文化相比，不僅在物質方面（現代科學技術以及民主政治體制）顯得遜色，甚至在精神方面（思想內容以及哲學方法），儒教也顯得僵硬死板，完全落後於西方。西方文化對儒教的挑戰不僅是「體」或「用」的哪一方面，而是一種文化對另一種文化的挑戰。就「用」的方面來講，西方科學技術和民主政治體制完全壓倒儒教。就「體」的方面來講，西方哲學科學派及實證派的優越也給儒教的思想內容和方法帶來了沉重的打擊。

　　受到西方哲學科學派和實證派的影響，在中國和越南的反傳統派強調科學和哲學方法論的關系及其統一性。他們認為科學方法論和哲學方法論沒有質的差別。哲學也只能用理智、邏輯和實證等方法。甚至他們將科學和哲學合併起來，同時努力徹底地實證哲學。按他們的說法「科學是無限的」，「科學方法是萬能的」，「科學就是哲學」。在西方科學哲學和實證哲學的理論基礎上，反傳統派嚴厲地批判傳統儒教哲學。他們將儒教視為「無方法的哲學」，「無信仰的宗教」，甚至是「無端玄學」。他們號召要拋棄傳統儒教的神秘的幻想的無端的直覺思維方法。

　　在這個背景下，中國現代新儒家以及越南傳統傾向者意識到，為了恢復和振興儒教，除了必須將儒教的「用」方面進行現代化，也就是把西方的「民主」、「科學」等因素移植過來添加給儒教，也必須將儒教的「體」方面重新構造並現代化，即對儒教哲學思想和方法進行現代化。

〔註29〕《儒教》，第744頁。

在繼承傳統儒教心性之學的基礎上，為了給反傳統派的攻擊一個回應，中國現代新儒家以及越南傳統傾向者掌握、接受、容納並消化西方哲學思想內容，從而將儒教哲學思想進行重構和現代化，實現現代轉化，進一步提高儒教哲學的水準以抗衡西方哲學。在哲學方法方面，他們已經接受西方哲學思維方法裡面的一些範疇和概念，同時將其與儒教進行比較並融匯貫通，用來現代化儒教的哲學方法。通過界定儒教哲學和西方哲學的對象、範圍、功能、目的和意義，尤其是思維方法，中國現代新儒家及越南傳統傾向者再次肯定儒教哲學思想方法的現代價值和意義。

如開頭部分所述，陳仲金的《儒教》就在越南二十世紀初批判儒教運動勢頭十分猛烈的背景下問世。當時越南反傳統傾向者認為儒教哲學思想簡直是僵硬教條。跟西方哲學相比，儒教哲學不僅遜次落後，還違背現代科學精神和方法。反傳統派往往將科學哲學和實證哲學的分析、邏輯、實證等方法作為標準用來對照，評價，批判和判定儒教哲學思想和方法。他們認為儒教是幻想、無端、無方法的學說，違反現代科學方法。

在反傳統派的壓力下，陳仲金只好將儒教思想內容和方法進行革新和現代化，並再次肯定儒教思想內容和方法的現代價值和意義。儒教哲學思想和方法的現代化具體體現在陳仲金對儒教哲學的「太極」、「仁」、「中庸」等重要範疇進行重新詮釋。和這些哲學內容相參雜的是陳仲金對儒教哲學方法的論解：「直覺」和「理智」的差別以及其跟儒教哲學思想和方法的關系。

一、儒教哲學思想內容及方法的現代化

（一）「太極」──宇宙的本體

陳仲金認為，在中國春秋時代，因繼承並發揮前代先王和聖賢的典章、制度、思想、法則，儒教才成為有宗旨、有系統、有具體方法的學說。故此，孔子被尊為「**儒教鼻祖**」〔註30〕。之後「**說孔教也就是說儒教**」〔註31〕。

陳仲金認為，孔子是「**儒教理學的奠基人**」〔註32〕。孔子的形而上之學集中體現在《易經》。孔子哲學思想很高超，深奧，微妙，往往涉及宇宙萬物的生成，造作，變化和流行。孔子「以天理為根本」，夫子的觀念是在宇宙之

〔註30〕《儒教》，第 52 頁。
〔註31〕《儒教》，第 30 頁。
〔註32〕《儒教》，第 195 頁。

中萬物的生成都由「**獨一絕對之理**」所造，「**窮極之義，謂之太極**」〔註33〕。「太極」是宇宙和萬物的本體。太極之理又被稱為「天」、「天帝」、「天理」，「帝」、「道」。萬物出生都稟受「天理」的一份，所以他們跟天「同為一體」。因此，孔子「**才以天地萬物一體論作為其學說的統系**」〔註34〕。

太極之理是超越的，無形的，玄秘的，「靈妙」且「強健」的。但是因為太極之理是單一絕對的，所以其不能生而化之。若想生息化育必要有「成雙成對」、「相互」、「調和」，「**故而太極變化成為陰和陽。陰陽又因調和而派生水、火、金、木、土五行〔…〕乃至於萬物**」〔註35〕。太極之理的變化是宇宙間萬物生成造作的源泉。太極之理的生化原則是陰和陽的相對和調和。

儒教思想認為「天地間沒有什麼一成不變的」〔註36〕。「單一的」，「絕對的」自身不能變化，想變化要有「成雙結對」、「互相調和」。「**奇數是單數，偶數是雙數。一個奇數要尋找另外一個奇數來變成偶數，這樣才能生化**」〔註37〕。

太極之理在宇宙之中無所不在，但它超越莫測。我們不可能認知其本體（靜態），只能認知其動態罷了。因此，孔子也不談太極的靜態，只談其動態。太極的動態是宇宙間萬物川流不息地生成，變化，流行過程的體現：

> 儒教雖然承認有太極之理，但認為此理太超越，其靜態是如何則非人智所能理會。因此只單獨察其動態，認為萬物由天理之變而生〔註38〕。

太極之理的動態由「動」和「靜」兩種不同的狀態造成。「動」是「陽」，「靜」是「陰」。動到極點就變成靜，靜到極點就變成動，「**這兩種體態緊密相隨，互相對立，又互相調和，從而產生天地和萬物**」〔註39〕。「陰」和「陽」不是人眼所能看到的實物，而是形而上的範疇。他們是兩種互相「對立」，互相「調和」的狀態的表示符號。陰和陽的互相對立，互相調和，互相催促是造化的根源，是宇宙和萬物生成變化的原則：

> 天地之道要有相對性才能變化無窮，永不停息，所以宇宙間的萬物只有變化而沒有定。孔子的哲學學說在於《易》，而易乃是天地變化

〔註33〕《儒教》，第 22 頁。
〔註34〕《儒教》，第 74 頁。
〔註35〕《儒教》，第 43～44 頁。
〔註36〕《儒教》，第 75 頁。
〔註37〕《儒教》，第 84 頁。
〔註38〕《儒教》，第 24 頁。
〔註39〕《儒教》，第 75 頁。

之道〔⋯〕凡事物只有變才能進展，不變是定，定就是退。天道是
無定的，有往者則有來者，往往來來無窮無盡〔註40〕。

　　孔子的哲學思想主要體現在《易經》，而易本是天地變化之道。易所講的
宇宙萬物生化原則是陰和陽之間的相對相反、調和相成。這是儒教哲學關於
宇宙本體論最重要的特點：

　　天理流行不息，也就是不停地變化，從這種狀態到那種狀態，從中
　　找出調和和平衡。天理的運行仿佛像流水一般。不同的是，當水的
　　兩面都平靜，水就不再流行。而天理卻時時刻刻川流不息，從調和
　　到不調和，又從不調和到調和，也就是由相成變成相反，又由相反
　　變成相成，就這樣地變化個不停。調和和不調和是互相對立，形影
　　相隨的無所不在的兩種理想和勢力。陰和陽象徵著這兩種勢力，所
　　以才說陰和陽到處都有。任何地方都有一陰一陽。它們相互推託，
　　相互對立關聯。一切事物都從其調和所在變化生成〔註41〕。

（二）「直覺」——學術思想以及審美感受的方法

　　從以上所述的本體論和宇宙論的觀點出發，關於方法論，儒教重視「證
論」方法並「注重於使用直覺方法」來體會〔註42〕。儒教之所以重視直覺體
會方法，是因為儒教的形而上之學只能通過自身領會，自身覺悟，自身體驗
來充分體會，而不能用語言來充分描寫，更不能用感性領會：

　　道屬於形而上，我們只能通過自身的昭明靈覺來認知，而不能耳聞
　　目睹〔註43〕。

　　只有「直覺」才能體驗並領會到宇宙流行不息的本體——實體以及宇宙
中萬物連續不停地生成變化。這一點非「理智」所能做到。

　　不但在認識宇宙本體方面重視直覺方法，儒教還主張以直覺方法用在學
術思維以及審美感受。因只有直覺才能幫我們領會到學術和繪畫中的全體和
精神。如果用理智來進行思考觀察就不能看到其精神和全體：

　　學術中的思想以及美術中的感受要用直覺來觀察全體，這樣才體會
　　到精神。如果用理智分析每一部份，這樣什麼也看不到〔註44〕。

〔註40〕《儒教》，第 77 頁。
〔註41〕《儒教》，第 183 頁。
〔註42〕《儒教》，第 21 頁。
〔註43〕《儒教》，第 595 頁。
〔註44〕《儒教》，第 21 頁。

按陳仲金的觀點，儒教重視直覺方法，是由儒教哲學中的本體論和宇宙論的特點所規定。這個特點影響並支配儒者思想和其學術的思維方式。受到儒教哲學思想的影響的人常常用直覺思維。在思想學術著作中，儒者常將其思想內容總結成一兩句含蓄，概括的話。儒家思想的表達方式另一方面也受到古漢文在表達思想的限制。漢文是讀音、象形和表意的語言，因此難以詳細地表達作者的意思和思想。因此，看漢文書籍尤其為前人的有關儒教經典釋義及學術思想的著作，如果只根據字面就很難領會到其中所包含的所有意義。為了理解並領會作者的所有意思和思想，讀者必須脫離字面，要意會其思想，從而掌握「其全體精神」。讀者絕不可拘泥於文辭而忽略意義（所謂「不以辭害意」），也不可根據語言來推論邏輯，要超越言辭的狹隘界限及其形式上的拘束。只有這樣才能領會並徹底地理解作者思想的來龍去脈。這是儒教和西方在學術思想方法上的根本差別。西方學術思想偏於「理智」，重視分析，按邏輯順序推理，顯得緊密且分明。西方語言習慣常詳細地清楚地表達筆者的意思。「言辭」與「意思」常常緊密相連。讀者只要沿著言辭的邏輯性來掌握作者的思想：

> 西學方法則不然，他們一律按照理智而推論，從這個事理摸索到那個事理，互相牽連。其立言又明晰，易使，言辭和意義往往相互追隨，思想的所有運動都能夠分明地表達出來〔註45〕。

從以上所述的儒教思想方法，陳仲金認為當時越南西學知識份子之所以批評儒教的學說散漫，沒有方法，難以領會，是因為他們追隨西學，往往將西方思維方式作為標準來正視並且評價儒教的思維方式。他們不曉得儒教哲學的思想和方法，也不曉得儒教哲學和西方哲學之間在思維方式上的差異。

儒教注重「沉思默想」，通過沉思默想來領會並體驗學術思想超過言辭的完整「精神」和「意義」而不受語言文字的約束。故此，在著述和學術思想的領會，儒教主張擺脫語言的障礙，小看理性分析，邏輯推論及言辭的演繹。與此同時，西方學術思想卻重視理性分析和邏輯推論。西方哲學家們往往根據西方語言詳盡明晰的表達能力來敘述並掌握學術思想。實際上，儒教仍然有其方法，只不過儒教的方法是「直覺」的而不是「理智」的。儒教直覺方法重視領會並體驗「整體精神」，而輕視像西方理智方法一般通過邏輯推論，理

〔註45〕《儒教》，第 22 頁。

性分析來領會支離破碎的細節。因此，要用「直覺」來領會儒教著作中的學術思想：

> 要尋找儒教的方法就得用直覺觀察，要用意會。只有這樣才能清楚地看到各種思想片斷之間的關聯。雖然其形式鬆懈支離，但是其精神始終依然是一體罷了〔註46〕。

具體說，儒教「以直覺當作對事物的認知」〔註47〕作為對學術知識的認識方法。因而，當探索儒教思想內容意義的時候，要擺脫理智狹隘的界限，要用「虛心」領會，這樣才能掌握並且理會孔教的思想道義：

> 當我們研究孔教的時候，如果不用虛一之心，著眼在理智之外就什麼都看不清楚〔註48〕。

對書法和繪畫的欣賞也和對學術思想的領會一樣，儒教也主張使用直覺。陳仲金認為，欣賞畫作或書法的時候要「用直覺來看」，這樣我們就可以感受到書畫的神妙所在，領會到它的靈魂。但如果根據理智分析，審看畫作中的支離筆劃，「那麼就一無所獲」。因為我們的繪畫藝術注重的是精神之美，是畫作的靈魂，是其神態的巧妙體現，而不注重於畫作表面形式上的裝飾。所以，對於書法和繪畫而言，「有時候其形式不甚恰當，但其整體精神卻無比精巧」〔註49〕。因此，欣賞書畫之美，要用直覺領會才能看到作品的好和美，才能體會到作品的精神和靈魂：

> 觀賞中國繪畫作品，如果用直覺來看，就能看到很多神妙之處，但用理智觀察則一無所獲。因為中國畫主要體現在精神的巧妙，而不是表面的真相〔註50〕。

（三）「仁」——儒教的核心思想

太極之理是宇宙的本體。太極之理的變化導致宇宙萬物的生成運作。天地之道主「生萬物」，而所謂的「生」又是各種善行的發端。因此，太極的宗旨在乎「仁」道。體會天地之道，孔子也「以生為重」，所以「**孔教的宗旨是**

〔註46〕《儒教》，第 22 頁。

〔註47〕《儒教》，第 26 頁。

〔註48〕陳仲金：〈請潘魁先生回我學堂談話〉，《婦女新聞》，西貢，第 71 期（1930 年 9 月 25 日）、第 72 期（1930 年 10 月 2 日）、第 74 期（1930 年 10 月 16 日），收於陳仲金：《儒教》，〈附錄〉（河內：文學出版社，2003 年），第 707 頁。

〔註49〕《儒教》，第 21 頁。

〔註50〕《儒教》，第 21 頁。

遵循天理而滋培天地之生，而這個滋培源於仁道」〔註51〕。天地之道是創生萬物，而人之道是遵循天地的「仁」道滋培天地之生，因為「仁是眾善之端，主於培養天地之生化」〔註52〕。

「仁」是孔教的核心思想。仁是天地間生化之本，是眾善之端，是天下之大道，是儒教修養的最終目的。「仁道是如此偉大，如此深邃，所以孔子之學也主於仁字」〔註53〕。孔子始終一貫以「仁」教人：

> 仁是天地間生化之大本。世間因此而立，萬物因此而生，國家因此而存，禮義因此而昭彰。所以孔教以仁為天下宗教、政治、學術的唯一的宗旨〔註54〕。

太極之理的宗旨主於「仁」道。「仁」道本包含著「直覺」，讓人認識到天地萬物的生成、運行和變化：

> 那個宗旨（太極之理）主於仁道，稟有直覺以通曉天地變化之理，使得時時都能夠遵循此理而仍然得乎其中〔註55〕。

天生萬物。每一物都稟受天理的一部分。這個「天理」是至善至美的「仁」道。天賦萬物的「天理」變成萬物的「性」，這是「自由行動以合乎天理的性格」〔註56〕。天生出人，賦給人一份「天理」作為「性」。此「性」是「善性」，是「仁道」。這個至善的「天理」是「被當作人類倫理道德的目的」〔註57〕。因此，人道必須遵循天道的至善至美。「天理」和人的「心」、「性」同為一體，都是「仁」道。藉以天賦的「仁」道，人類才明白「天理」。遵循「仁」道也就是遵循「天理」。達到「仁」道的至善至美，人的思想行為也和「天理」化為一體。

由於稟受至善「天理」，以天賦的「靈妙精神」和「精英氣質」作為性，所以人的性靈高於萬物。因有「天理」而人有「獨立的資格」，「自由的能力」以及「自強自建」的可能遵循「天理」的至善至美，並修養成至善、至誠、至仁、至聖。當修到至聖的時候，人稟受天賦的至善本性已經完全復原。這時候，人就擁有與天「相感相應」的能力，並參加參天化育的工作，與天同等：

〔註51〕《儒教》，第 86 頁。
〔註52〕《儒教》，第 87 頁。
〔註53〕《儒教》，第 91 頁。
〔註54〕《儒教》，第 91 頁。
〔註55〕《儒教》，第 23 頁。
〔註56〕《儒教》，第 24 頁。
〔註57〕《儒教》，第 26 頁。

　　　　天生出人並賦之以性，即賦予一份天理。這份天理就是心，是人的
　　　　精神。憑這個精神，人才知道其根本在乎天，人和天可以相感相應。
　　　　人往往有特殊的資格自強自健，從而認知，行動以達到至聖至善。
　　　　修養到至誠的人，也就是能夠持守自己的本性像最初一樣純潔，就
　　　　能有助於浩天的化育工作〔註58〕。

　　人的生死順其自然，但人死後，其外表的物質身體損壞，其精神不會失
去。誰能夠持守純潔至善的天理，死後歸天，得以同天流行、變化、至於不
死：「**修養到仁者，聖者的人，死後就上天**」〔註59〕。

　　人的直覺裡面固有與天相感相應的能力。但人的直覺要敏銳、明晰才能
與天感應。如果人的心不靜，讓私欲和計較厲害的理智勃起擋住和壓倒直覺，
人就無法與天相感相應：

　　　　凡是能夠持守虛靜之心，不讓物欲遮蔽本身自然的明智，那麼人有
　　　　感必應，並明白各種道理。人心越虛靜，直覺越敏銳〔…〕但凡以
　　　　私心私意定在利害盈虧之上，直覺就晦暗，人就不會看到天地間流
　　　　行的天理了〔註60〕。

　　　　當我們讓私欲強大起來，本身卻只用理智計算自己的虧盈利害，這
　　　　樣精神就會搞亂，直覺變得暗昧，即使有感應我們也無從而知。但
　　　　如果我們知道怎樣壓下私欲，時時都保持調和的態度，保持完全平
　　　　衡，那麼直覺就更加敏銳，眼一著物就看到其深奧的一面〔註61〕。

　　持心虛靜，不受私欲遮蔽，這樣人的直覺變敏銳。直覺敏銳，人就往往
將其本身保持在調和、平衡和中正等狀態中。這時候，人的所有行為都是遵
循天理的流行，並合乎天地的太和之道──人事與天理的協和。之後勉力修
心養性，使之更加敦厚，以達到仁者，聖者。修到仁者的人就通曉天地間的
所有事物：「**凡修養到仁者的人，其精神活動甚敏，觀察事物便明瞭實虛，其
行為往往合乎天地太和之道，既是仁者又成為聖者**」〔註62〕修到仁者的人也
就是「至誠者」。至誠的人是通過修養而復原天賦的至善本性的人。因復原天
賦的至善本性而人「可知萬物之性，也能助於天地的化育，從而與天同等。

〔註58〕　《儒教》，第27頁。
〔註59〕　《儒教》，第27頁。
〔註60〕　《儒教》，第79頁。
〔註61〕　《儒教》，第31頁。
〔註62〕　《儒教》，第31頁。

因此謂之為聖」〔註63〕。

人之初所稟受的一份天理是至善的仁道，也以此為性。仁道包含在其中便是直覺。直覺對人類而言有特別重要的意義。憑藉直覺，人類就認識到宇宙的本體以及宇宙間萬物的生成和變化。通過天賦敏銳的直覺，人類才體會天道、仁道及物道。憑直覺，人類才有機會修養成為仁者聖者，從而與天相感相應，與天和同一體並參加浩天化育的工作。

（四）「直覺」——人內在道德的本體

作為人類特別重要的認知工具，那麼「直覺」具體指的是什麼？陳仲金認為儒教之所以通曉天道的變化以及人道的至善，是因為儒教所注重的是人稟受天賦的「自然認知能力」。天生的「自然認知能力」就是「良知」，也就是「直覺」。其特點是迅速地明晰地認識事物，並且透徹地認知「全體的精神」：

> 這個自然認知能力就是良知，按現在的說法，就是所謂的直覺，其能迅速地明晰地認識事物，並透徹地認知全體的精神。以這種自然認知能力觀察事物，即用精神的眼睛透徹地看到事物的精神，就不會出錯〔註64〕。

陳仲金還把這種天生的「自然認知能力」叫做「自然的明智」、「靈識」、或「昭明靈覺」。按他的觀點，人所稟受的一份天理並以此為性，那就是「德」，所以「人才有明智認知事物」〔註65〕這個「明智」就是性，存在於人心。憑它，人就能辨是非好壞。憑它，人就擁有很高的價值，可以頂天立地。如果沒有這個「明智」，人也同動物一般冥冥如夜行，不知道義。所謂「明智」就是「天理」。存在於人心的就是「明德」，是「良知」，是「直覺」：

> 人心中固有的自然的明智乃是明德，也是良知，又可以稱之為直覺，即敏捷的自然認知能力，觀察事物便很快掌握其精神和真理。這種自然認知能力就在乎人心〔註66〕。

> 先生（指陸象山）竭力嚮導學者走向切實道德之路，用明智的良心酬應萬事，用靈識，即敏銳的直覺，認知宇宙中的真理〔註67〕。

〔註63〕 《儒教》，第 31 頁。
〔註64〕 《儒教》，第 29 頁。
〔註65〕 《儒教》，第 78 頁。
〔註66〕 《儒教》，第 78 頁。
〔註67〕 《儒教》，第 544 頁。

我們心中固有的「直覺」幫我們認識到宇宙中萬物的「精神」和「真理」。因此，孔學要求學人努力「用自然的明智體會精微的意義以及事物的神妙所在」〔註68〕以便體悟到事物的確實、深厚和情趣。不過，使用「直覺」的方法很難。使用「直覺」的時候，我們要高度集中，將自己的「明智精神」透入事物的內在，沉湎在事物之中，與事物和同一體，從而掌握、感受並體會事物的精神。此外，我們還要專心用力去除私心私欲，不讓私欲遮蓋「自然的明智」，這樣使用「直覺」才有效果：

> 使用直覺是很難的事，要使自己的精神融入事物的精神，要從中走
> 出來，要很用功，盡力才有功效〔註69〕。

> 這樣使用直覺要下很多功夫，要去除全部私心私欲，然後將自己的
> 明敏精神注於觀察的事物的精神，這樣才能清楚地看到這個事物的
> 真形真相〔註70〕。

從以上所述的有關陳仲金對儒教「直覺」方法的性質、功能及特點的論解，可見這是儒教特殊的思維方法。「直覺」不僅是認識宇宙本體和萬物生化過程的工具，也是著述和領會學術思想的思維方法，感受並欣賞美術作品的工具。「直覺」還叫「明德」，是「自然的明智」，是「靈識」，是「良知」——「道德的本體」，是人內在道德的根源。

（五）「直覺」與「理智」相對立

作為儒教特殊的思維方法，在認識和道德方面上，「直覺」都跟「理智」互相對立。在認識方面，陳仲金認為「理智」方法通過理性的分析及邏輯的推論認識事物。「理智」通過定義，即事物的外殼，幫我們形容並認識事物。使用「理智」的方法易懂，明晰，又可以詳細地用語言表達。它的弱點是只能瞭解外表的性質和形式而不能體會事物的內在。即使瞭解事物的內在，也只是掌握某一面罷了，而不能貫穿所有。「理智」又容易受到私心私欲的影響，因而變得偏頗，甚至詭辯。這是西方學術和哲學的思維方法。「直覺」方法就是用心的「自然的明智」認知事物。它要求人必須去除私欲，保持虛靜之心，修養到仁者才能使用「敏銳的直覺」，用來照亮和體會事物。「直覺」方法的優點是敏捷、明細和透徹地認知事物的「深奧精神」。它的限制是只能讓人通

〔註68〕《儒教》，第 80 頁。
〔註69〕《儒教》，第 80 頁。
〔註70〕《儒教》，第 29 頁。

過自身的領會和體驗來認識事物，不能清楚地用語言解釋來明晰和詳細地表達所領會和體悟到的事物意義。這是儒教學術和哲學的思維方法。

使用「直覺」的方法雖然難懂，但是懂得的時候就會看到事物深奧所在。使用「理智」的方法雖然明晰易懂，但缺少了一份深奧。「理智」幫我們認識到事物的表面，但不能幫我們領會事物內在活潑「靈活的精神」。事物的這種「靈活的精神」只能意會，不能言表。能說出來的或畫出來的就不是精神了：

> 理智是指通過推論而認知所有事物的能力。但理智只能認知事物表面的性質和形體而已。因此通過理智我們只知道我們所能定義的東西，即只知道外殼，而不知道事物內在靈活的精神。這種精神我們有時候自然而然地認識到，但卻不能表達出來。通常我們能說出來的或畫出來的就不是精神了〔註71〕。

因此，要認知無誤，要體會事物內在的「靈活精神」，我們要用「直覺」而不能用「理智」：

> 如果我們拋棄心智的直覺，而專用理智，就會時常出錯〔註72〕。
>
> 人的理智這麼容易歪曲，那什麼才牢靠呢？如果拋棄明智的心，一味追隨不牢靠的理智，通常就有很多自己察覺不到的錯誤〔註73〕。

人的「理智」再明敏也有界限，至於迅速地深邃地領會事物則往往比不上「直覺」。很多事物若使用「直覺」就馬上明白，但用「理智」推論卻找不到線索。這是因為，深邃敏捷的認知常集中在「直覺」而不是在「理智」：

> 人世間的真理如同走在森林裡的途徑。有直覺明敏的人似乎能飛上天，從上往下看便知道來龍去脈。追隨理智的人好像一味沿著一條路走的人，走上哪一條路就知道那一條路，旁邊更有哪些路就不知道。即使知道也不知道全部路線〔註74〕。

雖然也承認在認識方面「理智」也有一定的地位，但陳仲金認為「理智」只是次要，主要的還是「直覺」。因此，在認識和探索真理方面，如果只用「理智」，我們就不能牢靠地充分地認識到真理的精微深遠所在。這一點已經被西方哲學家和科學家所承認：

〔註71〕《儒教》，第33～34頁。
〔註72〕《儒教》，第33頁。
〔註73〕《儒教》，第349頁。
〔註74〕《儒教》，第349頁。

我們之所以不能用理智察斷真理，是因為理智不牢靠。且看當今哲
學家，像法國布特魯先生（Boutroux）所言：「我們的理智是受感覺
器官和我們的想像力指使的。它是流蕩虛假的權利。理智想怎麼歪
扭都可以。是君上，是奴隸，這一切都由我們的理智規定」〔…〕法
國哲學大師帕斯卡（Pascal）也說要用心才能領會各個原理，因為
「心有其獨特的道理而理智這不能察知」〔…〕所以察看深奧的事物
只用理智是遠遠不夠的，還要用心〔註75〕。

連西方賢哲帕斯卡（Pascal）也曾經說道：「我們知道真理，不僅因
有理智，此外還因有心」。如此說來心的認知也很需要，所以儒教注
重持心虛靜，不讓它有任何閉塞，這樣才「精義入神」，寧靜致遠。
所以我們必須注意到直覺──心的迅速明晰的認知。憑直覺我們才
達到真理，通常都以隱蔽難測〔註76〕。

　　過於相信和偏於「理智」，不僅讓認識錯誤，還使人失去「中庸」，違反
天地「自然之理」和人生的生趣：「**人若過於重視理智，雖機靈精明，但越
機靈精明越讓世人淪於悲慘的戰爭，不利於世間生趣**」〔註77〕孔子因此不採
用西方「理智」方法，而「注重使用心的直覺作為更迅速，更明晰的認知」
〔註78〕。

　　要留意的是，「理智」的「智」指的是西方思維方法中通過邏輯分析推論
來認識事物表面的一種能力完全區別於孔學思想中「智仁勇」的「智」。孔子
以智、仁、勇作為君子之德。但是孔子所謂的「智」是合乎天理的「自然之
智」。人世間沒有幾個人理解並追求「自然之智」，他們卻通常偏於「歪曲的
理智」謀求違背常道的私利。「歪曲的理智」就是「智術」，與「自然之智」相
對立。「智術」往往借「理智」的名義使真理變得模糊。當人不能持守「自然

〔註75〕陳仲金：〈請潘魁先生回我學堂談話〉，《婦女新聞》，西貢，第71期（1930年
　　　　9月25日）、第72期（1930年10月2日）、第74期（1930年10月16日），
　　　　收於陳仲金：《儒教》，〈附錄〉（河內：文學出版社，2003年），第708頁。
〔註76〕陳仲金：〈請潘魁先生回我學堂談話〉，《婦女新聞》，西貢，第71期（1930年
　　　　9月25日）、第72期（1930年10月2日）、第74期（1930年10月16日），
　　　　收於陳仲金：《儒教》，〈附錄〉（河內：文學出版社，2003年），第708頁。
〔註77〕《儒教》，第35頁。
〔註78〕陳仲金：〈請潘魁先生回我學堂談話〉，《婦女新聞》，西貢，第71期（1930年
　　　　9月25日）、第72期（1930年10月2日）、第74期（1930年10月16日），
　　　　收於陳仲金：《儒教》，〈附錄〉（河內：文學出版社，2003年），第707頁。

之智」，「歪曲的理智」與私欲隨之而來，催人謀求私利，以致喪失其自然的「調和」和「平衡」。因此，孔子教人求「仁」道，追求「直覺」的「自然之智」而不追求「智術」：

> 孔子主要教人求仁道，追求直覺而行動，也就是追求自然之智而不求智術以計算盈虧利害〔註79〕。

不僅在認識方法和工具方面相互對立，按陳氏的理解，「直覺」和「理智」在道德方面也相互對立。陳氏認為「仁」是清靜體，包含著「明智之性」和「強烈之力」，可以迅速地明晰地認知萬物。「有仁之人」易於感應，其「情感敦厚」，與物也有感觸，其行動則往往「調和」、「平衡」、「中節」並合乎「天理」。「仁」是人的行為的標準，是修養道德的目的。「仁」如此重要，所以孔子教人求「仁」，用「直覺」而遵循天理，從而體會並「合時順理」地接人待物。孔子常以「求仁道」和「遵直覺」為樂趣：

> 孔子用「仁」教人對待時代和物欲的方法，也就是遵循天理而使用敏銳的直覺，合時順理地待人處世〔註80〕。

> 夫子想教人們如何待人處世才時時有快樂，做任何事情都可以隨興而作，隨自己敏銳的直覺來做，做個到底，之後不管做到哪兒都以此為樂〔註81〕。

「有仁之人」則「直覺」敏銳，一過目便明白全體真理的精微意義以及事物的真理。他們去除所有私心私欲，盡情從容自在地遵循至公至善的「天理」和「直覺」以「隨感而應」。「無仁之人」則「直覺」昏暗，不明事物，所以要用「理智」來謀求私利，做出違背天理的惡事。「有仁之人」則情感深厚且真實，「不仁之人」則情感澆薄且狡詐：

> 有仁之人則直覺很敏銳，一過目便明白所有精微的意義以及全體的真理。不用按部就班地尋求真理。無仁之人則直覺昏暗，見到任何事物都不能馬上明白，所以才要用理智而推算其中的私利〔註82〕。
> 有仁之人自有其明智的直覺，在心中的安靜默然，實行於外則萬事都合乎至公至善的天理，所以時時都能安。不仁之人則常常為己，

〔註79〕《儒教》，第34頁。
〔註80〕《儒教》，第346頁。
〔註81〕《儒教》，第111頁。
〔註82〕《儒教》，第33頁。

為其私心私智，使其直覺黯淡無色，然後勉強想方設法做出惡事，
違背天理，所以無時能安〔註83〕。

仁者一身上下充滿著真實的感情，〔…〕不仁者則充滿智術，非常技
巧伶俐，但其情感澆薄且不真實，所以變成奸惡殘忍的人〔註84〕。

　　理智的謀算不僅讓人認識錯誤，而且還帶來道德的錯誤。偏於「理智」
的人則機靈技巧，但其技巧是「理智」，是「私欲」，而不是「直覺」，是「不
仁」，是反道德，是反「天理」。「理智」不利於人生，只讓世人淪入殘酷的爭
奪之中。這是西方人由於偏重「理智」並遠離「直覺」的物質生活而正在面臨
的後果。西方人偏重「理智」的生活態度和儒教重視「直覺」的生活態度完全
相反。

（六）「中庸」──生活態度及人生哲理

　　孔子的生活態度是「遵循直覺」，「隨感而應」，「進化順乎自然」〔註85〕。
孔子觀念「天理」流行不息，變化不定，萬物往往遵循調和、相對而變化，所
以夫子「不承認存在一成不變的事物，也不固執於任何事物」〔註86〕，主張
「調和」和「折中」。孔子教人對任何事情，都不認定，不執一，不拘守。凡
事都要遵循天理「隨時行動」，時時保持調和、平衡的狀態，要合理，要時中，
避免太過或不及。這是「中庸」之道的宗旨：

按孔子的觀點，宇宙間的萬物都遵循調和相對之理而流行變化，永
不停息。天道既然不定無常，世上有何事恒常呢。所以我們且隨時
行動，只要時時都保持完全調和，完全平衡的態度，那麼我們的行
為都得以中正。做任何事情都保持平衡，適度，避免太過或不及，
這就是遵循中庸之道。孔子將這個宗旨而立成人生哲學之道，一個
非常溫柔和諧的道德倫理，足以讓人們感到舒適，擁有樂趣，沒有
憂愁煩悶〔註87〕。

　　「中庸」是孔子重要的人生哲學思想。「中庸」的宗旨和特色在於「遵
循直覺」的生活態度。「遵循直覺」、「隨感而應」、「隨遇而安」的生活態度

〔註83〕《儒教》，第 90 頁。
〔註84〕《儒教》，第 90 頁。
〔註85〕《儒教》，第 35 頁。
〔註86〕《儒教》，第 106 頁。
〔註87〕《儒教》，第 32 頁。

才讓人從容舒適，不憂愁，不煩悶，不顧慮得失。「直覺」就是理想的道德生活。因此，陳仲金肯定「中庸」之道「可以在任何時代，任何地方施行」〔註88〕

要知道，「中道」不是具體的水準，不能針對所有事情，要隨著時代，隨著境遇而尋找中庸之道。每一個時代，每一個事情都有著不同的「中庸」，所以不能拘泥固執。固執的人是不遵「天理」並違背「隨時執中」的宗旨：

> 天理流行不息，人事時而不同，如果將某個道理定為固定的真理，然後緊緊地保守著並以此當作自己行為的準則，這樣就變成固執，態度偏於極端，完全違反隨時執中的宗旨。這是孔教特殊的思想〔註89〕。

> 時時都隨感而應，任隨自己敏銳的直覺而行動，不認定任何道理為固定的真理。因為，當認定某個道理為固定的真理，必然始終都固執其理，這樣就不符合流行變化不息的天理〔註90〕。

天地之道時常變化，變化之中常有「調和」，「平衡」，也就是「中道」。既有「中」必有「和」。「中」是「體」，「和」是「用」。「中」之體是「中正」、「平衡」。「和」之用是「非太過」，「非不及」。天地與萬物憑著「中」、「和」而存在發展。「中」是「天理」，是天地之根。人都稟受「中」為「性」。憑著「中」，人的行為才「和」並「中節」。因此，孔子教人求「仁」道，因為「有仁者必有中」〔註91〕。「中庸」是天地和諧的秩序。遵循「中庸」之道就是遵循「天理」來運行，秉持「調和」，不偏不倚，隨時而變以合乎「仁」道。「仁」與「中庸」是孔子思想中的兩個基本範疇：

> 孔子以「仁」道作為骨髓，以「中庸」作為尺度，以溫柔和諧的「無可無不可」之法對待萬事，不認定任何道理是定理，且隨感而應，隋天理而流行，站在哪個地位，處在哪個境遇都安樂，不失君子「無入而不自得」的資格〔註92〕。

〔註88〕《儒教》，第73頁。
〔註89〕《儒教》，第107頁。
〔註90〕《儒教》，第108頁。
〔註91〕《儒教》，第146頁。
〔註92〕《儒教》，第524頁。

孔子的「中庸」之道是循「天理」而運行，循「直覺」隨感而應，不執一，不認定，不拘泥，不教條。宋儒零星瑣碎的禮教不是儒教的宗旨，而是後儒誤會並遺失儒教真實的精神所造成的：

> 後來的瑣碎拘束並不是儒教的宗旨。這只不過是後來學儒者誤會這個宗旨所以才將自己拘束在狹窄的禮儀之中，使儒教喪失其純粹的精神，並且成為錯誤〔註93〕。

「中庸」之道也是精神（儒教傳統道德倫理）和物質（西方現代科學技術）的和諧組合。陳仲金將之具體化成為未來越南文化的模式：儒教加上西方「科學」。「中庸」是「至公至正」之道，要求人時時變化、發展、遵循天地的變遷而革新。但變化要「隨時」並遵循「中庸」之道的和諧，也就是說在自己本有的美好傳統的基礎上，結合時代的進步，從而變化發展。這種變化和發展才是「合時的」、調和的、有秩序的、牢靠的、有根本的。

過去，後儒不理解「中庸」之道的意義，所以把「中庸」變成腐敗的虛文。今天，當物質和科學都盛行的時候，人家卻立即拋棄儒教，一味追求浮淺的物質生活。如此發展下去就是偏頗的，忘本的，違背孔子的主張：「中庸和諧」與「隨時變化」。它不但不利於人生，而且還使得人心顛倒變亂。陳仲金認為當時人送舊迎新的行為只是一時的浮躁。物質的迷惑使他們迷惘，不能心平氣和地考慮到儒教的好處。他們哪知道，以前我們過於相信儒教的虛文，所以才變得懦弱，現在我們又過於偏重物質，拋棄儒教的精萃所在，這樣卻比以前更壞。當物質生活穩定發展，任何社會都要有道德倫理，「**在那些人群中，維持秩序綱常**」〔註94〕，從而和諧地發展精神和物質生活。偏頗發展就違背「中庸」之道，不利於人類的生活：

> 凡是過分的都不好的，要怎麼維持才能讓精神和物質相互調和，那才是完全的平衡。如果能夠保持這樣調和之道，就已經遵循孔子的中庸之道〔註95〕。

「中庸」之道很高明，並且合乎「真理」。它給人培訓了完滿的人格。遵循「中庸」之道的人，心中時時從容自在，又可以經世濟民，「中庸是很

〔註93〕《儒教》，第 32 頁。
〔註94〕《儒教》，第 71 頁。
〔註95〕《儒教》，第 72 頁。

好的處世之道，人人都能遵循，在任何時代都可以施行」〔註96〕。施行「中庸」之道有助於社會的秩序，調和，溫和，規矩。這是「中庸」之道帶給人們的特色。只是因為今人迷惘，沉迷於物質的追求，無形中斷絕了自己美好的傳統。

與「仁」道一樣，實行「中庸」之道很難。人要持心純正、無私、無欲，才能合乎「天理」純粹的「中庸」之道。

二、陳仲金與潘魁的爭論

（一）在〈閱讀陳仲金先生的《儒教》〉的文章中，潘魁反對陳仲金把「良知」當作「直覺」並把「智」理解為「理智」的觀點。按潘魁的觀點，在研究方面，將東方和西方哲學的範疇、概念進行比較，從而找出其異同是非常需要的。因為，概念和範疇是研究工作中的重要工具。但是，如果肯定西方的這個概念是東方的那個概念，或者相反來說，都是錯誤的。東方哲學和西方哲學有其獨特的概念和範疇，兩者之間有可能有點類似，但不是完全相同。將這些概念進行比較倒可以，但把它們歸類起來就不行。潘魁認為，就意義上講，《孟子》中的所謂「良知」有些類似西方哲學中的「直覺」，兩個概念都是指不通過分析或邏輯推論而直接認知。但從本質上講，「良知」和「直覺」還是有差異的。《孟子》的所謂「良知」，其含義比「直覺」還廣。「良知」不僅包含仁、禮、義、智、信，還包括「直覺」和「理智」：「良知指的是性，而直覺，甚至包括理智，指的是哲學家所用的認識方法而已。所以不可肯定直覺就是良知」〔註97〕。潘魁也肯定，西方哲學中「理智」概念不是孔子思想中的所謂「智」。孔子所說的智、仁、勇中的「智」不是認識事物的方法而是君子「待人接物」的道德。

（二）在〈與潘先生漫談孔教〉的文章中，陳仲金反駁潘魁的觀點。按陳仲金的觀點，「直覺」是日本人和中國人翻譯西方哲學所謂「intuition」的詞。「直覺」指的是迅速地明晰地認知事物的能力以及智慧和道德。因而「直覺」的意思有三個層次：對事物的直覺、對智慧的直覺和對道德的直覺。孟子所謂的「良知」，意思是「不慮而知」。既然是「不慮而知」，那麼管它叫

〔註96〕《儒教》，第189頁。
〔註97〕潘魁：〈閱讀陳仲金先生的《儒教》〉，《婦女新聞》，西貢，第54期（1930年5月29日），收於賴原恩彙編：《潘魁檔案》，來源：http://www.viet-studies.info/Phankhoi/index.htm。

作「直覺」還是「良知」，都是同一個意思。因此，「我用直覺這個詞解釋良知的意思也沒有什麼錯誤」〔註98〕。

陳仲金贊成潘魁把「良知」當作「性」的觀點，但否認潘魁將「直覺」當作哲學家的方法的觀點。陳仲金認為，孟子所說的「性」和我們現在對「性」的觀念是不同的。「性」在現在人的觀念中是指善惡的傾向，「性」包含著人的所有好壞善惡。孟子所謂的「性」是「本然之理」，是「明智的精神」，是天賦予人的「善性」。「性」存在於「心」，並是心的本體。「性」包含著仁、禮、義、智。「良知」又是針對這些仁、禮、義、智，包括智慧和道德的認知。然而「潘君竟然說良知只是對性來講而直覺卻是哲學家的認知方法，這樣說我實在不明白」〔註99〕。

陳仲金贊成潘魁的觀點，認為孔子的「智」不是西方「reason」的譯詞「理智」。孔子的「智」指的是遵循天理的純然明亮的毫無私心私欲的「智」。儒教經典雖然不談到「理智」，但「依孟子所言則理智就是人歪曲的理智」〔註100〕。它包含著人的私心私欲和對利害盈虧的謀算。

（三）通過〈請陳仲金先生同孔子、孟子到邏輯（M.Logique）家做客。那裡，我們再談〉的文章，潘魁贊成陳仲金的觀點認為孟子的「良知」是指「性」而「性」就是天賦的「善性」。但是潘魁反對陳仲金把「良知」當作「直覺」的觀點。潘魁認為，「直覺」就是「直接的認知」，它不包含著「善性」或者「惡性」，所以「直覺」不是「善性」或「良知」而「只是哲學家對所有事物的認識方法」〔註101〕。

潘魁也反對陳仲金將「理智」理解為「歪曲的理智」。按潘魁的觀點，「理智」不出現在儒教經典。「理智」是西方「reason」的譯詞。按字樣的意思來

〔註98〕陳仲金：〈與潘先生漫談孔教〉，《婦女新聞》，西貢，第 60 期（1930 年 7 月 10 日），收於陳仲金：《儒教》，〈附錄〉（河內：文學出版社，2003 年），第 676 頁。

〔註99〕陳仲金：〈與潘先生漫談孔教〉，《婦女新聞》，西貢，第 60 期（1930 年 7 月 10 日），收於陳仲金：《儒教》，〈附錄〉（河內：文學出版社，2003 年），第 676 頁。

〔註100〕陳仲金：〈與潘先生漫談孔教〉，《婦女新聞》，西貢，第 60 期（1930 年 7 月 10 日），收於陳仲金：《儒教》，〈附錄〉（河內：文學出版社，2003 年），第 676 頁。

〔註101〕潘魁：〈請陳仲金先生同孔子、孟子到邏輯（M.Logique）家做客。那裡，我們再談〉，《婦女新聞》，西貢，第 63 期（1930 年 7 月 31 日），第 64 期（1930 年 8 月 7 日），收於賴原恩彙編：《潘魁檔案》，來源：http://www.viet-studies.info/Phankhoi/index.htm。

理解，「理智」是「**按照理來認知判斷的智**」〔註102〕。所以，「理智」並不是「歪曲的理智」。

（四）通過〈請潘魁先生回我學堂談話〉〔註103〕的文章，陳仲金承認自己所說的「理智」是「歪曲的理智」，的確是錯誤。不過，他仍然不贊成潘魁的解釋，只根據「良知」的「良」和「直覺」的「直」，按字義將「良知」和「直覺」的差異下結論，就是肯定「良知」是對善事的認知而「直覺」是哲學家對事物的直接認知。

按陳仲金的觀點，潘魁的解釋不徹底地弄明白「良知」和「直覺」的意義，所以看不到兩者之間的相同點。陳仲金認為，要徹底地理解「良知」和「直覺」的意義以及兩者之間的相同，必須根據孟子，王陽明對「良知」的不同解釋和定義，乃至於西方哲學對「直覺」的定義。陳仲金摘引一系列對「良知」和「直覺」的不同解釋和定義後，便下結論：「良知」和「直覺」都是迅速的明細的認知，不用考慮也不用學習。「良知」不僅是對「善事」的認知，還是對「美」、對「事實」、對「智慧」的認知。「直覺」不僅是對「事物」的「直接認知」，還是對「善事」、對「美」、對「事實」和「智慧」的認知。所以，「良知」就是「直覺」。

通過陳仲金和潘魁的爭論，可見潘魁將「良知」視為「性」。「性」包含著道德，仁義以及「直覺」和「理智」。「直覺」是「良知」的一部分，也只純粹是一種哲學方法，跟人的道德無關。陳仲金也將「良知」視為人的「性」，包括智慧和道德。但陳氏又肯定「良知」也就是「直覺」。「直覺」不僅是哲學方法，還是「良知」——即人的道德本體。通過陳仲金和潘魁對「直覺」的相反觀點，可見東方哲學（儒教哲學）和西方哲學（科學、實證和邏輯哲學）這兩種派別之間在觀念、看法和思想方法上的差異。

眾所周知，「直覺」是西方哲學的概念，中國傳統哲學沒有這個概念。

〔註102〕 潘魁：〈請陳仲金先生同孔子、孟子到邏輯（M.Logique）家做客。那裡，我們再談〉，《婦女新聞》，西貢，第 63 期（1930 年 7 月 31 日），第 64 期（1930 年 8 月 7 日），收於賴原恩彙編：《潘魁檔案》，來源：http://www.viet-studies.info/Phankhoi/index.htm。

〔註103〕 陳仲金：〈請潘魁先生回我學堂談話〉，《婦女新聞》，西貢，第 71 期（1930 年 9 月 25 日）、第 72 期（1930 年 10 月 2 日）、第 74 期（1930 年 10 月 16 日），收於陳仲金：《儒教》，〈附錄〉（河內：文學出版社，2003 年），第 687～720 頁。

在西方哲學中，「直覺」是一個哲學範疇，指的是「不用通過理性分析、邏輯推論或者演繹過程而直接地立即地認知知識的能力」。不過，不同的哲學派別對「直覺」有著不同的理解。按十七十八世紀西歐唯理主義的觀點，「直覺」是理智的一種活動，通過「直覺」可以發現各種基本的概念作為推理的基礎；「直覺」是一種理智能力，它高於推理並完成推理的知識，通過「直覺」人可以認識到無限的實體或自然界的本質；「直覺」是對顯然性的理性真理的認知能力。辯證唯物主義認為，「直覺」完全沒有神秘，「直覺」是在實踐和邏輯思維的基礎上一種特殊的認識活動。「直覺」的所有活動都離不開實踐，並且都要依靠理性分析。「直覺」對科學認識活動和藝術創造有著舉足輕重的地位。二十世紀的非理性主義卻肯定，「直覺」是非理性的神秘的跟邏輯思維無關的認識能力；「直覺」是對「絕對」（指神）的直接頓悟；「直覺」是認識活動，它像生命，也像動物的本能，通過「直覺」，轉眼間就可以看到對象內在生命的衝動，並看見它的整體；「直覺」是內心的衝動，是脫離經驗和理性的認識，它和理性認識相對立〔註104〕。

　　中國傳統哲學（儒，佛，道）雖然沒有「直覺」概念，但直覺思維方式卻是其明顯的特徵。中國傳統哲學有許多和西方哲學所謂「直覺」的相同、相通、相關、或者相似的概念，比如：盡心、體物、體道、體認、豁然貫通、玄覽、靜觀、心觀、精義入神、豁然有覺、明心、悟、頓悟等等。這些概念都指直覺的思維方法、直覺的心態以及直覺的境界。在思維方面，直覺是指剎那間不通過感性或理性認識而立即頓悟、體悟或體認。

　　中國哲學的直覺思維第一次吸引西方學界的關心，因為它跟某些重要的科學發現緊密地聯繫在一起。從而發生很多人關心的問題，就是「現代物理學和東方神秘主義」。從此，中國學界開始有興趣探索靈感直覺對科學發現的作用並在這個領域中研究傳統思維方式的特點和價值。不過在科學發現中，「直覺」或「靈感」屬於狹義的科學認識範疇。而中國傳統哲學的「直覺」，就本義來講，卻跟科學發現或靈感科學都沒有任何瓜葛，它跟體悟天道，體悟道德本體以及人的道德實踐過程有著密切的關系。這一點在儒家哲學中表現得最明顯：

〔註104〕參見蔣永福、吳可、嶽長齡主編：《東西方哲學大辭典》（南昌：江西人民出版社，2008 年），頁 978；馮契主編：《哲學大辭典》（上海：上海辭書出版社，1992 年），頁 949～950。

就本來意義而言，中國古代哲學中的直覺不是與科學發現聯繫在一起，而是與道德實踐聯繫在一起的，是與如何實現對「天道」的體悟，如何達到天人合一，真善統一的境界聯繫在一起的。中國哲人所論直覺與科學發現過程中的靈感具有實質的區別，後者屬於狹義認識論和科學方法論的範疇，前者則是一個關乎到形而上學和存有論、關乎到生命存在的狀態、意義和境界的概念〔註105〕。

顯然中國傳統哲學中的所謂直覺的認識功能不是科學客觀知識，而是倫理道德和超形本體。這樣一來，「直覺」就是「達到形上本體的唯一通路。在個體的直覺體驗中，在『豁然貫通』的頓悟狀態中，人們能夠超功利的、感性的存在，使個體的生命與宇宙本體融合為一，這正是中國哲人所刻意追求的理想境界」〔註106〕。

在自己的著作中，中國現代新儒家一邊使用直覺概念，一邊使用中國傳統哲學中的一些範疇、概念來表達相同的思想內涵。不過，和傳統儒家的思維方式一樣，中國現代新儒家觀念中的「直覺」也跟客觀科學無關，它仍然是一個跟超形本體、道德本體、道德實踐以及人存在的狀態、意義和境界緊密相連的範疇。因此「新儒家所論直覺，亦屬於這種性質（體悟道德本體和超形本體）」〔註107〕。

如此看來，陳仲金對「直覺」意義的論解是按照傳統儒教哲學的思維方式，即與宇宙本體、人內在道德本體及道德實踐方法緊密相連。陳氏對「直覺」的論解與中國現代新儒家有許多相同之處。陳仲金對「直覺」的觀點完全區別於西方理性主義哲學對直覺的觀念，也不同於西方非理性主義哲學對直覺的觀念。

三、評價

（一）將儒教思想內容和哲學方法重新解釋後，陳仲金肯定，要繼承發展的，和西方現代科學結合起來作為未來越南文化模式的，並不是後儒所提倡的、腐敗的、違背孔孟精神和宗旨的儒教，而是經過陳仲金改造其思想方

〔註105〕鄭家棟：《現代新儒學概論》（南寧：廣西人民出版社，1990年），頁86。
〔註106〕鄭家棟：〈直覺思維與現代新儒學〉，《吉林大學科學學報》，1988年，第二期，頁9。
〔註107〕鄭家棟：〈直覺思維與現代新儒學〉，《吉林大學科學學報》，1988年，第二期，頁9。

法，復原其宗旨精神返回孔孟真實宗旨的儒教思想。孔孟真實的儒教思想是「剛健的精神」，是「隨時應變」的能力，以傳統精華作為基礎，接受時代的新事物，從而穩定地強大地發展：

> 既然稱為流行不息就要時常變換，但變換要以什麼為本，以致變換有本而不失道理。所以我們所說的跟從儒教指的是跟從剛健的精神，將我們的思想超越原始的道理，同宇宙運行，造作一局毅力人生，與萬物同生同化，知道隨時而應變，但不忘舊本，從而變成擁有尊貴的人格、擁有博愛仁慈之心、擁有強大的力量同天下生存，同天下競爭並向人類共同的根基獻上一些碑石，這樣的一個人〔註108〕。

　　陳仲金顯然沒有像某人所說的保守地盲目地肯定和強調儒教的價值。他對儒教價值的肯定是有條件的。在未來越南文化中的儒教思想必須是能夠跟西方現代科學互相結合，互相融入的儒教思想。跟西方現代科學結合起來的儒教思想決不是受到後儒歪曲的儒教，而是孔孟真正的儒教思想。

　　（二）通過陳仲金對儒教哲學方法和思想內容的論解以及對直覺方法和理智方法之間在性質、功能、特點等方面的比較，可見直覺是儒教特有的哲學方法。儒教哲學直覺方法完全區別於西方哲學的理智方法。這種差別的根本在於儒教哲學和西方哲學在觀念上的差異。直覺方法和理智方法的差別不僅體現在對宇宙本體、學術思想、感受審美的認識結果，還體現在人的道德行為仁與不仁、善與不善之間的對立關系。在道德方面，直覺和理智的對立規定了不同的生活方式和態度（人生哲學）。儒教重視直覺的生活方式和西方偏於理智的生活方式之間的差別是仁與不仁、直覺與理智生活態度的差別。按陳仲金的觀點，要批判的是理智而不是直覺。而且有意義的，有價值的並且要肯定的就是直覺而不是理智。

　　（三）通過陳仲金對儒教直覺方法的展示和論解，可見陳仲金已經繼承並發揮傳統儒教哲學思維的方法和內容，同時接受西方哲學中的直覺概念，把兩者聯繫起來，從而將儒教哲學方法——直覺體悟方法進行重構並現代化。換個說法，他巧妙地運用西方直覺概念將傳統儒教哲學方法內容進行詮釋。同時他又繼承並發揮傳統儒教哲學的思維方法和內容，將西方哲學的直覺概念進行解釋、詮釋、容納和消化。通過這些步驟，傳統儒教直覺方法不僅在其概念形式上得到革新，並且在內容思想上也得以繼承、發展和現代化。

〔註108〕《儒教》，第 744～745 頁。

通過界定直覺和理智方法之間的性質、功能、特點的差異，陳仲金肯定儒教直覺方法的價值和意義並批判西方哲學的理智方法。從而，重新確立傳統儒教哲學的地位、作用和現代意義。通過這種方式，陳仲金希望一邊保持傳統儒教以道德為本位的哲學立場，一邊避免儒教道德哲學和當時越南科學發展要求的激烈矛盾。作為一個牢靠的根據，這種方式使儒教在科學日益發展的時代中仍然保持其獨尊的地位，同時在現代生活當中仍然保持其獨特的價值。憑著這個方式，陳仲金希望能夠有說服性地回應當時越南反傳統派對儒教哲學的批判，同時為儒教尋找出一條新的生路，一個新的存在理由。

（四）我們知道，陳仲金將儒教哲學方法和思想內容進行現代化的目的是通過比較儒教直覺方法和西方理智方法肯定儒教直覺方法在認識宇宙本體、道德本體、學術思想、審美感受以及道德生活上的優點和價值，在現代社會中為儒教尋找新的存在理由。不過在論解儒教直覺方法的同時，陳仲金卻承認這種方法的弱點。

按陳仲金的觀點，「仁」道的優點是幫助人憑著直覺來探索天道，人道，從而將兩者加以調和，使人時時從容自在，隨感而應，並得其中。「仁」是儒教的核心思想。但「仁」道也有其弱點。「仁」道的弱點是不能將之普及天下，因為「只有部分少數人有特別的資格才能修成仁者」〔註 109〕，大多數民眾常常沉迷在物欲和私利之中。儘管儒家設置一套禮法，以禮義作為道德實踐方法，嚮導人們節制私欲，從而復原「善性」，回歸「天理」。但法則和禮義行不到愚夫愚婦之徒和沒有學問的下流。因此，「仁」道雖美好，但不能普及天下。

讚美儒教直覺方法的優越性的同時，陳仲金也承認只能將注重直覺的學說應用在民眾尚樸實，簡易的時代。在科學發達的時代，人智多端，生活複雜，很少人願意採用儒教直覺的生活方式。假如有人採用，也「未必準確」。因為，只有很少「上智」之人才遵循並用得上直覺。凡人使用直覺就不準確，因為使用直覺的方法很難：

> 像儒教注重直覺的學說，只能在民性尚質樸，生活尚簡單的時代施
> 行。一到像今天人智已變遷，科學已盛行，生活已複雜的時代，這
> 個學說未必有幾個人願意遵循，即使遵循也未必準確〔註110〕。

〔註109〕《儒教》，第36頁。
〔註110〕《儒教》，第37頁。

陳仲金一邊嚴厲地批評理智認知方法的限制，比如他認為理智認識不牢靠不充足；認為理智是私心私欲，是智術，是不仁，違背天理的自然之智；理智讓人們追隨私心私欲，使他們不能認識到真理；一邊又承認理智對檢查並確定通過直覺方法所獲得的知識的確實性，起了積極的作用。另一方面他也肯定直覺不違背科學並強調直覺對科學發現所發揮的積極作用：

> 因有直覺所以科學家們才探索出許多玄秘的東西並創造出許多精巧的東西〔註111〕。

> 當（通過直覺）認知到某些事物，必須使用理智再次檢查，為了更清楚地知道這些知識是由直覺而知的〔註112〕。

> 直覺雖然敏捷，當今科學家們還要時時使用它，不過它只是上智者用得上的利器罷了，凡人使用直覺就不牢靠。使用直覺，所靠的是精神的光芒，一旦人心不正，意不誠，說不定習慣的勢力或者某些勢力使這線光芒不能準確地照射真理。因此，為了認定自己所知道的知識是正確的，要使用理智來檢查所知的知識〔註113〕。

當然陳仲金對檢定直覺知識的確實性所用的方法必須是不受私欲所束縛的理智方法：

> 當今人們雖然還承認直覺是很好的認知方法，但仍然要使用理智來檢驗或者分析自己所知的確實性。不過，要留意別讓理智受私欲的束縛，這樣使用理智顯然是很好的事情〔註114〕。

承認並肯定理智的積極作用，陳仲金進一步主張將直覺和理智結合起來。按他的觀點，直覺和理智的結合不但不違背儒教「隨時而變以合乎中道」的宗旨，而且還是現代科學的真正方法：

> 我們要同時使用直覺和理智。直覺是為了認知，理智是為了控制。這是當今科學理所當然的方法。不採用這個方法的就不是科學〔註115〕。

〔註111〕陳仲金：〈與潘先生漫談孔教〉，《婦女新聞》，西貢，第60期（1930年7月10日），收於陳仲金：《儒教》，〈附錄〉（河內：文學出版社，2003年），第683頁。
〔註112〕《儒教》，第34頁。
〔註113〕《儒教》，第37頁。
〔註114〕《儒教》，第37頁。
〔註115〕《儒教》，第37頁。

　　承認儒教直覺方法難以施行，難以遵循的弱點，這明顯不利於陳仲金對振興儒教事業的努力。這讓陳仲金對儒教直覺方法的特色和價值的論說減少了說服性。因為，再美好的學說但不能在實際上實行就等同於沒有任何價值可言。這就是當時越南反傳統派憑藉著攻擊儒教弱點的空隙。

　　承認理智對直覺知識確實性檢定的積極作用，但那個理智必然是不受私欲拘束的「理智」。按以上所述的陳仲金的理解，不受私欲束縛的「理智」就是合乎天理的「自然之智」。那是孟子所謂的敏銳的「直覺之智」、「良知之智」，而不是西方充滿私心私欲的「理智」或「智術」。因此，陳仲金所提倡的將「直覺」和不做私欲奴隸的「理智」結合在一起，這一主張是不必要的事。從本質上講，「直覺」和不做私欲奴隸的「理智」或「直覺之智」、「自然之智」、「直覺之智」都是相同的。

　　肯定直覺方法的價值，卻承認它的弱點。批評理智方法的限制，卻肯定它的價值。把私心私欲的理智、歪曲的理智、智術、自然之智以及直覺之智互相混淆。把「直覺」和「自然之智」分成不同的範疇。這些都是陳仲金論解儒教直覺方法的過程當中所表現的尷尬、矛盾、不分明、不徹底。這些限制也許由陳仲金受到他提倡的以儒教和西方現代科學做為未來越南文化模式的影響所造成。對於這個模式，陳仲金承認西方現代科學的價值，同時主張接受並將西方科技跟儒教一同當作現代化國家的具體方式。承認並主張接受西方現代科技，證明陳仲金意識到科學的挑戰。這一點讓他肯定直覺和科學沒有矛盾，兩者可以結合在一起。但是論解直覺方法在認識宇宙本體、道德本體、思想學術、感受審美及人生等方面上的優點和價值的時候，陳仲金卻嚴厲地批判西方科學方法的長處——理智的弱點。好像陳仲金不知不覺被捲入未來越南文化模式當中。它促使他批判理智方法對哲學認識、思想學術、倫理道德以及西方偏於理智的生活方式的限制，同時肯定理智對直覺認識確實性檢定的優點。然後又承認直覺對科學的積極作用並主張將直覺和理智結合起來，而按他的理解這兩種方法從本質上就完全相反。可見，在論解儒教哲學方法的過程當中，陳仲金還沒建立一個牢固的理論系統，從而詳細地理解儒教直覺方法內容以及它跟西方哲學和科學中的理智方法之間的關係。

　　（五）另外，通過詳細地區別直覺和理智之間的性質、功能和特點，陳仲金好像要我們留意，儒教哲學和西方哲學有著不同的物件、內容、目的和特點，所以研究的時候要用不同的方法。也就是說，不能用西方哲學的理智

方法如理性分析、邏輯推論對儒教哲學進行研究、批評和評價。與之相反，不能使用儒教直覺方法的領會、體悟方式將西方哲學進行研究、批評和判定。理智方法的優點在研究西方哲學的時候才發揮其作用，在研究儒教哲學的時候就暴露其限制。直覺方法也同樣在研究儒教的時候發揮其優點，研究西方哲學的時候就不行。每個物件之符合於一定的研究方法。因此，不能將研究此物件的方法作為研究和評價其他物件的標準尺度。要有好效果，必須針對具體對象的特點使用相應的符合的方法來研究。只有這樣才能正確地理解，正確地評價研究物件。如果採用不符合的研究方法，就會錯誤的理解，錯誤地判定研究物件的特點和價值，甚至容易陷入極端的狀態。對於當時越南反傳統傾向者——極端地以西方哲學思想和方法作為批評傳統儒教哲學思想的標準，這顯然是有批評價值的觀點。不過，在論解儒教直覺方法的過程當中，陳仲金卻一味肯定儒教直覺方法的優點和價值並嚴屬地批判甚至否認西方哲學的理智方法。這一點無形中推陳仲金走上極端對立的傾向。當陳仲金批判反傳統派常以西方哲學思想和方法作為批評傳統儒教思想的標準是極端錯誤的同時，他卻站在儒教哲學方法的立場並以儒教作為批評西方思想文化、生活方式的標準。這個觀點完全違背陳仲金本人要將儒教和西方現代科技和諧地結合在一起的主張。這又是陳氏的另一個限制。

（六）即使陳仲金對儒教哲學思想和方法進行的現代化內容還存在著一些問題，但是從二十世紀初期越南儒教學術思想的運動和發展的角度看，也許陳仲金是二十世紀初期恢復、振興越南儒教的頭一位學者，也是越南這時期實現儒教思想和方法現代化的唯一一位學者。陳仲金的這種帶有突破性的努力已將越南儒教哲學推進入新的發展階段——融會西方哲學概念、範疇、術語以及哲學思想內容的階段。

第四節　重新確立儒教道統傳承譜系和批判朱熹思想

一、重新確立儒教道統傳承譜系和批判朱熹思想

重新構築儒教哲學思想內容和重新確立儒教道統傳承譜系本來已成為儒教發展歷史的慣例，是歷代儒者始終努力去做的事情。自古至今，在儒者心目中，絕對沒有孔孟思想是錯誤的事情，只是後儒沒有認真遵循孔孟思想罷了。所以，每當儒教陷入危機時，為了追尋根源，儒者們都重新回顧儒教思

想，看看後儒是否貫徹落實孔孟宗旨，如果沒有，錯誤就在什麼環節？中國現代新儒家認為近現代時代的儒教危機是後儒不真正遵循孔孟精神和宗旨導致的必然後果。所以，中國現代新儒家已全力以赴，精心重新構築儒教哲學思想並重新確立儒教道統傳承譜系，旨在恢復孔孟原始的真正的精神和思想。這樣，實現儒教思想現代化，除了要按照時代的要求創新儒教哲學思想內容，將「民主」和「科學」思想灌輸於儒教之外，「重新確立儒教道統傳承譜系」也是理論上很重要的一道環節。因為，重新確立儒教道統傳承譜系，一方面能體現儒者對儒教正派道統傳承的觀點和看法，另一方面在儒教道統得以重新確立之後，它將成為引導儒者思想的指標。儒者將根據該道統傳承譜系繼承和發揚儒教正派道統的主脈。

認識到重新確立儒教道統傳承譜系的重要性，陳仲金為此付出了大量時間和精力。在重新解讀孔孟哲學思想後，陳仲金將孔孟思想做為基礎和標準，對後儒思想進行對比，看看他們是否正確遵循孔孟的宗旨。由此，他對後儒進行定位和「評判」，看看誰是孔孟道統主脈的繼承者。為了重新確立儒教道統傳承譜系，陳仲金先簡要陳述不同歷史時期的代表性儒者的主要思想，後對每位儒者的思想做出評論、褒貶。他認同、稱讚正確遵循和繼承孔孟正宗思想的儒者，並將他們列入儒教正派道統傳承譜系中。他批判曲解、不繼承孔孟思想的儒者，並將他們排出儒教正派道統傳承譜系之外。通過對孔子之後的儒者思想的重新定位，陳仲金已利用儒教正派道統傳承譜系重新構築了連接孔子和後儒的思想線索。

陳仲金認為儒教學說由「形而上學」（心傳）和「形而下學」（功傳）兩個部分組成。形而下學主要是指政治、道德和倫理，是孔子教誨一般人的跟日常生活有關的知識。形而上學是指宇宙的無形、變化無常、微妙、高遠的知識，是儒教的核心思想，不過常人很難領會，只有少數天資聰明者才能領會其深遠義理。形而下學和形而上學都是構成儒教學說整體的重要內容。因此，只有同時傳承形而上學和形而下學才能確立儒教道統譜系。不過，實際上，儒者一般認為，形而下學（政治、道德、倫理）是容易認識和實行的日常之學，所以在確立儒教道統時，儒者一般認為，形而上學比形而下學更重要。在重新確立儒教道統傳承譜系的過程中，陳仲金也沿用該思想模式，將形而上學視為主要，將形而下學視為次要。陳仲金認為，形而上學才是傳承儒教道統主脈的關鍵。所以，在重新確立儒教道統傳承譜系時，陳仲金把重點放

在關系到宇宙本體、心性本體和造化的高超、微妙的形而上學。因此，確立
儒教道統傳承譜系是根據歷代儒者傳承孔子形而上學的情況進行的。不過，
也要看到，形而上學與形而下學之間的關系是密切的、辯證的、和互動的。
形而下學的修養方式、方向和方法及其實行工夫則被形而上學的思想主體即
儒者的領會所支配和決定。當思想主體真正領會形而上學的思想時，他們的
形而下學就會是正確和明亮的。但如果他們沒有真正地領會形而上學的思想，
那麼他們的形而下學也就會理所當然是錯誤和模糊的。相反，當某人的形而
下學不對，其對形而上學的領會也會理所當然是錯的。所以，在解讀儒教道
統的過程中，陳仲金偶爾不直接批判某儒者的形而上學，只批判其形而下學。
這也意味著，他暗示該儒者的形而上學是錯的。

陳仲金認為孔子去世後，儒教分為八個學派。繼承孔子正傳思想的學派
是曾子（西元前 505～435 年）和子思（西元前 483～402 年）。曾子跟從孔子
立校教學，彙編《大學》。曾子去世後，孔子的孫子子思又繼承他的學業，將
孔子的超越、微妙、淵奧思想著成《中庸》。雖然承認曾子派是正傳學派，但
陳仲金認為曾子之學有些地方沒有正確遵循孔子的宗旨：「他（曾子）之學注
**重道德，但其宗旨卻與孔子的略有不同。孔子主以人為本，用孝悌、禮樂鑄
成仁道，而曾子等則以孝為其他德行的根本」**〔註116〕。陳仲金認為，之所以
連被承認是儒教正派的思想學派也有與孔子思想不同之處，是因為孔子之學
雖簡樸，但也有「廣大高遠」部分。所以，就連他的優秀弟子也只能領會其中
的一部分，很少人能充分地領會。曾子和子思之學雖然與孔子之學略有不同，
但曾子、子思學派的巨大貢獻是已把孔子的說教彙集成《論語》，又編纂《大
學》和《中庸》，陳述孔子學說和思想的基本內容，**「後人靠這些書理解聖人
之道。那些貢獻使該派（曾子、子思派）稱得上是正傳學派」**〔註117〕。陳仲
金對《中庸》予以高度評價，認為該書蘊含孔子高超、微妙、淵奧的哲學思
想。《中庸》陳述了「孔子的意指」，繼承了孔子的「中庸」思想和「誠」道。
遺憾的是，後人沒有繼承和發揚好該書的淵奧思想，只偏重政治和倫理，導
致儒教的哲學越來越淡化。

孟子（西元前 372～289 年）是繼子思之後繼承孔子思想的人。孟子發表
的「性善」論使儒教思想越來越光明。孟子認為人的「性」是天賦的「天理」

〔註116〕《儒教》，同上，第 214 頁。
〔註117〕《儒教》，同上，第 216 頁。

的一部分。「天理」是至善，存在於每個人心中。「心」與「性」是二合一的，純善，且備足仁、義、禮、智。「心」／「性」是天賦的神明，與天同為一體。孟子說「盡其心者，知其性也。知其性，則知天矣」。人「性」裡的「仁、義、禮、智」相應於天的「元、亨、利、貞」，所以人一旦知己性，就能知天，與天合為一體。陳仲金認為孟子在這裡所說的「心」是指人的「良心」。仁、義、禮、智本來就在人的「良心」裡。有了「良心」，人才能懂得是非、仁義。有「良心」就有「良能」和「良知」（「人之所不學而能者，其良能也；所不慮而知者，其良知也」）。「良知」也就是「明覺靈妙」，「很自然、敏捷的知」，相應於萬物，合乎「中」道。人一出生就稟受天賦的純善之「性」。「性」是天賦予人類的最靈妙。人靠「性」才能理解道理、天地和萬物。誰能保持、滋養那至善的「性」，就成為聖賢。誰不能保持那至善的「性」，被私欲所遮蔽、支配，就淪為不仁不義者。賢者與愚者之間的差別在於能否保持自己純善的「心」／「性」罷了。孟子主張「存心」、「養性」，不讓物欲遮蔽，導致失去天賦的至善「心」／「性」。陳仲金認為，表面上，孟子對「心」、「性」、「性善」、「存心」、「養性」的觀點雖然與孔子思想略有不同，但其精神還是與孔子思想相互一致和一貫的。孟子的「性善」論繼承了先儒的思想。在「性善」論裡，孟子不僅繼承了《中庸》、《論語》的思想，而且還領會了孔子在《易經》中提到的關於人「性」的重要思想：

> 他（孟子）領會了孔子在《易經・繫辭》、《論語》和《中庸》中的話，分別是「一陰一陽之謂道，繼之者善也，成之者性也」、「性相近者，習相遠也」和「天命之謂性」。〔…〕「性善」論是孟子遵照這些意指提出來的〔註118〕。

陳仲金認為孟子不僅領會孔子之道和六經的淵奧意義，而且還繼承、發揚和光明聖賢之學。孟子繼承了孔學的正宗精神，並為「一個大功於儒教」〔註119〕，真不愧為儒教「亞聖」的尊稱。

儒教正派傳到孟子就中斷。從孟子往後，雖然儒者為數眾多，但沒人能真正領會儒教心傳的正宗思想，導致儒教學術思想日益偏離方向和埋沒。比如，《易經》專談天道，《春秋》專談人道。這都是講授心傳的著作。書中言辭含蓄、難懂、意味深長，只有其「傳人」才能充分領會。後儒雖然也學習儒教

〔註118〕《儒教》，同上，第 226 頁。
〔註119〕《儒教》，同上，第 262 頁。

的那些經典著作，但沒人能充分領會其深遠意義。各人有各的解讀，導致儒教心傳之學日益偏離和淡化：「儒教的正傳派是魯國的曾子派，傳到孟子就終止。之後，他的弟子沒人能夠真正傳承道統，所以儒教之學越走越偏離方向」〔註 120〕。

　　戰國末期，雖然儒教蓬勃發展，但當時儒者只注重政治、禮義，而忽略了儒教的淵奧思想。具有代表性的是荀子（西元前 312～238 年）。做為一位巨儒，荀子提出了很多「精微」思想，但他的宗旨也與孔教的原始精神相差甚遠。荀子不遵循孔子的「仁」道，否認「天人合一」的觀點。他也不跟從孟子的「性善」論，否認「良知」、「良能」，並提出與孟子的「性善」論完全相反的「性惡」論。荀子之學注重用「理智」進行辯論，而這與重視「直覺」的孔孟之學是不同的。舉「仁」範疇為例：「孔子主張『仁』包括敏銳直覺和普及萬物的慈愛之心，但仍然有分明秩序。荀子則按照狹義理解「仁」字為「愛」，即人們對「仁」字含義的一般理解」〔註 121〕。陳仲金認為荀子關於人沒有「良知」、「良能」，只有「可以知」、「可以能」的觀點是錯的。他說：「人是有良知和良能的，且比一般知和能更珍貴。由於有了良知，我們才能懂得高超並有良能的知識，從而快速地辦好難事。但是，由於荀子之學只專用理智，所以他不認同良知、良能。這就是荀子之學的短處所在」〔註 122〕。由於主張「性惡」，所以荀子尤其重視「禮」和刑法。這與儒教的宗旨完全相反。總體上，荀子只注重支離瑣碎的東西（形而下學），而拋棄了儒教的超越、高深、宏遠的思想（形而上學），「只知標、不知本之學務必是支離瑣碎的，不會是高超、宏大的」〔註 123〕，所以荀子之學「沒有孔孟之學那樣縱容宏大」〔註 124〕。陳仲金痛批荀子思想，認為荀子之學是低矮和狹隘，未能達到宇宙的超越單一道理，未能達到儒教的高超、公正和宏大。由於荀子之學放棄了形而上學，所以對儒教知識和學問十分有害，導致儒教哲學思想變得低賤。儒教哲學思想後來的低賤和錯誤大都由荀子低賤、淺近之學所致。荀子的刑法專治之學正是產生秦朝專制政治的原因所在。

〔註 120〕《儒教》，同上，第 264 頁。
〔註 121〕《儒教》，同上，第 317 頁。
〔註 122〕《儒教》，同上，第 307 頁。
〔註 123〕《儒教》，同上，第 341 頁。
〔註 124〕《儒教》，同上，第 271 頁。

　　秦朝是儒教衰亡時期。秦朝「焚書坑儒」，使儒教陷入嚴重危機。這是儒者歷來的看法。但陳仲金認為當時被活埋者大都是藉以儒學名義的方士，沒有幾個稱得上「真儒」。即使是儒者，他們也只不過是記誦辭章，未能學會儒教思想真正宗旨的。所以，「**倘若秦朝不焚書坑儒，儒教也難免承受一場干戈、衰亡**」〔註125〕。因為實際上，儒教之前已衰落了。從孟子往後，儒者只專心學習儒教的淺近、狹隘功用，沒人能繼承和發揚儒教的高超、宏大之學。

　　到漢朝，儒教因君主的推崇得到了獨尊地位，並鼎盛發展。不過，漢朝儒教只是表面上的鼎盛，其內在思想卻很淡薄。儒者只追求訓詁、辭章之學，講究每字每句的瑣碎意義，而放棄了聖賢之道的深遠義理和淵深、宏大思想。陳仲金認為，漢朝儒教的這一欠缺是由於儒教的獨尊地位所致的。因為當儒教是獨尊時，其思想就無法向前發展。按照自然道理，要有進化和發展就要有競爭和比較。這樣，好的東西才能更好，壞的東西才被淘汰。如果只獨尊一種學說，欺壓其他學說，那麼「天演的神妙就沒有了」。儒教也是如此。其思想不管多好，但一旦得到獨尊地位，就會變壞，且停滯不前。漢朝主張獨尊儒教是違背孔子宗旨的：「**孔子之道是想：『萬物並育而不相害。道並行而不相悖』，而不想一尊。那是因為漢儒跟從荀子之學，所以違背了孔學的宗旨。對於那些錯誤，漢儒是無法推卸責任的**」〔註126〕。漢朝獨尊儒教的錯誤導致儒教思想越來越低下。

　　漢朝名儒可算董仲舒、揚雄、王充。董仲舒之學有許多淵深之所得，但未能到到孔孟思想。比如，董仲舒對「仁」字的用法是很狹隘，與孔孟之學的意義不相符。再者，董仲舒偏於陰陽、災異、迷信，所以「**對進化十分有害**」〔註127〕。王充之學則淺近、狹隘、有悖於儒教的宗旨，「**未能達到聖賢之道的深遠、宏大程度**」〔註128〕。至於揚雄，由他專著的《太玄》本來被後儒看作是道家的數術之書，但陳仲金則認為《太玄》是提及儒教高超思想的書。憑著《太玄》，陳仲金肯定揚雄學問淵博，真正理解儒教的深遠意義，因為「《太玄》是提及儒教高超道理的書，是證明孔子的形而上學與老子之道沒有多大

〔註125〕《儒教》，同上，第 361 頁。
〔註126〕《儒教》，同上，第 374 頁。
〔註127〕《儒教》，同上，第 397 頁。
〔註128〕《儒教》，同上，第 421 頁。

區別的有力證據。其唯一區別在於，老子純然談道，而孔子專談道的動作。兩道雖同於本但異於標也」〔註129〕。在援引揚雄對「玄」意義的解釋：「玄為何物？玄者，神之魁也。天以不見為玄，地以不形為玄，人以心腹為玄」（《玄告》、《太玄圖告》）之後，陳仲金解讀說，揚雄所說的「玄」即老子的「道」，是宇宙的本體，而人和宇宙是同為一體，其意思「合乎孔教的天地萬物一體論」〔註130〕。陳仲金還指出，揚雄的《太玄》正是宋儒理學的頭緒：「那種理論（太極之理），儘管揚雄在《太玄》裡已先提到，但到宋儒才得以明確的發明」〔註131〕。

在三國、六朝時期，儒教仍然跟從訓詁、辭章之學。儒者只注重辭藻華美，不在乎超越思想和義理。所謂的名儒只是善於作文，不善於哲學思想。

唐朝時期，儒教鼎盛發展。但唐朝儒教過分偏於科舉，只重視注疏、辭章記誦，不重視發揚儒教的精神和思想，導致儒教高超、玄遠的思想日益衰落，遠遠不如佛教。唐朝名儒可算王通（584～617年）和韓愈（768～824年）。他們致力於發揚孔孟精神，但也逃脫不了辭章之學。韓愈撰著《原道》，批駁佛教和道教，陳述儒教之學，確立孔孟道統傳承譜系。韓愈對儒教功不可沒，但他只是一位作家，而不是一位精深學者。他的思想並沒有達到孔教形而上學的淵深程度。

漢朝、唐朝儒教只重視功傳之學（形而下學），專於政治和倫理，導致儒教哲學思想遠遠不如佛教和道教。等到宋朝，儒教的心傳之學（形而上學）才得以繼承和發揚，與佛教和道教思想並肩齊驅。陳仲金認為，宋朝儒者已找到了聖賢之道的微言大義，繼承和發揚了孔孟的儒教思想。理學派的問世表明，宋朝儒者已將儒教思想發展成為十分高明的哲學思想。宋朝的代表性儒者有邵雍、周敦頤、張載、程顥、程頤、朱熹和陸九淵。

評估宋儒哲學思想的發展時，後儒和研究界都一致認為，由於深受佛教和道教思想的影響，所以宋儒哲學思想與佛教和道教有許多相同之處。至於儒佛道三教思想的相同，陳仲金這樣解釋，宋朝哲學思想起源於《易經》，而《易經》是談「理學」的、「老教和儒教共用」〔註132〕的書。《易經》認為「太

〔註129〕《儒教》，同上，第398～399頁。
〔註130〕《儒教》，同上，第400頁。
〔註131〕《儒教》，同上，第457頁。
〔註132〕《儒教》，同上，第454頁。

極之理」是創造宇宙萬物的頭緒，「那是孔子在《繫辭》中提到的『同歸而殊途，一致而百慮』的道理。老教將太極之理稱為道，佛教則稱為 Bhuta Tathata」〔註 133〕。雖然名稱有別，但實質上，儒道佛三教的「理」仍然是一致的。所以，儒佛道三教都遵從「天地萬物一體」主義。「本體」道理相同，但由於行道理想不同，所以儒佛道三教各走各的路。道家主張「無為、避世」，佛教主張「出世」，儒教則主張「入世」。至於佛教和道教對儒教的影響，陳仲金也承認，宋儒深受佛教和道教的影響。宋朝理學學派的創始者大都學過老學和佛學。其中，「最先使那派（理學）成名的則是善於術數學的一位老學家」〔註 134〕，即初宋時期的陳摶。陳摶精通《易經》義理，發揚了《易經》思想以解釋宇宙、萬物的形成。後來，邵雍和周敦頤也按照《易學》的義理提倡理學論。陳仲金承認宋儒受到佛教和道教的影響，並解釋儒佛道三教的形而上學思想是同於一源，旨在否認從前根據儒佛道三教思想的相同之處認為宋儒誤會儒教思想的觀點。陳仲金指出，宋儒與道教、佛教思想的相同之處並不是因為宋儒誤會儒教思想，而相反，「那正是宋儒理解聖賢之道的表現。要想知道宋儒之學確實不悖於孔孟之學，就請看看當時學者的理論，它們全都源自經、傳，並不是什麼憑空編造的」〔註 135〕。就是說，宋儒已領會並承傳了孔孟心傳之學的道統主脈。陳仲金也提醒，倘若宋儒的形而上學思想與孔學略有不同，那只是「毫釐」之不同，而不是「大錯特錯」。基本上，宋儒領會了儒教的宗旨和主要思想：「宋儒確實達到了儒教的淵深境界，並為其發揚做了重要貢獻。所以，說宋儒傳承了孔孟的道統，應該是沒有錯的」〔註 136〕。

承認揚雄的《太玄》是涉及儒教哲學高超思想的書，並將宋儒與道家、佛家的「太極之理」範疇一體化表明，陳仲金已致力於將儒教的形而上學推到與道家和佛家並肩齊驅的水準。

陳仲金將宋朝理學分為三派。第一派是以邵雍為代表的象數學。第二派是周敦頤開創、張載、程顥和程頤繼承和發展的道學。第三派是繼承孟子心學思想、以「心」為要領的心學。心學由陸九淵開創、王陽明繼承和發展的。

〔註 133〕 《儒教》，同上，第 454 頁。
〔註 134〕 《儒教》，同上，第 457 頁。
〔註 135〕 《儒教》，同上，第 456 頁。
〔註 136〕 《儒教》，同上，第 465 頁。

－124－

關於邵雍（1011～1077年）的象數學派，在陳述邵雍在《皇極經世》關於象數學的基本思想後，陳仲金認為邵雍之學淵深宏大，「遵循了儒教的宗旨」〔註137〕，他真無愧為儒教大哲學家。遺憾的是，邵雍之學沒有盛行，因為該學跟從者務必是精通數術和天資聰明者。

道學派的創始人是周敦頤（1017～1073年）。陳仲金認為周敦頤的《太極圖說》遵循了儒教的宗旨，繼承了《易經》和《中庸》的形而上學思想和義理。周敦頤照耀了黑暗數千年的聖賢淵博之道。《太極圖說》的思想，尤其是周敦頤提倡的「無極」範疇格外合乎孔教的形而上學意義。周敦頤果然是透徹理解孔子思想深遠義理的人。孔教的形而上學本來視「太極」為宇宙和萬物的起源。但由於注重實際，怕人家誤解為道家的超越虛無境界，所以孔子只說「太極」（有），而不說「無極」（無）。許多後儒不悟孔子深意，誤以為孔子的「有」（太極）與道家的「無」（無極）是相互對立，「不懂『有』和『無』是一體的，孔教與老教同為一源」〔註138〕。後儒只根據《太極圖說》的「無極」範疇認為周敦頤跟了老子之學，先說「無」，後說「有」。他們不懂「無極和太極是一體的」。道家專談「無」和「有」，而周敦頤說「無極而太極」，意在說明孔教的形而上學根源，而不像道家那樣談「有」和「無」。陳仲金強調，後儒沒有透徹領會周敦頤之學和儒教思想的高超所在。周敦頤說「無極而太極」表明「他比任何人更瞭解孔教的形而上學」〔註139〕。

與周敦頤同處一個時期的是張載（1020～1076年）。張載的著作有《西銘》、《東銘》、《正蒙》和《易說》。陳仲金認為張載十分重視儒教的形而上學。《正蒙》是陳述聖賢的淵深思想的書。張載「有功於將儒教的形而上學敷衍得十分詳盡」〔註140〕。不過，陳仲金也認為張載的「變化氣質」和偏重於禮（「尚禮」）之學不合乎孔孟思想。

周敦頤將其學傳給了程顥（1032～1085年）和程頤（1033～1107）兄弟。如果邵雍、周敦頤和張載都從形而上學出發，再推演到形而下學，先說宇宙的形成、造作和變化，後說人的倫理，那麼二程兄弟則只專談心性和倫理。程顥之學很單純，「符合孔學精神」〔註141〕。他已「認清儒教的天地萬物一體的宗

〔註137〕《儒教》，同上，第465頁。
〔註138〕《儒教》，同上，第467頁。
〔註139〕《儒教》，同上，第467頁。
〔註140〕《儒教》，同上，第487頁。
〔註141〕《儒教》，同上，第489頁。

旨，以人為本，以誠和敬而留心」﹝註 142﹞。程顥繼承了周敦頤雍容樂道、注重自得、自會之學。程顥之學是啟發陸九淵心學的頭緒。在高度評價程顥之學的同時，陳仲金則認為程頤之學雖然嚴謹、注重寡欲，但存在很多拘泥、支離瑣碎的東西，不像程顥之學那樣雍容、自得。程頤之學被朱熹所傳承。

至於朱熹（1130～1200），陳仲金認為朱熹為收集、整理和解釋儒教經典義理、為規範儒教學習方法做了汗馬功勞，真無愧為儒教集大成者美譽。在哲學方面，朱熹思想有許多高明之處，但他將「天理」、「天道」與「人心」、「人道」分開來，將「心」與「性」分開來。朱熹關於「窮理外於心」的主張有悖於孔子的「一貫」之理。在道德實行方面，朱熹有許多固執、狹隘、刻苦之處。他過於篤信道德，跟從張橫渠和程伊川的氣質變化論。他偏於以「禮義」修「心」、「性」，所以朱熹的「尚禮」之學與荀子思想大為相似。由於過分尊崇「禮義」，所以朱熹放棄了孔教的自由、寬容、宏大的思想：「宋儒行道方法有多處違背了孔學的精神。那是因為張橫渠、程伊川和朱晦庵的尚禮之學所致的」﹝註 143﹞。朱熹的「窮理」之學只重視讀書、推敲字句、支離瑣碎，使人的思想受到約束，未能擴展孔孟的「心學」：「他（朱熹）之學則過於推敲字句、偏於文字，沒有達到孔孟心學的淵深境界」﹝註 144﹞。朱熹之學十分嚴謹、講究規矩和考究。但該學只專於功傳，注重尋求「心」外事物的一定道理，「放棄了孔教的心傳之學——無比淵深的『無言』之學，所以他（朱熹）之學有多處未能達到孔子的『一貫』之道」﹝註 145﹞。在否定朱熹之學，指出其沒有真正秉承孔孟思想的淵深精神的同時，陳仲金再次肯定只有周濂溪和程明道繼承並領會了孔教的「心傳」之學。「心傳」之學以「仁」為核心，以「中庸」為準則，以「無可無不可」精神應對萬物。「心傳」之學不固執、不堅持某事，只遵照「天理」流行，按照「直覺」隨感而應，隨遇而安，無論身處何境，都要安然自在、縱容樂道、「無入而不自得」：

> 孔子之學（心傳）只有被周濂溪和程明道所心得。至於張橫渠、程伊川和朱晦庵，他們則偏於規矩、過分重視尚禮和居敬，導致拘執、守舊心理、久而久之釀成淤滯，實在有害進化﹝註 146﹞。

﹝註 142﹞《儒教》，同上，第 494 頁。
﹝註 143﹞《儒教》，同上，第 456 頁。
﹝註 144﹞《儒教》，同上，第 512 頁。
﹝註 145﹞《儒教》，同上，第 524 頁。
﹝註 146﹞《儒教》，同上，第 524 頁。

　　朱熹之學儘管沒有真正秉承孔孟心傳之學的宗旨，但一直在宋、元、明、清等朝得到重用和推崇，導致儒教思想日益衰落，無法發揚。之所以中國等深受儒教思想的國家不能像西方強國發展得那麼壯大、富強，是因為這些國家都採納朱熹思想。陳仲金提醒我們應對此加以研究、修正和補救，使我們重新回到孔孟的真正思想，讓我們「**能有足夠力量與人家（西方強國——筆者）共存**」〔註147〕。

　　陸九淵（1139～1192）是宋朝「心學」先鋒者。陳仲金認為陸九淵思想遠則跟從孟子思想，近則跟從周濂溪和程明道思想。陸九淵之學重視「心」字，對「心」字的看法是一貫的。陸九淵認為「心」是上天賦給人類的，人人如此，不管是聖人還是凡人。「心」即「道」、「理」。「道心」是「人心」、「天理」。「宇宙即我心」、「我心即宇宙」。「心」主宰宇宙和萬物，除「心」之外，別無所有。「人心」是「神」、是「道」，它自己光明、神聖，引導我們按照「天理」思考和行動，並做道德、仁義之事。陸九淵以孟子的「存心養性」、「求放心」思想為宗旨，**他已承傳孟子的正宗思想，主以存心養性、求放心為宗旨**」〔註148〕。陸九淵也援引孔子的話（「吾道一以貫之」）和孟子的話（「夫道一而已矣」）證明自己的「人心」即「道」、「理」的思想。陸九淵重視憑「直覺」／「靈識」領會和照亮「心」，而不像朱熹之學那樣支離瑣碎。陸九淵之學重視立大本的功夫（「先立其大」），該大本是指照亮「心」，以對萬物「隨感而應」。「立心」的功夫是按照「直覺」和公然純潔的「心」思考和行動，只有這樣，「心」才能光明。如果被私心、私欲所遮蔽，「心」就變得黑暗。

　　陳仲金認為陸九淵的「立心」之學純樸、根本和切實、「求知以作」。但是因為它是難學的，所以只有聰明者才能充分理解其深遠意義，因此它難以盛行。陸九淵的「立心」不同於朱熹的重視議論、「智術」、「求知以說」的「居敬」、「窮理」之學。陳仲金認為朱熹之學不利於思想，因為「**朱晦庵議論之學後來成為虛文之學，對進化十分有害**」〔註149〕。但是，他卻被世人崇尚，上得到君主愛護，下得到眾人推崇。世人之所以崇尚朱熹之學，不是因為他的思想好，而大都是因為世人趨於功名利祿。朱熹之學「**名有實無**」

〔註147〕《儒教》，同上，第525頁。
〔註148〕《儒教》，同上，第528頁。
〔註149〕《儒教》，同上，第545頁。

〔註 150〕。陸九淵之學優越於朱熹之學。陸九淵傳承了孔孟思想主脈。陸九淵對儒教的貢獻體現於他「將丟棄一千五百多年的孟子之學發明於世，糾正了講究辭章訓詁、沉湎科舉的錯誤學法。他致力於將學者帶入道德、切實之路，用光明的良心適應萬物，憑靈識，即敏銳直覺，理解宇宙真理。他自己將該學試驗於政治中，並卓有成效」〔註 151〕。

總體上，宋朝儒教繼承和發揚了孔孟的形而上學思想。如果周濂溪、程明道和陸象山被陳仲金所肯定並稱讚為繼承孔孟精神和透徹理解形而上學義理者，那麼張橫渠、程伊川，尤其是朱熹，則被陳仲金加以痛批。陳仲金認為張橫渠、程伊川和朱熹之學是錯誤的，完全違背孔孟精神：「該學（指程伊川和朱晦庵之學──筆者）偏於居敬尚禮和窮理，因而成了支離瑣碎、拘泥小節的學說，違背了孔教寬容、宏大的宗旨。到明清時期，該學仍然盛行，並造成我們至今仍然看到的流弊。那是洛派和閩派實行之學的大錯特錯」〔註 152〕。

宋朝陸九淵的「心學」得到了明朝王守仁（1472～1528）字伯安、號陽明的承傳。陳仲金認為王陽明奉行「天地萬物一體」論，以孔子的「吾道一以貫之」思想為根本。王陽明之學達到了主宰宇宙的「獨一之理」。該「理」產生宇宙、萬物。因為有該「理」，而萬物生化無窮，維持和諧秩序。萬物都一貫於該「理」。該「理」則「貫通」萬事、萬物。該「理」也是「道」和「天」。「道」在於人「心」中。「心」即「道」，「道」即「天」。知「心」就懂「道」、懂「天」。該「道」無形狀、看不到、聽不見、說不出來。只能用人「心」中的「靈覺」來領會「道」。王陽明之學主於「心」字。「心」凝聚事物的一切道理。「心」即「理」、即「道」。所以，為瞭解「道」、「理」和宇宙的萬物，就要回頭尋求「心」裡的「一貫之理」，而不是「向外逐物」。「心」外無「理」，「心」外無物。「心」也是「性」，是上天賦給人類的光明、神聖的東西。「心」是人類和萬物的主宰。「心」的本體是純善的「天理」。如果能保持「心」體永遠光明，「心」就明知仁禮義智、透徹理解萬物的道理，始終從善。如果被人欲所遮蔽，「心」就黑暗和不善。聖人和凡人都同一個「心」。區別只是在於聖人能保持其「心」永遠明亮如鏡，不管往哪兒照都能清楚地看到萬物的道理。凡人不能保持明亮的「心」，所以看不清何物。因此，王陽明之學的功夫在於

〔註 150〕《儒教》，同上，第 545 頁。
〔註 151〕《儒教》，同上，第 544 頁。
〔註 152〕《儒教》，同上，第 549 頁。

照明「心」，不讓私欲使「心」變黑。「心」一旦明瞭，我們就儘管按照「心」的「照明靈覺」隨時行動，縱容自得，不拘執任何東西。

王陽明思想的特色是「知行合一」和「致良知」論。這是精緻、高明而十分根本和切實之學。「心」的本體是「天理」，而「天理」的「照明靈覺」是「良知」。「良知」也就是「道」、是「理」、是「心」的本體。「良知」是造化的「靈妙」、是上天賦給人類的「靈根」。宇宙萬物因「良知」照耀而生成。沒有「良知」的照耀，天地萬物雖有猶無。「良知」很光明和靈妙，流行於宇宙之中。「良知」無形無影、無方所，但無處不在、無所不知。它自然而然地照明萬物。「良知」在人的「心」中，跟月亮、太陽一樣明亮。「良知」始終是光明的，只是當人沉湎物欲時，它才被遮蔽。所以，學習功夫務必是「致良知」、放棄物欲、照明「心」中的本然「良知」。人「心」的「良知」充分彙聚萬事萬物的萬「理」。它純善、純美，彙聚所有道德準則，有辨別是非、善惡的能力。只要我們真心地跟從「良知」，「良知」就讓我們明知萬物道理，從善避惡。王陽明的「心」即「理」、「心」即「道」之學專一於「心」和「良知」，重視「致良知」功夫。它有別於朱熹將「心」與「理」分開的「窮理」之學。

王陽明的專一於「心」之學和「致良知」實行工夫被陳仲金認為是「**理解聖賢之道的淵深之處**」〔註153〕之學。陳仲金認為王陽明繼承和發揚孔孟「心學」勝過陸象山。王陽明將儒教「心學」發展成為「十分高明」的思想。他真不愧為大儒美譽。陳仲金也肯定王陽明的「良知」論「**真正遵循了孔學的一以貫之**」〔註154〕，因為「良知」正是孔子所教誨的「一貫」之道。孔子之學關鍵在於「良知」，除了「良知」就別無所有。「良知」是學問的最大頭緒，孔子的「吾道一以貫之」思想正是指王陽明所說的人「心」中的「良知」：「他（孔子）對子貢曰：『汝以予為多學而識之者與？非也，予一以貫之』。予一以貫之，豈不是良知呼？」〔註155〕。「良知」是萬事萬物的頭緒，所以「致良知」是學問最重要的功夫。聖人之學關鍵在於照明「心」中的「良知」。陳仲金強調王陽明之學高超宏大、根本、切實、繼承了孔孟正傳道統思想：「以為，從宋朝往後，儒教界中只有他（王陽明）找到了道的頭緒在於根底，從而立出了十分切實的學說，使得思想和行為合為一體，合乎孔學

〔註153〕《儒教》，同上，第577頁。
〔註154〕《儒教》，同上，第617頁。
〔註155〕《儒教》，同上，第615頁。

的一貫道理」〔註156〕。

王陽明的學生桃李滿天下，遺憾的是很少人能真正遵循他的宗旨和思想。明朝末期，他的學生越來越偏離正傳宗旨，趨於禪學的虛無方向。只有劉蕺山（1578～1645）繼承和振興王陽明的正傳之學，但劉蕺山的思想沒有王陽明「致良知可以包括全宇宙」〔註157〕之學那樣高超宏大。

清朝代表性的儒者可算顧炎武（1612～1681）字寧人、號亭林和戴震（1722～1777）字東原。顧炎武批判王陽明所創立的姚江派的「空談闊論」。陳仲金承認，顧炎武對姚江派的批評是不無道理的，但也不是全對的。他同時也反對顧炎武對孔學形而上學的否定。陳仲金解釋說，姚江派的流弊是因為學徒將王陽明之學傳給「中人以下」那幫人。這違背了孔子的宗旨，因為「**孔教的精緻之處在於將形而上學留給少數的中人以上者，而形而下學是留給所有人的**」〔註158〕。「中人以下」者沒有真正領會王陽明高超、切實的思想。他們只空談心性，而忘記道德實踐，使得王陽明之學變得腐爛。顧炎武不懂得王陽明之學的高超之處和真正精神，只光顧批判王陽明學徒的形而下學，甚至否認孔學的形而上學，那簡直是他的大錯特錯：「**顧亭林沒有清楚辨別之（形而上學與形而下學——筆者），所以他的批評在形而下學方面是對的，但在形而上學方面是錯的。儒教之所以是完好的、十分高明和切實的學說是因為其上學與下學是相互和諧的，沒有偏於哪一面。其中，上學是下學的根本**」〔註159〕。

戴震很善於考究和辯論。他注重考究經傳以尋道，而不根據宋儒的注釋。戴震痛批宋儒「理學」。他認為孔孟經傳少說「理」，但後儒開口閉口就說「理」，且將「理」和「欲」相互對立，並主張「存天理、滅人欲」，那明明是胡說和誤解聖賢之道的。戴震認為宋儒「理學」不僅有害每個人，而且還有害整個國家。陳仲金對戴震上述觀點表示反對。他說，聖賢經傳儘管少說「理」，但仍寓意萬物是「一個起初的原委」造作而成的，萬物都稟受「全宇宙同為一體的神聖、光明之心」。宋儒用「理」字稱呼那「神聖、光明」的部分，而不編造經傳裡沒有的任何東西，「正是宋儒已瞭解儒教的高深之

〔註156〕 《儒教》，同上，第 630 頁。
〔註157〕 《儒教》，同上，第 653 頁。
〔註158〕 《儒教》，同上，第 679 頁。
〔註159〕 《儒教》，同上，第 679 頁。

處。戴東原看世人亂用『理』字，就歸咎於宋儒，這簡直是他的偏見，並且他的學問沒有到位」〔註160〕。宋儒「理學」是儒教的高明思想。後來的錯學是因為世人學習不到位、實行不到位所致，而不是宋儒「天理、人欲」論所致。戴東原只懂形而下學，不懂形而上學的高超思想。戴震之學沒有達到儒教的「一貫」境界，所以他只光顧批判形而下學。他對宋儒的批評儘管不無道理，但「**究竟還是不夠深遠，不足以發明儒教的高明宏大之學**」〔註161〕。

　　清朝儒教趨於考證和強烈批判「理學」和「心學」的傾向發展。雖然對清朝考證學的優點和成就予以肯定，認為清儒批判宋儒、明儒對「心」、「性」、「空談闊論」的流弊是對的，但陳仲金認為「心性」本來是根本和切實之學。其弱點是因為後儒沒有真正秉承「心性」精神所致。王陽明那高超宏大、根本切實之學在中國被後儒偏離地運用，但當傳到日本時，它卻蓬勃地發展並產生十分切實的效果。陳仲金認為清儒批判「心性」流弊，但他們在沒有摸清其原委和好壞之時，就盲目地拋棄了孔學那高超的形而上學。這表明「**那學（考證學）只專於形而下學，沒有達到形而上學，所以那學儘管精緻，但還是淺近和狹隘的**」〔註162〕。清朝考證學的淺近之處在於，只注重形而下學，而丟棄了形而上學。他們的思想沒有達到儒教的高深、玄遠的境界，所以他們只知道「道」的一部分，不知道「道」的全部。清儒不知道，儒教之所以高明是因為其有形而上學。清朝考證學家「**只是精緻的科學家，而不是高明的哲學家**」〔註163〕。他們精於考究，但不精於哲學思想。他們之學沒有達到儒教形而上學的高深、玄遠境界。陳仲金認為，之所以清儒批判宋儒的「理學」為「儒表佛裡」是因為他們沒有領會儒教的形而上學：「**有些清儒將宋儒視為一種『儒表佛裡』之學，這簡直是不理解儒教的形而上學思想**」〔註164〕。

　　陳仲金也批判清朝陸隴其（1630～1693）的儒教道統觀點。陸隴其尊崇朱熹，認為朱熹是儒教正派。陸隴其認為自堯舜而後群聖輩出，集群聖之大成者孔子也。自秦漢而後諸儒輩出，集諸儒之大成者朱子也。陸隴其在《道統》中寫道：「非周、程、張、邵，則洙泗之學不明，非朱子，則周、程、張、邵不明。故生於漢之世當尊孔子，而今之世，當尊朱子。朱子者，周、程、

〔註160〕《儒教》，同上，第686頁。
〔註161〕《儒教》，同上，第691頁。
〔註162〕《儒教》，同上，第692頁。
〔註163〕《儒教》，同上，第693頁。
〔註164〕《儒教》，同上，第739頁。

張、邵所自發明，而孔子之道，所自傳也。尊朱子，即所以尊周、程、張、邵，即所以尊孔子。尊孔子，非孔子之術者，皆絕其道，勿使並進。尊朱子，而非朱子之說者，皆絕其道，勿使並進。而朱熹的《四書》、《五經》之注，固學者所當奉以為式，不敢稍叛矣」〔註165〕。由於十分尊崇朱子，所以陸隴其也極力批判王陽明。他說，王陽明的「良知」論，實質上，是「名儒實禪」，不是儒教正統思想。陽明之學鼓勵人們「放縱」，而那「放縱」對後代後患無窮。那「放縱」之學不同於朱熹的「規矩」之學。陳仲金認為，陸隴其的觀點也是「固執」的，沒有真正理解王陽明的高超思想。王陽明之學是形而上學，達到了宇宙本體的「理」。當達到宇宙本體頂峰時，儒、佛、道就是相同的，那是「孔子的『同歸而殊途、一致而百慮』之意」〔註166〕。陸隴其不懂王陽明那宇宙本體的意義和切實之論，卻批判陽明之學為「放縱」。他不懂得，正是王學的那「放縱」是人們「縱容自玩」、「天理流行」的基礎。陸隴其也不懂得朱熹的支離瑣碎、規矩嚴謹之學違背了孔子的「吾與點」之意。朱熹之學令人受到拘束，「不流行而變化也」，因而毒害心智。陳仲金指出，陸隴其等人關於承認朱熹為儒教正派的觀點是錯誤的。而該錯誤正是導致儒教思想日益教條腐敗的根源所在：「也是因為朱學的實行過於狹隘、拘束，所以儒教精神日益枯竭和衰落。眾所周知，朱子是思想高超的一位大賢，只是其學過分偏於拘泥小節，所以成了儒教的弊病。那弊病，也許陸隴其不知道，但我們今天不能說不知道。陸隴其的錯誤也是大部分儒者的共同錯誤，所以儒教的弊病日益嚴重，至今還沒有痊癒」〔註167〕。

清儒朝著考證學方向蓬勃發展，但科舉制度仍然沿著程朱「理學」小徑。但是，學者只爭辭章求名利，沒人願意研究思想，導致「理學」成了虛文套語之學。那實在是「文盛道衰」時期。清朝有許多善於考證學的儒者，但沒幾人能像宋明儒者那樣理解儒教的淵深意義。清儒長於形而下學，但短於形而上學。在清朝儒者中，只有黃宗羲（1609～1695年，劉蕺山的學徒）既精於考究，又深於哲學思想，他不僅「繼承了王陽明之學」〔註168〕而且還「發明了王陽明和劉蕺山之學」〔註169〕。

〔註165〕《儒教》，同上，第 707 頁。
〔註166〕《儒教》，同上，第 708 頁。
〔註167〕《儒教》，同上，第 709 頁。
〔註168〕《儒教》，同上，第 695 頁。
〔註169〕《儒教》，同上，第 699 頁。

　　以上是我們就陳仲金對儒教道統的觀點的主要內容做出的略述。儘管儒教道統問題沒有被陳仲金集中地陳述和討論，他自己也沒有編制具體的儒教道統傳承譜系，但從陳仲金對每位先儒思想的判定、評價和批評，我們仍然可以看出，陳仲金對傳承儒教道統的觀點是一貫和明確的。傳承孔子正宗精神者為曾子、子思和孟子。該判定已成了定論，因為歷來任何一位儒者當談論儒教道統時都承認曾子、子思和孟子是儒教正統學派。問題在於，繼孟子之後，誰真正傳承了孔孟道統呢？陳仲金認為繼孟子之後，傳承孔孟正派道統的分別是揚雄、邵雍、周敦頤、程顥、陸九淵、王陽明、劉蕺山和黃宗羲。沒有真正傳承孔孟道統的分別是荀子、張載、程頤和朱熹。按照陳仲金的觀點可以素描儒教道統傳承譜系圖如下：

儒教道統傳承譜系

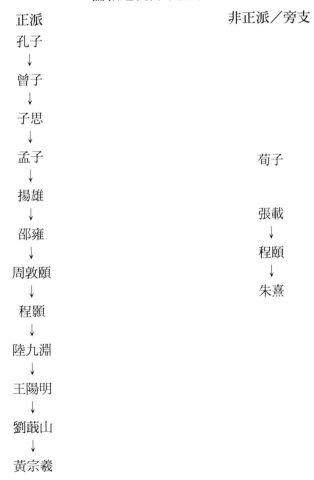

正派　　　　　　　　　　　非正派／旁支
孔子
↓
曾子
↓
子思
↓
孟子　　　　　　　　　　　荀子
↓
揚雄
↓　　　　　　　　　　　　張載
邵雍　　　　　　　　　　　↓
↓　　　　　　　　　　　　程頤
周敦頤　　　　　　　　　　↓
↓　　　　　　　　　　　　朱熹
程顥
↓
陸九淵
↓
王陽明
↓
劉蕺山
↓
黃宗羲

觀察陳仲金的儒教道統傳承譜系以及他對承傳儒教道統的判定和評價可以看出，貫穿《儒教》的是對陸王「心學」的肯定、稱讚和對程朱「理學」的否定、批判。陳仲金肯定陸王「心學」遵循了孔孟「一以貫之」形而上學的宗旨，傳承了儒教正派道統主脈。陳仲金不僅對程朱「理學」予以否認和痛批，而且還指出，導致儒教在近現代時期衰落、腐敗和陷入危機的原因是後儒執意尊崇和跟從支離瑣碎、虛文套語的儒教非正派之學——程朱「理學」。我們長期尊崇和跟從程朱「理學」思想是導致儒教在思想和實踐中變得教條、腐敗和軟弱的根本原因。這意味著，要想克服儒教的腐敗，恢復儒教的真實思想，我們就必須拋棄程朱「理學」，回到陸王「心學」的根本、切實、寬容、宏大、高遠、深遠之學。

對於陳仲金重新確立的儒教道統傳承譜系是對是錯，筆者在此暫時不談，但有一點可以馬上肯定的是，陳中金所確立的儒教道統傳承譜系與中國和越南傳統儒者本來一直承認程朱「理學」為正統儒教思想學派的儒教道統觀點是完全不同的。在傳統儒者眼裡，王陽明和他學徒的思想一直被視為是非正統的、是「狂禪」的。在儒教發展史中，無論是在朝廷裡面還是在常規場所，只有程朱「理學」才被認為是正統官方思想。因此，與傳統儒者的看法對比，陳仲金關於肯定陸王「心學」為正統儒教學派的觀點體現了別具一格的、新穎的、獨特的、且勇氣十足的一種見解。

眾所周知，在儒教專制國家的推崇和保護下，程朱「理學」和朱熹注解的儒教經典成為了中國和越南封建社會長達數百年之久的正統官方思想和儒教科舉教育的金科玉律。與此同時，陸王「心學」一直被視為非正統思想和異端邪說。陸王「心學」在中國的影響不大，主要流行於民間，並只能引起短暫的轟動。而在越南，從一開始，越南就受到了程朱「理學」的影響。跟中國一樣，程朱思想也成為越南社會生活的方方面面、如國家機構組織、倫理道德教育、學術思想教育等的金科玉律。從十六世紀到十九世紀末，陸王「心學」在越南幾乎沒有任何影響。我們沒有看到當時的越南儒者按照陸王思想偏向談論「心」、「性」、「良知」等範疇。觀察越南儒教學術思想的發展，我們只能通過黎貴惇〔註170〕等越南少數儒者批判陸王「心學」、肯定程朱「理學」的淡薄談論，對陸王「心學」略知一二。在越南儒教史上，好像沒有哪位儒者

〔註170〕參見〔越〕阮金山：《18世紀下半葉19世紀上半葉越南儒學之趨向及其對文學的影響》，越南文學專業－語文科學副博士論文，1996年，編號：5-04-33。

大聲批判程朱「理學」，並肯定和提倡陸王「心學」。從這一角度可以肯定，陳仲金是越南率先肯定和提倡陸王「心學」，並痛斥批判和歸咎於程朱「理學」的第一批儒者之一。

確立儒教道統傳承譜系是中國歷代儒者所進行的工程。在接受來自中國的儒教影響的同時，越南儒者也接受中國儒者所確立的儒教道統傳承譜系內容，即承認程朱「理學」為正統儒教思想學派。因此，在越南，儒教道統問題早就成了定論。我們沒有看到越南儒者對儒教道統問題進行過談論或表示過懷疑。在那背景下，重新確立儒教道統傳承譜系，並否認程朱「理學」和肯定陸王「心學」，已使陳仲金成為熱衷於重新構築和確立儒教道統傳承譜系的越南第一位學者。而必須指出的是，確立儒教道統傳承譜系這一工作，儘管早被中國儒者所熟悉，但在越南儒教史上卻是前所未有的。

二、認同陸王「心學」，批判程朱「理學」及其原因

在中國從宋末到清末時期，在越南從黎朝到阮末時期，朱熹思想一直被視為傳承孔孟道統的正統儒教學派。由朱熹注解的儒教經典成為了長達數百年之久的中國和越南科舉制度的金科玉律。那麼是什麼原因敦促陳仲金致力於重新確立儒教道統傳承譜系並批判朱熹思想呢？陳仲金憑什麼相信自己認同、肯定陸王「心學」為正統儒教學派，並批判程朱「理學」為非正統儒教學派的觀點是對呢？換句話說，陳仲金以什麼為基礎認為中國和越南近現代時期的儒教危機是因為支離瑣碎、虛文套語的程朱「理學」所致，並希望恢復、振興儒教，使之回到根本切實的、縱容宏大的、超越高遠的陸王「心學」呢？為回答這些問題，我們認為應該從理論和實踐兩個方面著手。

理論方面，如果從孟子「心性」學的思想邏輯角度看，我們就會看到，陸王「心學」是沿著孟子的「盡心知性，知性則知天」的個人道德實踐道路。跟孟子「心性」學一樣，陸王「心學」也從人的內在道德本體出發走向宇宙本體，實現人與宇宙一體化，形成「天人合一」。陸王認為「人性」是「天性」，「人德」是「天德」，「心」即「理」，「心」即「道」，「宇宙為我心」，「我心為宇宙」。我「心」主宰萬物。萬物的道理凝聚在我「心」。我「心」中「良知」的光明是萬物宇宙的光明。因此，陸王所提倡的修養功夫是「明本心」以尋求「心」中萬物之「理」。當我「心」沒有被私欲所遮蔽，「良知」就光明。「良知」一旦光明，我們就會明知萬物的萬「理」，並將之與「天理」、「天道」合

為一體。因此，陸王達到「天理」境界的道路是「尊德性」。也許，陳仲金根據陸王的這一思想特點判定陸王傳承了孟子的「盡心知性、知性則知天」的心性學主脈。

與陸王「心學」相比，程朱「理學」，正如陳中金所說的，不是不談本體論和人性論問題。問題在於，朱熹不沿著孟子「盡心知性、知性則知天」的道路談論宇宙本體和心性本體問題。朱熹不從「人性」中的道德本體出發去瞭解和達到「天理」，而卻將「天理」、「天道」與「人性」、「人道」分開來。朱熹認為「理」即「性」，「性」在於「心」。但「性」不同一於「心」，「心」不同一於「理」，「理」在心外之物。因此，朱熹所提倡的修養方法是「格物窮理」，即尋求外物的道理，使「心」光明。朱熹認為事物的「理」都在書籍、典籍裡面。「窮理」是學習最重要的，而學習的關鍵在於讀書。因此，「窮理」意味著要多讀書以瞭解事物義理。「窮理」主在閱讀聖賢經典，借聖賢之意看待自然事物的「理」。也正因為如此，朱熹達到「天理」境界的道路是「道問學」，這不同於陸王的「尊德性」和「明本心」主張。

如果陸王「心學」肯定人只能通過「明本心」達到「天理」，與「天理」合為一體，那麼程朱「理學」則主張人要通過對「心」外之物的「窮理」，達到「天理」。陸王關於「明本心」、「人心」與「天理」二合一的立場與程朱關於「窮理」、將「人心」與「天理」分開的立場之間的基本區別是重要的依據，讓陳仲金肯定陸王「心學」為傳承孟子「心性」學的正統儒教思想學派，批判程朱「理學」為不傳承孟子「心性」學的非正統儒教思想學派。陳仲金認為陸王的「心」即「理」、「心」即「道」之學才是孔孟真正的形而上學。因為只有陸王「心學」才能是人類達到既超越又內在的境界——「天人合一」境界。我們認為陳仲金的這一觀點是有基礎的。因為，如果觀察傳承儒教「內聖心性」之學的歷史，我們就會看到「對儒家的內聖之學作了更為系統、詳盡發揮的，自然是思孟、陸王一派」〔註171〕。

實踐方面，之所以陳仲金批判程朱「理學」為支離瑣碎、虛文套語、阻礙人類思想發展的非正統儒教學派，並肯定和讚揚陸王「心學」為根本切實的正統儒教學派，是因為陳仲金相信陸王「心學」是實際上帶來切實效果之學。陳仲金認為陽明的「心學」是高超、根本和切實之學。只是中國和越南後儒沒有真正理解，所以才誤了陽明之學：

〔註171〕鄭家棟：《現代新儒學概論》（南寧：廣西人民出版社，1990年），第77頁。

王陽明之學是何等的高深和切實，卻被後學誤解、亂作。但該學當
傳到日本時卻成為很強壯、很切實之學。足見，學說不管再好，但
人不會用，那麼好也變壞〔註172〕。

陳仲金認為陽明之學已協助日本從一個貧窮落後的國家迅速發展成為強
大的國家。得益於陽明之學的日本的強大與程朱之學給中國和越南帶來的落
後和軟弱成為鮮明對比。陳仲金認為，起初，日本也跟從程朱之學，將程朱
之學視為正統儒教思想。但在王學傳入日本之後，由於陽明之學根本切實，
所以深受日本人歡迎。因此，陽明之學在日本迅速發展，擠壓了程朱之學，
「日本人之所以青睞陽明之學，是因為該學很切實、且頗具毅力。尤其是，
跟從上面所簡略陳述的泰州學派更適合日本人的性格，所以它才那麼迅速地
盛行。目前，日本有識之士無不讀陽明的書」〔註173〕。也正因為得益於陽明
之學，所以日本「在明治前的維新時期」取得了「很好的成果」〔註174〕。

從陽明之學在日本的實際效果出發，陳仲金對儒教將來的復興做了預測。
他認為，西方物質文化的侵入和欺壓毀壞了傳統儒教精神文化，導致生活顛
倒混亂。但西方文化對儒教的「侵襲」只是暫時性的，就像迅速襲來的一場
大風、巨波。大風過後，天空就會明朗，儒教精神就會更加光明、燦爛：

我亞東儒教的當前處境與當今西學的勢力也是這樣的一種狀況。也
許，有了這場波浪才能卷走陳舊、腐朽。就像有了西學運動才能淘
汰儒教的腐敗，使儒教精神發明得倍加燦爛〔註175〕。

之所以儒教能越過西方文化的「席捲」並重新復興，是因為「儒教精神
根深蒂固，總會有反動力，以借此將其精神發明得更加燦爛」〔註176〕。復
興後，儒教範圍將不僅局限於亞東地區，而且還延伸到世界範圍：「今後不
管世界如何變幻，儒教仍然是我亞東十分高明之學，仍然影響到人類的生活」
〔註177〕。當然，將來復興的儒教將不是程朱「理學」，而是陸王「心學」。
陳仲金認為因為中國科舉制度的取消（1905年），儒教已變形換狀，從程朱
「理學」轉向陸王「心學」：

〔註172〕《儒教》，同上，第693頁。
〔註173〕《儒教》，同上，第655頁。
〔註174〕《儒教》，同上，第655頁。
〔註175〕《儒教》，同上，第721頁。
〔註176〕《儒教》，同上，第720頁。
〔註177〕《儒教》，同上，第720頁。

也許因為這場變化，其（儒教——筆者）真相才會暴露出來。因為，儒教真正之學從來一般出自私塾學堂，而在公立學堂，除了科舉制度對讀書人的約束之外，沒有什麼可謂新鮮的思想〔註178〕。

這裡，「私塾學堂」是指陸王「心學」，「公立學堂」是指程朱「理學」。根據康有為、梁啟超等中國當時學者尊崇陸王「心學」的趨向，陳仲金斷定「**儒教將來也許會盛起來，這應歸功於該學（陸王之學）**」〔註179〕。

這樣，陳仲金不僅相信陽明之學給日本帶來了切實效果，而且還相信只有恢復陽明的「心學」才能振興儒教。陽明「心學」一旦得到恢復，它將給中國和越南帶來像日本那樣的切實效果。

可以將上述理由視為鞏固陳仲金信念的基礎，使他自信和堅定地將儒教之船從程朱「理學」的軟弱無用之學「駕駛」到陸王「心學」的切實有用之學。陸王「心學」的有用與程朱「理學」的無用之間的相互對立，敦促陳仲金呼籲拋棄程朱「理學」，回到陸王「心學」。在他眼裡，恢復陸王「心學」正是中國和越南擺脫當時儒教危機的有效辦法。

另值得一提的是二十世紀初葉中國和越南批判儒教運動所產生的影響。反傳統派痛斥批判儒教的「三綱」、「五常」、「貞節」、「多妻制」、「父權家庭制」等一系列法則、禮義。他們認為，儒教的腐敗和教條是程朱「理學」的後果。程朱「理學」將「天理」與「人欲」置於相互對立狀態。程朱認為不遵守法則禮教和倫理道德者是違背「天理」者。欲望阻礙人達到「天理」境界。為達到「天理」境界，只有唯一的辦法，即消滅自己的欲望。所以，程朱「理學」主張「存天理滅人欲」，尊崇克己的生活風尚，輕視個人欲望。程朱「理學」的這一觀念已深深紮根於人們心中，支配人們的生活長達數百年之久。其後果是造成了「食人之理」。與程朱「理學」相比，陸王「心學」更加自由和大方，而且陸王思想的「縱容自在、自由自嗜」彷佛也迎合了當時廢除封建禮教、解放個人自由的主張。所以，可以將此視為一個實際原因，促使陳仲金選擇認同和肯定陸王「心學」為振興儒教的道路，免得受到當時反傳統派針對程朱「理學」的批判。從發生學角度看，可以認為陳仲金對陸王「心學」的認同和肯定是源於他自己對批判程朱「理學」潮流的回應。實際上，陳仲金也是通過反省和批判程朱「理學」走到陸王「心學」的。

〔註178〕《儒教》，同上，第674頁。
〔註179〕《儒教》，同上，第656頁。

三、評價

在解讀、評價和批評先儒思想旨在重新確立儒教道統傳承譜系的過程中，陳仲金暴露出不少矛盾。比如，陳仲金肯定陸王為正統儒教學派，批判荀子為非正統儒教學派，但他卻指出王陽明的「知行合一」論是源於荀子之學：「荀子認為，可行的知才是真知。到明朝，王陽明的「知行合一」論是源於此的」〔註180〕。又如，陳仲金稱讚陸九淵之學為根本切實，並批判朱熹之學為虛文、「智術」、有害思想發展。但他又承認「議論」方法是朱熹的擅長，並勸說學者將陸九淵之學和朱熹之學結合在一起：「如果學者能遵循朱晦庵的訓話，並得雙方的擅長，也許儒教之學就不至於那麼差勁」〔註181〕。

至於張載，陳仲金一方面肯定張載有功於發明儒教的形而上學，傳承孔孟的形而上學，另一方面則批判張載的形而下學。他認為，因為張載過於重視「禮」，所以張載之學支離瑣碎，與孔孟的宗旨不相符。

當解讀「仁」範疇的意義時，陳仲金認為「仁」在孔學思想中具有重要的意義，但也很難領會的。只有傳承正統儒教思想者才理解「仁」的意義。雖然批判朱熹之學為形而下學，沒有傳承正統儒教思想，但陳仲金卻稱讚朱熹已充分、詳細地理解「仁」的意義：「從孔子往後，儒教學者常談到『仁』字，但只模糊地將其理解為『愛』或『恕』，沒人能像程明道和朱晦庵那樣將『仁』的意思解釋得那麼清楚和領會得那麼深遠。而『仁』是孔學的要點，若不能充分理解其所有意思，聖人之道就無法光明。後儒認為程朱使孔學光明化，是沒有錯的」〔註182〕。

陳仲金肯定陸王「心學」，批判朱熹「理學」。但當解讀周敦頤《太極圖說》的「太極」和「無極」的意義時，陳仲金則認為陸九淵沒有正確理解周敦頤「無極而太極」這句話的意義。只有朱熹才正確理解此話的含義。這起源於陸九淵與朱熹圍繞「無極」和「太極」的爭論。陸九淵的哥哥陸梭山認為，周敦頤《太極圖說》裡的「無極而太極」不符合儒教的思想和宗旨。朱熹見此寫信，駁斥梭山的觀點。陸九淵認為，其哥的理解是對的，所以回信，批評朱熹誤解了該話的意思。他寫道：「按照《洪範》篇『皇極』之極的意思，『極』

〔註180〕《儒教》，同上，第311～312頁。
〔註181〕《儒教》，同上，第545頁。
〔註182〕《儒教》，同上，第513頁。

是『終』。因此，『無極而太極』的意思是，沒有終再有終，所以先有『無』後有『有』。那是老學宗旨，而不是儒學宗旨」〔註183〕。陳仲金認為「無極而太極」是周敦頤思想的淵深之處。而陸象山卻誤會此話的意思。陸九淵的解讀有別於朱晦庵。朱晦庵認為：「老氏說『有』和『無』，認為『有』和『無』是兩體。朱濂溪說『有』和『無』，認為『有』和『無』是一體」〔註184〕。「無極而太極」，此話應該像朱晦庵那樣解讀才對：「朱晦庵認為『無極』是無方所、無形狀。按此，『無極而太極』的意思是，太極沒有做為萬物樞紐根底之形。這樣是為了說明太極是樞紐之道、根底之道。該理之體無聲嗅、無方所，而仍是太極。這樣，『無極』和『太極』仍然是一體，而不是兩體。這樣，朱濂溪的話只談太極之理的真體，沒有將『無』和『有』分為兩體的含義。以為，如果認真研究『無極而太極』應該像朱晦庵那樣解讀才對」〔註185〕。

陳仲金就張載、朱熹和陸九淵思想做出的上述解讀、評價和判定表明，陳仲金在思想上存有自相矛盾。他認為儒教是高明、切實且完備的學說。儒教由形而上學和形而下學組成。兩者相互和諧，沒有偏於哪一面。陳仲金的根本論點是形而上學做為形而下學的根本。一旦理解形而上學，就會理所當然地理解形而下學：「儒教之所以高明是因為有形而上學。一旦理解形而上學，就會清楚地理解倫理、政治等形而下學的知識」〔註186〕。原則是如此的，但陳仲金就張載、朱熹和陸九淵思想做出的上述解讀卻與他的原則不相一貫。

按照此原則的辯證性，陳仲金一旦承認張載傳承了儒教的形而上學，那麼張載的形而下學當然是對的。因為一旦理解形而上學，就能清楚理解形而下學。但是，陳仲金卻批判張載的形而下學違背了孔孟的宗旨。同樣，既然批判朱熹「理學」為形而下學、支離瑣碎、虛文套語、不符合孔學思想，那麼陳仲金當然也要肯定朱熹的形而上學是錯的。相反，如果認為朱熹的形而上學是遵循儒教宗旨，那麼朱熹的形而下學也當然是對的。為何承認朱熹正確地通曉形而上學，卻認為其形而下學是錯了呢？由於不遵守這一原則，所以陳仲金一方面批判朱熹，另一方面認可並稱讚朱熹充分理解周敦頤的「仁」

〔註183〕《儒教》，同上，第542頁。
〔註184〕《儒教》，同上，第543頁。
〔註185〕《儒教》，同上，第543頁。
〔註186〕《儒教》，同上，第692頁。

和「太極」範疇的意義。而按照陳仲金,「仁」和「太極」都是儒教形而上學的核心思想。陸九淵也不例外。陸九淵本來被陳仲金承認是傳承正統儒教思想者,但又被陳仲金批評為沒有真正理解儒教形而上學的本體論範疇——「太極」的意義。這些矛盾對我們如何定位儒教道統傳承譜系的先儒帶來了一定困難。他們成為存在兩種可能性的對象,既可以將他們列入正統儒教傳承譜系,也可以將他們列入非正統譜系。在形而上學方面,他們屬正統派,但在形而下學,他們則屬非正統派,或相反。當然,鑒於陳仲金對張載和朱熹的嚴厲批判和他對陸九淵的肯定和稱讚,我們仍要將張載和朱熹列入非正統儒教派行列,並將陸九淵列入正統儒教譜系的。問題在於,為何張載和朱熹在正確領會儒教的形而上學之後,又在形而下學方面犯錯呢?是因為張載和朱熹思想本來就含有內在矛盾,還是因為陳仲金關於形而上學和形而下學之間的辯證統一性原則不對呢?此疑問的存在表明,陳仲金關於形而上學和形而下學之間的統一性的論點不夠嚴謹和缺乏說服力。

從越南儒教發展歷史角度看,可以將當時越南儒教危機視為促使陳仲金嘔心瀝血,重新確立儒教道統傳承譜系的動機。在認清導致儒教危機的原因的基礎上,陳仲金提出了具體措施,旨在恢復和振興儒教,即拋棄程朱「理學」,恢復陸王「心學」。陳仲金重新確立儒教道統傳承譜系,並批判朱熹思想一事表明,二十世紀初葉,越南儒教學術思想的走向發生了根本的轉變,即從尊崇程朱「理學」轉向批判程朱「理學」,並肯定陸王「心學」。認同和肯定陸王「心學」,也正是朝著繼承和發揚陸王「心學」、使之發展到更高水準的方向實現儒教思想現代化進程的前提。

通過對儒教哲學思想進行科學、詳細的探索和研究,陳仲金已就儒教最核心的問題之一,即儒教道統和重新確立儒教道統傳承譜系問題,提出了自己獨特的見解。陳仲金此舉乃是越南儒教學術史上前所未有的。顯而易見,與曾被研究界認為是對探討和研究儒教哲學思想問題「少感興趣」的傳統越南儒教學術事業相比,陳仲金重新確立儒教道統傳承譜系的努力,無疑是思想上的創新突破,有助於克服傳統越南儒教學術的弱點所在,即「原汁原味」和被動地接受中國儒者的觀點,對討論、研究和探索儒教哲學思想問題「少感興趣」。因此,我們完全沒有任何理由否認陳仲金為越南儒教學術事業所做出的貢獻。

第五節　在「民主」和「科學」方面實現儒教思想現代化

如上所述，「民主」和「科學」既是現代化的目標，又是儒教在現代社會生存的條件。因此，在實現儒教思想現代化，尋求儒教存在的新基礎之時，中國現代新儒家和越南傳統傾向者都不能忽略在「民主」和「科學」方面實現儒教思想現代化的這一重要環節。

在《儒教》裡，除了解讀、重組和現代化一系列儒教哲學思想問題以外，陳仲金還特別重視儒教思想的現代化，並將「民主」和「科學」思想移植給儒教學說。具體是，陳仲金重點解讀儒教學說所包含的「民主」思想以及儒教「民主」思想與西方民主政治體系之間的關系，並拿儒教民主思想與西方民主政治體系做比較，從而指出兩者的優缺點。此外，陳仲金還就儒教學說裡「科學」思想的萌芽做了陳述，並就儒教與西方現代「科學」之間的關系及其結合、融合的可能性做了辯論。

難題在於，二十世紀初葉，當中國和越南的反傳統傾向者都痛批儒教為腐朽落後，是食人的禮教的時候，儒教不僅缺乏「民主」和「科學」思想，而且還與「民主」和「思想」水火般地相互矛盾。在反傳統者的眼裡，儒教是阻礙國家發展和現代化事業、阻礙按照西方模式學習科學技術和建立民主政治體制的障礙，要實現國家現代化，就必須排除傳統儒教、與儒教斷絕關系。那麼，中國現代新儒家與陳仲金等越南傳統傾向者提出的、將儒教與西方現代「民主」和「科學」相融合、結合的主張是否妥善和可行呢？在那背景下，為了有一個肯定的答案，中國現代新儒家與越南傳統傾向者就必須證明，儘管不能成就像西方那樣現代化的「民主」政治體制和「科學」事業，但儒教本身就蘊含了「民主」和「科學」思想的萌芽，或起碼，即使沒有「民主」和「科學」的萌芽，儒教也不與「民主」和「科學」相互矛盾、相互衝剋。只有這樣，才能為儒教順利地接受、採納「民主」和「科學」，並與其相結合、融合創造條件和奠定基礎。若不能證明這一點，就等於儒教沒有存在的理由，因為現代化是必然的。這是迫使儒者對儒教思想進行重新改造、解讀和現代化的關鍵所在，目的是讓儒教與「民主」和「科學」相互適應和融合。由於認識到儒教的存亡取決於思想上的突破性研究，所以陳仲金努力朝著現代化方向對儒教思想進行解讀和創新，旨在證明儒教本身明明蘊含著「民主」和「科學」思想，從而指出，儒教不僅不與「民主」和「科學」相互對立、相互沖

克,而且還能與其有機地融合。

一、儒教與「民主」

(一)陳仲金對儒教與「民主」的觀點

陳仲金認為,政治上,儒教主張天下治亂取決於領導者、執政者,而不取決於政體類型。領導者若有才、有德,國則治也。領導者若無才、無德,國則亂也。如果領導者德才雙無,那麼不管制度、政體有多好,國家都必亂無疑。因此,儒教主張領導者務必是德才兼備者,嚴於修身,任人唯賢:

> 我們要知道,儒教關於社會治亂的政治觀念在於行政者,而不在於政體。行政者若有才、有德,國則治也。行政者若無才、無德,國則亂也。不管政體有多好,只要行政者不好,就沒什麼好樣。子曰:「文武之政,佈在方策,其人存,則其政舉,其人亡,則其政息」。意思是,周文王、周武王的政事都記載在典籍上。他們在世,這些政事就實施;他們去世,這些政事也就廢弛了(《中庸》)。因此,政事好與壞在於行政者〔註187〕。

陳仲金認為,儒教「重視有才有德者」的觀念與西方「重視政體類型」的觀念截然不同。西方人認為,國家的治與亂取決於政體,而非領導者。只要政體好,領導者就儘管按照該政體辦事即可。陳仲金表示,東方、西方都有其短處和長處,如果只偏於某一面,也都是不好。因為,如果政體是好,但領導者不好,那麼好的政體也會變壞。相反,如果領導者是好,而政體是壞,那也不是好事。因此,陳仲金主張折中,東西合璧,儒教政治思想與西方民主政體相結合,即:「好領導」與「好政體」相結合。不過,陳仲金仍強調領導者修身的重要性。他認為,不管是什麼政體,領導者都務必是道德、仁義和中正者。只有這樣,社會才是好的:

> 一般來講,要有好的政體和好的行政者。但無論如何,有仁義中正者才是好。因此,以道修身仍然是政治上的重中之重〔註188〕。

足見,陳仲金偏於儒教的道德修養,重視領導者的道德、仁義勝過政體類型。

在解讀儒教的「民主」思想時,陳仲金尤其重視「君權」和「忠君」的

〔註187〕陳仲金:《儒教》(河內:文化通訊出版社,2001年),第168～169頁。
〔註188〕《儒教》,同上,第169頁。

範疇。在當時反傳統傾向者痛批儒教的「君權」和「忠君」範疇為腐朽的時候，陳仲金則對該範疇的現代意義予以肯定。他認為，某些人批判儒教的「君權」和「忠君」思想為專制、腐敗、不合時宜、違背當今的民主、立憲或共和體制，但是他們對「忠君」的解讀只是狹義、貶義，即對某帝王忠貞（「愚忠」）的意思，而沒有從廣義解讀「忠君」範疇，即「對國內君權忠貞」。陳仲金這樣解讀「君權」：當人們群聚成社會時，要有一個最高掌權者擔負維護社會秩序的使命。這叫做「君權」，即「主宰全國的權利」〔註189〕。掌握「君權」者叫「帝」、「王」或「君主」。政治上，儒教以君臣之義為重。「臣」是百姓中挑選出來的官僚，有義務幫助君主治理國家。儒教主張，子女要對父母孝順，臣民要對君主忠貞，這叫「忠君」。陳仲金認為，解讀「忠君」二字時，不應從狹義和貶義，即對某位帝王、君主的忠貞（「愚忠」），而應從廣義，即「對國內君權的忠貞」。這樣，「**在任何時代裡，『忠君』二字都有正當的意義。有了這樣的『忠』，民才安，國才治，只要君權不違民心即可**」〔註190〕。從這樣的廣義解讀「忠君」時，儒教的「忠君」思想不僅不再帶有負面意義，而且還有積極、「正當」的意義，並符合任何時代，哪怕是當時越南正按照西方民主模式奮鬥、學習和建立新的政治體制的時代。這意味著，儒教的「君權」和「忠君」思想不僅不與現代民主體制相互矛盾和沖克，而且還「正當」於現代民主政治體制，甚至在任何時代裡都有「正當」意義。

陳仲金認為，當前，人們改「君主」為「民主」，這只不過是改「其名」，不改「其實」罷了，因為「任何政體都需要『君權』」。因此，儒教的「君權」和「忠君」並不是當代人所批判的腐敗之物，而相反，在現代民主體制已取代封建君主體制的當時時代裡，仍然具有現實價值和意義。因為，任何時代的任何政體都需要「君權」。而「忠君」並不是對某位君主、帝王的「愚忠」，而是「對國內君權的忠貞」。

陳仲金認為，「君權」是無價之寶，關系到國家民族的命運。「君權」是上天賜給君主的。必須指出，儒教的政體不同於其他學說的政體。當上天已讓君主替天治民，君主就可為所欲為，沒人敢違君主之令，君令是天令，君意是天意。儒教其實不然。儒教主張，君主雖然掌權大，但不得濫用權力作

〔註189〕《儒教》，同上，第 172 頁。
〔註190〕《儒教》，同上，第 172 頁。

惡。因為，儒教認為，天與人同為一體，全民要什麼，上天就要什麼，民意是天意。君主違背民心就等於違背天命和天意。君主的政事是要順應民心。君主雖然替天治民，但要對人民負責。人民雖然接受君主的統治，但有權要求君主行善。因此，孔教雖然「尊君權」，但「不專制」，而且尤其以民為重。君對民的權力猶如父對子的權力，君主要為人民安居樂業著想。這是一個很好的、很公正的名副其實的「唯民」〔註191〕的政體。如果遵循這一政體理想，就能有一個美好的社會：

> 這樣看來，孔教的政體雖然是君主政體，但君對民的權力不異於父對子的權力。君主要講仁德，要為人民安居樂業、繁榮旺盛著想，如同父親照顧子女一樣。君主雖然主宰全國，但不得專制，要公平辦事。國民不分貴賤，凡是有才有智者都一律被勝任，以幫君主治民。君與臣都為民利所謀。所以國家雖然有君、有臣，但仍以民為重中之重。如果世人能實行這一理想，就能真正組成一個很好的、很公正的、符合正當的唯民意義的政體〔註192〕。

陳仲金強調，儒教特別重視君與民的關系。君與民的關系無比密切。民以君為心，君以民為身。君非有民不可，民非有君不可，兩者如身心般地緊密相連：「民以君為心，君以民為身，心端正身體就舒適，心嚴肅容貌就恭敬。心愛何物，身必以其為樂。君愛何物，民必愛之。心因身而安，也因身而危。君因民而存，也因民而亡」〔註193〕。正因為如此密切的關系，所以為了穩固地維護自己的地位，儒教政體的君主無不採用王道政策以統治國家和人民。君主以民為重，為民著想，用仁義、愛敬治民，確保人民得以安居樂業。這就是儒教的王道政策。

陳仲金對儒教的「忠君」和「君權」思想的現代價值和意義予以肯定，認為儒教蘊含「民主」思想、不專制、不與民主相互對立，一直主張嚮往一個公正的好政體，要求領導者是德才兼備者、以民為重，並為民著想。在此基礎上，陳仲金駁斥了認為儒教與現代「民主」相互矛盾和衝突的觀點，並指出，儒教不僅不與「民主」思想相互衝突和矛盾，而相反，儒教學說本身也蘊含不少「民主」思想。只是當代人熱衷趨附西方思想，誤以為只有西方才有

〔註191〕按照陳仲金的解讀和用詞，這裡的「唯民」指的是「民主」（筆者）。
〔註192〕《儒教》，同上，第174～175頁。
〔註193〕《儒教》，同上，第175頁。

民主思想和政治體制罷了。他們沒有對儒教進行認真的研究和解讀，所以不知道儒教本身就蘊含著許多民主思想。陳仲金認為，孟子雖然承認君主政體，但孟子認為「天下為公」，並非某君主所有。君主的統治權由上天賜予，這意味著誰贏得民心，誰就掌握統治權。孟子尤其以民為重，尊重民意，這充分體現在孟子的經典宣言：「民為貴，社稷次之，君為輕」（《孟子‧告子下》）。足見，孟子是何等重民勝過重君。從該主張出發，孟子要求君主務必施行「仁政」，負責照顧、保護人民。這正是孟子「唯民」（「民主」）政治思想的以民為重的體現。本著「唯民」精神，孟子主張以公法治民治國。既然是公法，那麼上到君主、官吏，下到老百姓人人都要遵循。正因為重視公法，所以孟子是法律平等主義和君主政體立憲精神的發明者。陳仲金援引了《孟子》中桃應和孟子關於假設舜父親殺人，身為官吏的皋陶應如何處理的對話來證明，孟子不僅重視平等，而且還是法律平等主義和立憲精神的發明者。有關故事被陳仲金摘引如下：

> 孟子弟子桃應問曰：「舜為天子，皋陶為士，瞽瞍殺人，則如之何？」孟子曰：「執之而已矣」——「然則舜不禁與」——「夫舜惡得而禁之？夫有所受為公法也」。（《孟子‧盡心上》）

從該故事，陳仲金指出，「有了公法，天子也不能恃以權勢廢除之。手握公法的當官者就儘管依法治罪，即使有罪者是太上皇也不能放過。這才叫公法。按該理，孟子明明是法律平等主義和君主政體立憲精神的發明者」〔註194〕。該故事的法律平等體現於，上到天子，下到庶民，人人在法律面前都是平等的。一旦有人犯下殺人罪，不管他是誰，是庶民還是太上皇，都一律受到法律懲罰。立憲精神體現於，舜身為天子，但也不敢依仗權勢侵犯皋陶的獨立審判權，為父親求情，因為這樣做就是破壞國家法律的。皋陶也不能因殺人者為天子父親而饒之。因為這樣做是沒有盡執法者應盡的義務。

以上是陳仲金對儒教的「民主」思想以及儒教與「民主」關系的觀點。儘管不騰出大量篇幅就儒教的「民主」思想以及儒教與現代民主政治體制之間的關系做陳述和解讀，但從陳仲金所做的陳述和辯論可以看出，他的觀點是對儒教的「君權」、「忠君」範疇，尤其是對孟子的「民主」思想的現實價值和意義予以肯定。陳仲金認為，儒教不僅不與「民主」思想互相對立、沖克，而相反，儒教還蘊含許多「民主」因素。因此，儒教完全符合西方現代民主政

〔註194〕《儒教》，同上，第252頁。

治體制。關於儒教的「民主」思想和儒教與「民主」關系，陳仲金在後來與潘魁進行爭論時做了更深入、更明確的陳述、解讀和辯論。

（二）與潘魁爭論

潘魁（1887～1959 年）對陳仲金肯定和振興儒教的主張持對立觀點，並對儒教予以痛批。在陳仲金的《儒教》出版之前，潘魁曾於 1929 年在《婦女新聞》發表了大量批判儒教的文章〔註195〕。他呼籲放棄儒教腐朽落後的思想，主張學習西方現代科技並建立西方現代民主政治體制，以實現國家現代化。憑批儒文章之多、內容之廣，潘魁被認為是二十世紀三十年代越南批判儒教運動的代表性人物之一。

潘魁 1930 年在《婦女新聞》發表〈閱讀陳仲金的《儒教》〉文章，其中透露，在陳仲金的《儒教》向讀者亮相之前，出版社已請他對該書予以評審。因此，潘魁是撰文批評《儒教》的第一人。在該文中，潘魁在對《儒教》的優點和學術思想價值予以肯定的同時，還從多個方面對《儒教》予以批評，其中較為突出的是儒教與「民主」、「科學」的問題。該文已開啟了潘魁與陳仲金圍繞《儒教》的儒教內容和思想問題的激烈爭論。

在〈閱讀陳仲金的《儒教》〉中，潘魁首先肯定「**孔教的尊君主義與唯民主義（démocratisme）背道而馳**」〔註196〕，並對陳仲金關於「君權」範疇和「忠君」思想的觀點和解讀予以批評和否認。潘魁認為陳仲金所說的「任何政體都要有君權」，「忠君是對君權忠貞，而不是對君主忠貞」，「在任何時代裡，忠君二字都具有正當意義」是不對的。潘魁表示，不能說任何政體都要有「君權」，而應該說任何政體都要有「主權」。潘魁這樣解讀，「君權」是指昔日儒教專制社會的君主權利，而不是今日民主政治體制的國家「主權」（或「憲法」）。儒教的「忠君」思想是指臣僚和庶民對昔日君主的忠誠，而不是「對國內君權的忠誠」，不能等於在當今現代民主政治體制裡人民對國家「主權」或「憲法」的忠誠。在當今民主國家裡，人民的「忠」是「對憲法的忠」，而不是「對某位總統的忠」。因此，在任何現代民主國家都不能實行儒教的「忠君」思想：

〔註195〕關於潘魁批判儒教的文章，請參考〔越〕賴原恩彙編：《潘魁檔案》，來源：http://www.viet-studies.info/Phankhoi/index.htm。

〔註196〕〔越〕潘魁：〈閱讀陳仲金先生的《儒教》〉，《婦女新聞》，西貢，第 54 期（1930 年 5 月 29 日），收於賴原恩彙編：《潘魁檔案》，來源：http://www.viet-studies.info/Phankhoi/index.htm。

昔日一位專制君主的許可權與今日一位民國總統的許可權有何不同，對此，也許陳先生比我還清楚，怎麼能說是改名而不改實呢？如果先生所說的是對，那麼全世界幹嗎還要犧牲一批又一批人，目的是將總統二字取代帝王二字呢？他們這樣做有何利益？先生又說「任何政體都要有君權」，此話是不對的。應該說任何政體都要有主權才對。當今民國的主權在哪兒？在憲法。因此，人民的忠是對憲法的忠，對主權的忠，而不是對某位君主或總統的忠。因此，如果您將孔教的忠君思想採用於某一個民主國家，那就確實看不到其有什麼正當的意義」〔註197〕。

潘魁也指出了陳仲金思想的自相矛盾，因為在《儒教》，陳仲金一方面肯定儒教「君權」和「忠君」思想的現實意義，另一方面又承認儒教只能適用於古時社會：「像儒教那樣注重直覺的學說只能在人民純樸、生活簡陋的時代流行，而在民智變遷、科學盛行、生活變得麻煩的當今時代裡，該學說未必有人跟從，即使跟從，也不一定能正確地跟從」〔註198〕，「我們正處於科學進步時代，不能回到古時的生活方式」〔註199〕。潘魁還諷刺地說，陳仲金之所以儘管心知肚明儒教不再合乎當今時代，但仍執意辯解和尋找藉口，把儒教在現代時代的存在理由合理化，是因為他對儒教一片癡情，所以「先生才口是心非」〔註200〕。

潘魁的上述文章發表後，陳仲金隨即發表了〈與潘先生漫談孔教〉〔註201〕，與潘魁就「君權」和「忠君」範疇的意義進行了爭論。在該文中，陳仲金認為潘魁之所以否認儒教的「忠君」和「君權」思想，以為其不再合乎當今時代，是因為潘魁沒有真正理解他所解釋的「忠君」和「君權」的意義。陳仲金表

〔註197〕潘魁：〈閱讀陳仲金先生的《儒教》〉，《婦女新聞》，西貢，第54期（1930年5月29日），收於賴原恩彙編：《潘魁檔案》，來源：http://www.viet-studies.info/Phankhoi/index.htm。

〔註198〕《儒教》，同上，第36頁。

〔註199〕《儒教》，同上，第37頁。

〔註200〕潘魁：〈閱讀陳仲金先生的《儒教》〉，《婦女新聞》，西貢，第54期（1930年5月29日），收於賴原恩彙編：《潘魁檔案》，來源：http://www.viet-studies.info/Phankhoi/index.htm。

〔註201〕陳仲金：〈與潘先生漫談孔教〉，《婦女新聞》，西貢，第60期（1930年7月10日），收於陳仲金：《儒教》，〈附錄〉（河內：文學出版社，2003年），第671～687頁。

示，他所說的「君」即「主」，所以「忠君」即「忠主」，「忠於君權」也正是「忠於主權」。如果潘魁肯定「君權」與「主權」兩者有區別，那麼陳仲金則努力將「君」和「主」的含義合併起來，從而指出兩者的含義是相同的，因為：

> 過去，當各民族開始組成時，誰有實力掌控何地，誰就主宰何地，主宰者就叫「君」。所以，「君」與「主」是同一個含義。但「君」只用於政治，而「主」能用於任何方面〔註202〕。

陳仲金認為，有了社會就要有「君」，「君主的權」叫「帝」或「王」。孔教雖然承認帝王為「君」，但要求「君」履行保護人民的義務。孔教也認為「君權」是神氣，主宰社會的治與亂，所以孔教只說「忠君」而不說「忠王」或「忠帝」。之所以這樣是因為如果某位君主專權，做害國殃民的事，人民就有權奮起廢黜那為君主，另立其他君主，而不是始終忠於那位暴君（愚忠）。這是「忠君」的含義所在，即忠於「君主」的「權」，而不是忠於某王或某帝。陳仲金指出，認為「忠君」是忠於某位「君主」或稱「愚忠」的這種解讀是我們後來實行專制體制時從其狹義做出的。但是，**「孔教教誨我們，忠臣從道不從君，這是為了修正『君』的狹義」**〔註203〕。因此，要把「忠君」思想解讀為「忠於君主權力者」，其中，「君主」是個變數，而不是某個特定的「帝」或「王」。

既然肯定「君」和「主」有相同的意義，那麼「君權」理所當然也是「主權」：**「既說『君權』是『主權』，所以當被君主壓迫得忍無可忍的時候，那些民族就奮起，廢黜那些君主以掌握『君權』。也正因為如此，當法國人搞革命的時候，他們就提倡『souverain people』主義，即人民掌握君權」**〔註204〕。陳仲金解釋說，當人民將「君權」交給某人或某集團的時候，國內人民就要遵循該「君權」掌握者的命令，即忠於既定的「君權」／「主權」，所以才說

〔註202〕陳仲金：〈與潘先生漫談孔教〉，《婦女新聞》，西貢，第60期（1930年7月10日），收於陳仲金：《儒教》，〈附錄〉（河內：文學出版社，2003年），第683頁。

〔註203〕陳仲金：〈與潘先生漫談孔教〉，《婦女新聞》，西貢，第60期（1930年7月10日），收於陳仲金：《儒教》，〈附錄〉（河內：文學出版社，2003年），第684頁。

〔註204〕陳仲金：〈與潘先生漫談孔教〉，《婦女新聞》，西貢，第60期（1930年7月10日），收於陳仲金：《儒教》，〈附錄〉（河內：文學出版社，2003年），第684頁。

「在任何時代裡，『忠君』二字都有正當的意義」〔註205〕。

如果潘魁指出儒教的「君主」與現代民主國家的「憲法」、「立憲」有本質上的區別，那麼陳仲金則努力將兩者合併起來。陳仲金認為，「立憲」只不過也是對施行「君權」的一種約定。誰違背該約定，就犯了「不忠於君」的大罪。所以，從本質上講，當今「共和」和「立憲」意義與孔教的「君權」意義是大同小異的。因此，陳仲金肯定，本質上，當今社會只是改了其「名」──「君權」的名稱，而不改其「實」──「君權」的本質：

> 我敢問潘先生，有何社會能廢除我以上所說的「君權」嗎？一個民族打倒專制政體，制定「立憲」並將「君權」交給一幫人，叫「共和」。而另個民族則制定「立憲」，以限制君主的權威，就叫「立憲君主」。反正，老百姓總會受到「君權」的制約，或許有時少受一個人的專制，但又受到另一幫人的專制。該納稅的仍要納稅，該當兵的仍要當兵，弱勢者仍被強勢者所欺負。名雖改但實還在〔註206〕。

孔教「君權」思想與現代西方國家的「立憲」和「共和」體制相同，加上儒教主張領導者務必德才兼備、講仁政、愛護人民，國內從君主、臣僚到庶民人人修身、講仁義，所有這些使儒教理所當然地符合任何時代，「要跟哪個政體都可以」，「不管何政體，國都治也」〔註207〕。因此，陳仲金強調，沒有任何理由放棄像儒教這樣的學說。

陳仲金之所以堅決辯論儒教思想與現代民主體制是相互一致，是因為他認為，既然跟了儒教就得領會儒教的精神，不要朽儒、固執地拘泥每字每句。學儒教是學其精神的。如果學者過分拘泥於字句、辭義，就會忽略其義理和精神，不能悟出聖賢之道。讀書的原則是不要拘泥、固執，「以辭害意」：「我已說過，學儒教者要悟出其精神才好，不要固執地拘泥於每字每句，否則會

〔註205〕陳仲金：〈與潘先生漫談孔教〉，《婦女新聞》，西貢，第60期（1930年7月10日），收於陳仲金：《儒教》，〈附錄〉（河內：文學出版社，2003年），第684。

〔註206〕陳仲金：〈與潘先生漫談孔教〉，《婦女新聞》，西貢，第60期（1930年7月10日），收於陳仲金：《儒教》，〈附錄〉（河內：文學出版社，2003年），第685頁。

〔註207〕陳仲金：〈與潘先生漫談孔教〉，《婦女新聞》，西貢，第60期（1930年7月10日），收於陳仲金：《儒教》，〈附錄〉（河內：文學出版社，2003年），第685頁。

成為我們所目睹的那些朽儒」〔註208〕。

　　陳仲金對潘魁解釋說，他之所以就「君權」、「忠君」範疇的現實意義做出上述的解讀，是因為他確實有這樣的體會，而不是潘魁所謂的因為他對儒教一片癡情，所以故意把有關觀點牽強地強加給儒教。

　　陳仲金的文章發表後，潘魁又發表〈請陳仲金先生同孔子、孟子到邏輯（Logique）家做客。那裡，我們再談〉〔註209〕。潘魁表示，他已就「君權」和「主權」的意義、儒教的「忠君」思想與現代西方「民主」和「立憲」政治體制之間的差別做出了詳細的解釋，但陳仲金不但不服氣，而且還執意肯定並把它們的意義合併起來，使得潘魁只能對陳仲金歎道：「明明擺在眼前的東西竟然被這樣解讀，實在讓我至死也不能理解」〔註210〕。潘魁仍然不贊成陳仲金關於「君權」就是「主權」的解釋。他表示，無論陳仲金如何解釋，儒教的「忠君」思想都不能與當今民主政治體制相容而合：

> 即使陳先生所說的君權是主權，孔子的忠君之說也不能適用於當今民主國家。孔子三個月沒有君王則表示擔憂。進入君王之門則彎身，幾乎進不出去一樣。走過沒有皇帝的皇位時，臉色則驚愕。走上宅基則閉氣不呼吸。如今，這種行為不能適用於當今法國、美國，乃至中國的任何人〔註211〕。

　　潘魁還諷刺說，如果儒教的「忠君」思想確實與「忠於主權」和當今民主體制的「忠於憲法」相同的話，那麼儒教當然適合當今時代，不過，應將

〔註208〕　陳仲金：〈與潘先生漫談孔教〉，《婦女新聞》，西貢，第60期（1930年7月10日），收於陳仲金：《儒教》，〈附錄〉（河內：文學出版社，2003年），第685頁。

〔註209〕　潘魁：〈請陳仲金先生同孔子、孟子到邏輯（M.Logique）家做客。那裡，我們再談〉，《婦女新聞》，西貢，第63期（1930年7月31日），第64期（1930年8月7日），收於賴原恩彙編：《潘魁檔案》，來源：http://www.viet-studies.info/Phankhoi/index.htm。

〔註210〕　潘魁：〈請陳仲金先生同孔子、孟子到邏輯（M.Logique）家做客。那裡，我們再談〉，《婦女新聞》，西貢，第63期（1930年7月31日），第64期（1930年8月7日），收於賴原恩彙編：《潘魁檔案》，來源：http://www.viet-studies.info/Phankhoi/index.htm。

〔註211〕　潘魁：〈請陳仲金先生同孔子、孟子到邏輯（M.Logique）家做客。那裡，我們再談〉，《婦女新聞》，西貢，第63期（1930年7月31日），第64期（1930年8月7日），收於賴原恩彙編：《潘魁檔案》，來源：http://www.viet-studies.info/Phankhoi/index.htm。

「忠君」二字改為「忠主」：「**如果孔子關於忠君的含義就是我所說的忠於主權，即民主國家的人民忠於憲法的話，那麼在當今時代是可以行得通的，不過，無論如何都要將『君』字改為『主』字，以免誤會**」〔註212〕。至於法語中的「souverain people」，就請陳先生譯為「民主」，而不是「民君」，否則聽起來不順耳。

對此，陳仲金撰文〈請潘魁先生回我學堂談話〉〔註213〕，繼續與潘魁就儒教的「君權」和「忠君」範疇意義進行爭論。陳仲金回答潘魁說，明明擺在眼前跟義理辯論是兩回事兒。我們是按照義理學習，而不是按照明明擺在眼前的情況學習。辯論也要按照義理進行的。至於順耳與否，這不是義理所講的。有時，順耳的卻是不對的，不順耳的才是對的。因此，「**將『君』字改為『主』字也沒問題，關鍵是要考慮『君』的意義能不能廢掉。如果不想用那字，想換成意義與其相同的別字，也不礙事**」〔註214〕。孔子之所以一心尊敬君主，是因為當時的君權屬於君主，這也是當時臣僚對君主應盡的義務。至今，「君權」的形態已變化，所以「**假如孔子生於當今時代，他也要盡當今人對君權應盡的義務，而不像過去那樣。這也符合先生的隨時之道**」〔註215〕。

如果潘魁堅持肯定孔教的「尊君」和「忠君」主義異於現代「唯民」（民主）主義，「尊君」、「忠君」主義和現代民主政治體制無法融合在一起的話，那麼陳仲金再次做出相反的辯論。陳仲金認為，孔教雖然推崇「君權」但不「專制」，「專制」是帝王們利用君權的手段，而不是儒教的本質所在：

〔註212〕潘魁：〈請陳仲金先生同孔子、孟子到邏輯（M.Logique）家做客。那裡，我們再談〉，《婦女新聞》，西貢，第 63 期（1930 年 7 月 31 日），第 64 期（1930 年 8 月 7 日），收於賴原恩彙編：《潘魁檔案》，來源：http://www.viet-studies.info/Phankhoi/index.htm。

〔註213〕陳仲金：〈請潘魁先生回我學堂談話〉，《婦女新聞》，西貢，第 71 期（1930 年 9 月 25 日）、第 72 期（1930 年 10 月 2 日）、第 74 期（1930 年 10 月 16 日），收於陳仲金：《儒教》，〈附錄〉（河內：文學出版社，2003 年），第 687 ～720 頁。

〔註214〕陳仲金：〈請潘魁先生回我學堂談話〉，《婦女新聞》，西貢，第 71 期（1930 年 9 月 25 日）、第 72 期（1930 年 10 月 2 日）、第 74 期（1930 年 10 月 16 日），收於陳仲金：《儒教》，〈附錄〉（河內：文學出版社，2003 年），第 706 頁。

〔註215〕陳仲金：〈請潘魁先生回我學堂談話〉，《婦女新聞》，西貢，第 71 期（1930 年 9 月 25 日）、第 72 期（1930 年 10 月 2 日）、第 74 期（1930 年 10 月 16 日），收於陳仲金：《儒教》，〈附錄〉（河內：文學出版社，2003 年），第 706 頁。

孔教確實有君權主義，但「君」字有我所說的廣義，所以該主義並
不是專制主義。專制只是帝王們濫用君權的手段而已〔註216〕。

陳仲金繼續採用「如果不是甲就是乙」的邏輯肯定，一旦「**孔教沒有專
制主義，就必定有唯民主義**」〔註217〕。不過，陳仲金認為，孔教的「唯民」
（「民主」）主義與當今「唯民」（「民主」）主義不同。當今「唯民」主義最重
要的一點是在法律面前人人享有「平等權」。人們大都理解為，這裡的「平等」
不僅是法律面前的平等，而更是「完全平等」，因為普通百姓（「庶民」）都有
權參與政事和管理社會。孔教跟西方現代民主體制一樣都主張人人在法律面
前平等，這充分體現在孟子與桃應的對話中。但是孔教不承認像當今「唯民」
（「民主」）主義的「完全平等」。因為，實際上沒有真正的「完全平等」。就是
說，孔教與現代「唯民」（「民主」）主義的相同之處在於，都重視和實現人人
在法律面前一律平等。兩者的不同之處在於，孔教選拔德才兼備者統治國家，
而現代「唯民」主義則主張所有人（包括庶民）都有權參與統治和管理國家：

> 孔教的民主主義主秩序，憑德才分高低，承認法律中的平等，但不
> 承認完全平等。其實天下沒有所謂的完全平等，所以孔教不承認之。
> 至於法律中的平等，請再看看潘先生所駁斥的《孟子》中的假設故
> 事，舜為天子，父親瞽瞍殺人，身為法官的皋陶還是依法將其治
> 罪。公法只講理，不講勢，這就是法律中的平等〔註218〕。

孔教始終以民為重（「以民為本」），以民為貴，以君為輕（「民貴、君輕」），
主張天下是公有（「天下為公」），「民意是天意」。民跟著誰，誰就當君主，掌
握統治權，「這正合唯民宗旨」〔註219〕。孔教的「唯民」主義還明顯地體現
在，孔教根據人的才能、品德和賢愚選拔有才有德者掌控政權，造福百姓。

〔註216〕陳仲金：〈請潘魁先生回我學堂談話〉，《婦女新聞》，西貢，第71期（1930年
　　　　9月25日）、第72期（1930年10月2日）、第74期（1930年10月16日），
　　　　收於陳仲金：《儒教》，〈附錄〉（河內：文學出版社，2003年），第716頁。
〔註217〕陳仲金：〈請潘魁先生回我學堂談話〉，《婦女新聞》，西貢，第71期（1930年
　　　　9月25日）、第72期（1930年10月2日）、第74期（1930年10月16日），
　　　　收於陳仲金：《儒教》，〈附錄〉（河內：文學出版社，2003年），第716頁。
〔註218〕陳仲金：〈請潘魁先生回我學堂談話〉，《婦女新聞》，西貢，第71期（1930年
　　　　9月25日）、第72期（1930年10月2日）、第74期（1930年10月16日），
　　　　收於陳仲金：《儒教》，〈附錄〉（河內：文學出版社，2003年），第716頁。
〔註219〕陳仲金：〈請潘魁先生回我學堂談話〉，《婦女新聞》，西貢，第71期（1930年
　　　　9月25日）、第72期（1930年10月2日）、第74期（1930年10月16日），
　　　　收於陳仲金：《儒教》，〈附錄〉（河內：文學出版社，2003年），第716頁。

選拔人才不根據人的出身是君臣還是庶民，凡是有才有德者，就被選拔並賦予治國權力：「無論是君臣之後還是庶民子弟，只要有才有德，就都可以掌權。掌權者要照顧百姓、教誨百姓、造福百姓。民為重，君為輕。君主若行惡，百姓有權廢黜之。這就是孔教的『唯民』主義，而且我認為，它是尤為正當的。所以，我不贊成潘先生的說法，因為我敢肯定，孔教並不違背唯民主義」〔註220〕。就是說，孔教的「唯民」主義甚至比西方現代民主政治體制的「唯民」主義還優越和「正當」。

陳仲金解釋，之所以孔教的「唯民」主義從來沒有得到充分的實行，一方面是因為專制體制所致，另一方面是因為人們雖然學孔教但很少秉承孔教宗旨所致。這樣，孔教不管有多好，其好處都不能得到充分的發揚。因此，孔教的「唯民」主義只得到一部分的落實，即選拔有才有德者當官：

> 自古以來，我國社會政體雖然有專制，但仍有一部分是實現「唯民」主義的，即從百姓中挑選有才有德者當官。況且，我們也應該知道，歷來，學孔教者多，但習孔教者少。君主和官僚一般只拿聖賢之道為屏風掩蓋其權利，而沒有真正實行聖賢之道。所以，玉石雖然珍貴，但如果沒人會用，那麼再珍貴也是沒用的。如今，我們既然知道它是玉石，就儘管說出來，誰用就用，不用也吧。但如果說它是石頭，我就不甘心的〔註221〕。

陳仲金的上述辯論表明，儘管潘魁不贊成陳仲金關於儒教「民主」思想的觀點和解讀，但陳仲金仍然堅持自己觀點。他表示，自己已給潘魁充分地解釋了儒教「忠君」和「君權」思想的意義。無論潘魁贊成與否，他都毫不動搖地堅持自己的觀點。陳仲金的上述文章發表後，不見潘魁撰文，與其爭論。陳仲金與潘魁圍繞儒教的「君權」範疇和「忠君」思想的意義及其與現代「民主」思想的關系的爭論就這樣結束，而沒有一個明瞭的結果，因為雙方都固執己見。

（三）評價

通過陳仲金對儒教的「君權」和「忠君」範疇的現代內容和意義、對「平

〔註220〕陳仲金：〈請潘魁先生回我學堂談話〉，《婦女新聞》，西貢，第71期（1930年9月25日）、第72期（1930年10月2日）、第74期（1930年10月16日），收於陳仲金：《儒教》，〈附錄〉（河內：文學出版社，2003年），第717頁。
〔註221〕陳仲金：〈請潘魁先生回我學堂談話〉，《婦女新聞》，西貢，第71期（1930年9月25日）、第72期（1930年10月2日）、第74期（1930年10月16日），收於陳仲金：《儒教》，〈附錄〉（河內：文學出版社，2003年），第717頁。

等主義」、「立憲精神」和孟子以民為貴的精神、對儒教「民主」思想對西方民主政治體制的優越所在等的辯論，以及陳仲金與潘魁圍繞儒教與現代「民主」政治體制的關系的辯論可以看出，陳仲金對儒教「民主」思想的解釋主要是對字句、文辭、義理的辯論，並沒有重點討論問題的本質所在。陳仲金的辯論具有主觀性、強加性和牽強性，甚至有些詭辯。如果按照陳仲金的主觀解讀看待問題，即學儒教就要悟出儒教的精髓，「隨時」地領會儒教思想，按照義理學習和辯論，不關心問題的實際本質，那麼陳仲金按照「拆字」方式對「君權」和「忠君」範疇的現代意義的解讀和辯論也是不無道理的。「君」和「主」的意義相同，因此「君權」就是「主權」，「忠君」就是「忠主」。「君權」是「君主之權」／「主宰一國之權」。因此，「忠君」是「忠於君主」／「忠於國內君權」／「忠於國家主權」。「君」不是指具體、不變的君主，而是一個變數。「忠君」是「忠於某君主的權」，而「某君主」是個變數，不是具體、特定的。陳仲金已將「忠君」範疇從臣僚對一位特定君主權利的「愚忠」意義解釋成臣僚對「君主之權」／「某君主的權利」的「忠誠」意義（「從道不從君」）。這樣的解讀在某個程度上是有一定意義的。但是，如果偏偏要拿這樣的解讀將「君權」與「總統之權」／「主權」、「忠君」與「忠於憲法」的意義和本質混為一談，將儒教「君權」專制體制與「立憲」、「共和」體制混為一談，從而肯定儒教的「忠君」思想在任何時代都「具有正當意義」，簡直是不對稱的比較和糊塗的簡單化。可見，陳仲金對西方民主政治體制本質和儒教專制制度本質的瞭解仍然有限。在儒教專制社會裡，君主的權力是「普天之下，莫非王土；率土之濱，莫非王臣」。儒教專制君主的所有權和定奪權與現代民主國家依法辦事的總統的權力完全不同。「君權」即「主權」只能在儒教專制社會有意義，因為那時候，儒教專制君主的權力是對全國人民和土地的所有權。它不可能等同於現代民主國家的「主權」或「總統的權力」。因為後者的「主權」是歸國家和全民所有，而不是歸總統所有。總統沒有對國家資產和人民的所有權，而只能代表人民依法治理國家。

在將「忠君」範疇從臣僚對特定君主的「愚忠」意義解釋為臣僚對某君主的「君主之權」的「忠誠」意義的同時，陳仲金還努力將儒教的「忠君」和「君權」範疇從儒教專制制度剝離開來，對其意義予以現代化。通過自己的辯論，陳仲金轉換了「忠君」和「君權」範疇的意義，使之合乎現代民主體制，即「忠於主權／憲法」。但儘管以「君」為變數執意將「忠君」意義解釋

為忠於「君主之權」，陳仲金仍然不理解或蓄意不理解儒教專制社會「君」的「變數」與現代民主國家總統的「變數」的基本差別所在。總統的「變數」是憲法所規定的任期制，而儒教專制社會的「君」則是世襲制的。即使不是世襲，「君」的「變數」也只是在「君」過分作惡霸道，百姓被迫奮起起義的時候產生的。在儒教專制國家爆發的旨在推翻「無道昏君」的人民起義的本質與歐洲資產階級革命的本質也是完全不同的。歐洲資產階級革命的成果是推翻專制封建政府，建立民主共和國家。在漫長的歷史長河中，中國農民推翻桀紂等暴君的起義都只是按照舊模式更迭君主，而不能改變集權專制封建社會的結構本質。兩者的差異所在是其革命屬性。不認識到兩者本質的差異，將儒教專制社會本質與現代西方立憲、共和體制的本質混為一談，甚至認為儒教「民主」思想比西方民主政治體制還優越，表明陳仲金尚未理解西方民主政治的本質，也沒有認識到一個民主國家應備的基本條件〔註222〕。正是這些不足使陳仲金誤以為，從本質上看，儒教「君權」專制制度的人民生活不異於民主共和國家「憲法」體制的人民生活，因為不管在什麼體制，人民都要承受「一個人」或「一幫人」的「君權」。

陳仲金以孟子「天下為公」、「民為貴君為輕」等名言或孟子與桃應關於瞽瞍殺人假說故事的對話為據，認為孟子重視人民，重視民主精神和「唯民」主義，並指出孟子是法律「平等主義」和「立憲精神」的發明者、孟子思想與現代西方民主體制相同，這表明，在致力於在「民主」方面實現儒教思想現代化的過程中，陳仲金未能擺脫「自古就是」的傳統思路，執意進行種種不對稱的比較、牽強的強加和任意的解讀。他不理解西方民主政治與儒教「民本」、「民貴」思想的基本差異所在。西方民主政治體制是人民通過鬥爭取得的，而儒教的「民本」、「民貴」思想只是君主對人民的看法，認為應以「民」為「貴」、為「本」。現代儒教思想的研究成果不允許我們贊成陳仲金的上述觀點。國內外研究者都普遍認為，儒教經典之作所提到的似乎帶有民主、民

〔註222〕韋政通認為，一個自由民主社會應備足下列條件：（1）一部成文的憲法。（2）人民代表組成的各級議會。（3）能執行憲法賦予的任務，並能對人民負責的政府。（4）能獨立於行政系統的各級法院。（5）不受黨派信仰影響，且能伸張正義的法官、法律。（6）有以促進自由為職志的社團。（7）有絕對享受自由且公正的輿論。（8）有實力的反對黨。（9）有真正表現民意更換政司的普選。（10）有不違背民主自由原則的教育環境。韋政通：《儒家與現代中國》（河內：國家政治出版社，1996年），第167～168頁。

權、革命、社會主義等思想色彩的言辭，如：「以民為本」、「民為邦本」、「民貴君輕」、「尊重民意」、「民意代表天意」、「貴民、愛民、敬民」、「民約」、「革命思想」、「大同社會」、「天下為公」等等，在本質上是完全不同於近現代西方的民主、民權、社會契約、民主政治、共和政體、革命思想、社會主義等思想。在此，謹援引韋政通的觀點做為筆者的述評。韋政通指出，儒教經典之作似乎民主、民權的言辭完全沒有現代意義的民主或人民是國家主人翁的思想：「**至多只能看為民主思想的萌芽，超過這個限度，不是誇大，便會附會，要不就是誤解和曲解**」，「**孟子的革命論與建立現代共和民主的革命相差甚遠**」〔註223〕。這一缺陷表明，陳仲金對西方民主政治國家的民主思想、法律平等和立憲精神的理解是有限的。

指出陳仲金的上述不足，並不意味著筆者對陳仲金在《儒教》為在「民主」方面實現儒教思想現代化所做出的努力予以否認，而只是想說明，在努力實現儒教「民主」思想現代化，尋求儒教在現代社會存在的基礎的過程中，陳仲金沒有投入必要的時間和精力，就儒教「民主」思想和儒教與現代民主政治體制之間的關系建立嚴謹且具有說服力的理論體系。因此，他對儒教「民主」思想的解讀比較淺陋、且帶有主觀的強加性色彩。他所做的主要是解釋言辭意義、並勉強地強加解讀，而缺乏理論創新能力。

二、儒教與「科學」

（一）陳仲金對儒教與「科學」的觀點

如上所述，在《儒教》裡，陳仲金確立了儒教與西方現代「科學」相結合的將來越南文化模式，以此作為促進國家現代化的方式。其中，他指出，傳統儒教思想將是引導國家現代化進程的基礎和指標。之所以這樣是因為他認為，儒教與「科學」並不是相互矛盾、沖克，而是完全可以結合在一起的。儒教與「科學」相結合符合儒教宗旨，也符合儒教的「隨時變易」原則。

問題在於，傳統儒教本來重視道德勝過知識，重視主觀經驗，輕視客觀實驗科學知識。儒教最看重的就是個人的道德修養。儒教在乎人們是如何修養道德，而不在乎人們如何接近自然界或如何進行實驗科學研究。道德始終

〔註223〕韋政通：《儒家與現代中國》，（河內：國家政治出版社，1996年），第205、207頁。

佔有主導地位，而科學知識始終扮演從屬角色。衡量人們價值的尺度是道德修養成績，而不是科學知識成就。本著這一傳統的觀念，陳仲金所確立的將來越南文化模式不得不使當時的反對傳統、主張西化傾向者對儒教與西方現代科學相結合、融合的可能性產生質疑。因為，在他們眼裡，儒教與「科學」猶如水火般的沖克。儒教阻礙「科學」的發展，因此不能把儒教與「科學」相結合。陳仲金仿佛認識到了其困難和挑戰，因此，在肯定儒教與「科學」並不相互對立，解釋儒教與「科學」相結合的可能性，說明「儒教加『科學』」的將來越南文化模式在促進越南現代化進程的優點和效果的同時，陳仲金也重點解釋了儒教與「科學」相結合的原則。為了化解思想對立者關於儒教與「科學」相結合的質疑，陳仲金把將來越南文化模式進一步具體化，即儒教與西方「科學」結合成為現代教育模式——儒教「德育」教育與西方「智育」教育相結合。

陳仲金認為儒教主張人的本善是天賦的，任何人一出生就稟受仁、禮、義、智等端緒（「四端」：惻隱、羞惡、辭讓、是非）。人之所以作惡是因為被私心、私欲所左右。因此，儒教主張教育人們培養善良，制裁醜惡。儒教教育的重中之重是培養出善良、有心、有德、有氣節、有高尚品德、忠義、孝廉、修德練才者以便成為經邦濟世，為國效勞的正人君子。為了培養正人君子，儒教構建了牢固的「德育」教育體系，專門教育培養他們的道德和人格。陳仲金認為，儒教之所以重視「德育」教育是因為儒教認為教育始終與政治息息相關。儒教主張以德治國，因此「德育」教育的成敗決定國家治理的成敗：

> 君、臣、父、子、兄弟、夫妻之道得，而國治，反而國亂。所以儒
> 教說起政治，就必須提起教育。凡是受過教育者都懂得自己的義務
> 和權利，懂得重視禮儀和秩序。受過教育的君臣深知自己職責，因
> 而不會作惡〔註224〕。

由於事關政治的成敗和國家的治亂，所以「德育」教育始終被儒教視為頭等優先。

「德育」教育的物件是全體民眾，其中，最重要的是君主和官吏，因為他們直接關系到國家命運、民族盛衰和百姓福禍：「那些人（君主和官吏——筆者）如果沒受過教育，不懂得仁義禮智，就簡直是用奸詐之術造殃天下的

〔註224〕《儒教》，同上，第 741 頁。

一幫盜賊」〔註225〕。當君、當官者若受過教育，就是深知道德禮儀的賢人君子，他們會以身作則，教育百姓走上道德倫理正軌，引導國家走向繁榮昌盛。當君、當官者若不受過教育，就簡直是無道昏君、昏官，遲早會把國家和百姓推入塗炭。足見儒教的「德育」教育對社會和百姓是何等重要。百姓因受過儒教「德育」教育而深切領會道德倫理，從而嚴於律己，遠離狡詐奸邪。社會因儒教「德育」的教育和培養而成為講究禮義秩序的社會。

　　儒教從來「以德育為本，以智育為標」，所以儒教的倫理道德成就尤為突出，而科技、物質成就有限。但我們難道只因這些不足之處，而否認儒教「德育」教育的積極作用並背棄它嗎？當然，在當前現代教育中，我們不得不重視「智育」，學習西方現代科學，促使國家發展強盛，但我們應不應該背棄儒教的「德育」教育呢？當時的批判儒教者認為，時勢已變，社會已變，陳舊落後的儒教教育不但不再適應當時社會，而且還阻礙國家的發展，致使國家落後軟弱，所以要背棄腐朽的儒教「德育」，學習西方「智育」。陳仲金認為，這簡直是淺近、錯誤的看法，沒有充分認識到儒教「德育」的意義、價值和重要性。他認為，新學者不肯理性、認真地研究自己的儒教和人家的西學看其好壞如何以「正當地取捨」。西方新學儘管有許多好處，但也有不少壞處要淘汰。那些新學者固執主觀偏見，認為新東西都是好的、應該學習的，舊東西都是壞的、應該拋棄的。因此，當儒教不振，西方文化勢如破竹般地流入越南時，人們都異口同聲地呼籲背棄儒教，學習西方。沒人願思考，看看本來那麼好的儒教為何頓時變成這樣狼藉不堪：「不肯探究自己卑微的原因所在，反而輕易放棄自己長期以來的信仰，急於效仿人家的新東西」〔註226〕。陳仲金認為「完全西化」傾向者主張極端學習西方的觀點是主觀、淺近、得不償失的。因為：

　　　　儒教的精神本來很完美，深深繫根於國人的腦心中。如果我們不真
　　　　正地、透徹地領會其精神，急於將其拋棄，未必對我國社會的將來
　　　　有利〔註227〕。

　　新學者哪知道，就連當時的歐洲思想家也承認：「從上古時代流傳下來的

〔註225〕《儒教》，同上，第741頁。
〔註226〕《儒教》，同上，第18頁。
〔註227〕《儒教》，同上，第37頁。

學說仍然淵深，比當今淺薄的學說更貼近真理。我們既然有了像儒教這樣牢固的學說，卻為何對其置之不理呢，我們豈不是很傻嗎？對這樣的事情我們就這麼傻，那麼學習新東西怎能跟得上人家呢？」〔註228〕他們不懂得，儒教之所以有這麼多的不足和缺點，這麼快地衰落並屈服於西方文化是因為我們不真正領會和遵循孔孟「隨時變易合乎自然」的宗旨繼承和發揚儒教的精神，卻死抱不放儒教的爛渣，導致儒教腐敗衰落。陳仲金提醒新學者重新認識儒教。要淘汰儒教的落後、教條和腐敗以領會和繼承儒教的精神、宗旨和精華，因為：

> 其實，任何宗教和學說都是如此的。創始人只能教誨我們其宗旨。
> 之後，其形態一直在變，到不能再變的程度就消失。儒教之所以走
> 到當前的地步，是因為我們不懂得隨時變易。假使我們全部拋棄可
> 能適合古時但不適合今時的爛渣，提取儒教精華，使其發揚光大，
> 說不定我們就能做很值得去做的事情〔註229〕。

在提取、繼承儒教的宗旨和精華後，我們要以儒教精神為基礎，接收、容納西方文化的好處，並將兩者有機結合，形成富有我們特色的文化模式。陳仲金寫道：

> 假使我們認知了這些錯誤，並設法糾正，使之合乎時宜，說不定今
> 後儒教能與科學融合，這豈不成富有價值的學說嗎？〔註230〕

這樣，除了肯定儒教在培養和鍛煉人的道德和品格方面的優點和作用之外，陳仲金也承認儒教的不足之處，即偏重於「德育」教育而輕於「智育」，所以未能像西方那樣取得燦爛的現代科技成就。但我們也不應因此而拋棄儒教「德育」教育，因為「德育」教育有許多優點值得我們繼承和發揚，況且儒教的優點在現代社會中也顯得格外重要。

至於儒教「德育」教育在現代社會的作用，陳仲金指出，無論時勢如何變換，都需要儒教「德育」教育。社會越現代，「德育」教育就越重要。「德育」是重視倫常道理和禮義秩序的社會的根本和基礎。「只有牢固的德育之本，才能有繁茂的智育之標」。之所以這樣是因為：

> 在當今的新社會裡，如果掌握君權者都是講德性的，豈不好於那些

〔註228〕《儒教》，同上，第744頁。
〔註229〕陳仲金：〈與潘先生漫談孔教〉，《婦女新聞》，西貢，第60期（1930年7月10日），收於陳仲金：《儒教》，〈附錄〉（河內：文學出版社，2003年），第686頁。
〔註230〕《儒教》，同上，第40頁。

狡猾、貪婪和無恥的人嗎？當然，在科學蓬勃發展的當今時代，人們的生活方式不再像過去那麼簡陋了，當今教育不得不重視智育，但試想，我們能斷然拋棄德育嗎？有才有智者如果沒有好心眼和高尚氣節，那麼不管在什麼時代，他們都簡直是做益己害人事情的一幫惡人罷了。那麼憑什麼辨別好人壞人呢？〔註231〕

就是說，現代社會不得不重視「智育」教育，但如果一個社會只偏於「智育」、拋棄「德育」，那麼其有可能是一個科技現代、物質富有的社會，但同時也是一個缺少人倫道理的社會。這樣失衡發展的一個社會簡直是一個沒有根本和忘本的社會。這樣的社會遲早也會顛倒無道：

一個教育系統如果只重視智育，就不能讓人充分學會做人之道。因為社會上的人不管是多麼聰明伶俐，但如果沒有德育約束人心，就無異於一群惡獸相互共處，隨時趁機陷害對方以謀私利。人如果這樣相處相待，還算什麼人道呢？〔註232〕

儒教「德育」的優點是，使道德、仁義紮根於人心之中，消除奸邪私欲，培養出講德性、有氣節、品德高尚、不惜為國捐軀的人。但由於過偏於「德育」，輕視「智育」，所以不能取得現代科技成就，導致國家軟弱、落後。這是我國文化的現狀。西方「智育」的優點是，促使才智、科技發展，推動國家發展強大。但由於只偏於「智育」，拋棄「德育」，所以培養出了「狡猾」、「奸貪」、「無恥」、「醜惡」、「益己害人」、「假仁假義」、「自私自利」的一幫人。結果，形成了實用的物質生活方式、自私的個人主義和淡薄無情的人情。這是西方文化的現狀所在。「德育」和「智育」各有各的長處和短處，所以不能偏重於哪一方。偏於「德育」或「智育」的教育系統是沒有根本和不全面的教育系統，必將造成令人遺憾的後果。過去，我國因過度重視「德育」，輕視「智育」，所以科學技術不發達，導致國家貧窮落後。西方國家則過渡重視「智育」，輕視「德育」，所以科技發展，國家強盛，但人心道德敗壞。被視為根本的、能避免上述錯誤的教育系統決不是只偏於「德育」或「智育」的教育系統，而是「德育」與「智育」有機結合的教育系統：

我國儒教德育基礎經過數千年的奠定，且效果美滿，所以我們應留之，做為自己的財富。同時，我們也應採納智育的好處，彌補我們

〔註231〕《儒教》，同上，第742～743頁。
〔註232〕《儒教》，同上，第743頁。

的欠缺，使心與智和諧進化。只有這樣，我們的教育系統才有根本
的，倘若有什麼變化也會少犯錯誤〔註233〕。

　　儒教「德育」與西方「智育」有機結合的優點是陳仲金擇其為越南將來
的理想教育模式的原因所在。將來越南的理想教育將是「德育」與「智育」有
機結合的教育，而不是偏於「德育」或「智育」的教育。陳仲金細化這一教育
模式如下：

> 我望國人隨時而學，即像人家那樣學習實業、經濟、兵家、演算法、
> 物理、化學等智育學科，但務必以儒教為德育基礎，就是說拿傳承
> 千年的義理培育我們的精神，使我們不管身處何境都有尊貴高尚的
> 品德，無愧於人乃萬物之靈的美譽。如果我們能本著這一方針學習
> 和行動，那麼我們的教育將迎來燦爛輝煌的將來〔註234〕。

　　結合中，我們應繼承積累多年且效果「美滿」的傳統儒教「德育」的精
華和特色，以此為基礎，吸收我們所欠缺的西方「智育」，將「德育」和「智
育」有機結合，形成具有根本的教育，即：既能繼承儒教傳統文化的倫理道
德但不落後腐敗，又採納西方的現代科學但不忘本的教育——傳統而現代、
現代而傳統的教育——富有民族本色的現代教育——越南將來的理想教育。

（二）與潘魁爭論

　　在〈讀陳仲金的《儒教》〉中，潘魁批判了陳仲金將儒教與西方「科學」
相融合、結合的觀點。他認為儒教不能與西方「科學」結合，其理由如下：
「**一是孔教的玄學與科學相反；二是孔教的尊君主義與唯民主義
（démocratisme）相反**」〔註235〕。所以，我們今天如果要學習西方，就必須
拋棄儒教的跟「科學」和「民主」相反的所有內容，不管這違背孔孟宗旨與
否，因為學習西方迫在眉睫。或許，需要繼承孔教的「**只是修身部分，以達到
做君子的目的**」〔註236〕。

〔註233〕《儒教》，同上，第743頁。
〔註234〕《儒教》，同上，第745頁。
〔註235〕潘魁：〈閱讀陳仲金先生的《儒教》〉，《婦女新聞》，西貢，第54期（1930年
　　　　5月29日），收於賴原恩彙編：《潘魁檔案》，來源：http://www.viet-studies.
　　　　info/Phankhoi/index.htm。
〔註236〕潘魁：〈閱讀陳仲金先生的《儒教》〉，《婦女新聞》，西貢，第54期（1930年
　　　　5月29日），收於賴原恩彙編：《潘魁檔案》，來源：http://www.viet-studies.
　　　　info/Phankhoi/index.htm。

　　至於陳仲金根據「格物致知」辯論儒教與「科學」並不相反的觀點，潘魁從某個程度也承認「格物致知」與「科學」不相反，不過他表示，「格物致知」貼近現代科學的含義是我們今天一般理解的含義，但王陽明等先儒對「格物致知」的解釋，如「格物者，格其心之物也，格其意之物也，格其知之物也」，確實是與今天的「科學」相反的。假如我們認可儒教的「格物致知」不與現代西方「科學」相反，那麼儒教也就僅僅這四個字而已。除此之外，儒教的很多內容都是違反「科學」、阻礙「科學」的。潘魁寫道：

> 但是，就僅僅這四個字（「格物致知」）。除此之外，確實有很多內容是阻礙科學的。大體是，孔教只說所當然，而不說所以然，叫人這樣做，但不解釋為何要這樣做。我以為，那種直覺專用方法對科學精神真是有害無疑〔註237〕。

　　潘魁此文發表後，陳仲金又撰文〈與潘先生漫談孔教〉〔註238〕，與潘魁就儒教與西方現代「科學」結合問題展開爭論。在此文中，陳仲金承認，針對當今西方現代「科學」的意義，古時的東方社會確實沒有，倘若有的話，也只是零散，不明確的。後來，在儒教的影響下，中國、越南等受儒教影響的國家都偏於倫理道德，不理「科學」，導致「科學」不發展。後果是，現在被西方國家利用「科學」優勢欺負。陳仲金認為，孔教之所以沒有注意到「科學」是因為古時百姓的生活不需要「科學」。但從精神方面講，孔教並不違反「科學」，因為「**孔教教人隨時而變，只要不過分偏於哪一面即可**」〔註239〕。「格物致知」四字儘管不是「科學」，但含有科學意義。先儒，尤其是王陽明，用「格物致知」解釋心學都是有價值的，只不過王陽明太偏於道德，忽視了科學方面。至於儒教的「直覺」用法，陳仲金認為，這不但不違背「科學」，而且正是當今科學家的神秘所在：「正因為有了直覺，所以科學家才探索到許多玄秘

〔註237〕 潘魁：〈閱讀陳仲金先生的《儒教》〉，《婦女新聞》，西貢，第54期（1930年5月29日），收於賴原恩彙編：《潘魁檔案》，來源：http://www.viet-studies.info/Phankhoi/index.htm。

〔註238〕 陳仲金：〈與潘先生漫談孔教〉，《婦女新聞》，西貢，第60期（1930年7月10日），收於陳仲金：《儒教》，〈附錄〉（河內：文學出版社，2003年），第671～687頁。

〔註239〕 陳仲金：〈與潘先生漫談孔教〉，《婦女新聞》，西貢，第60期（1930年7月10日），收於陳仲金：《儒教》，〈附錄〉（河內：文學出版社，2003年），第681頁。

的東西，並創造出許多精緻的東西」〔註240〕。孔教之所以說「所當然」，不說「所以然」是因為孔教不認可定理，所以只說「所當然」。至於「所以然」則是因時而異。學者要隨時而變：「**我們身處何時代，就該拿該時代的所以然，別看人家怎麼做自己就怎麼做。如果我們固執這一陋習，那麼即使跟著科學也是徒勞無益的，一輩子只能撿取人家所拋棄的爛渣**」〔註241〕。孔教的妙處在於「隨時」。凡是合時順理的，我們都可以跟從，關鍵是要做到「和諧」，不「偏重」。按此道理，我們如今需要「科學」，所以要跟從「科學」，但不要因跟從「科學」而拋棄儒教的「心學」道德修養，反而要將「心」與「智」和諧地結合。這種結合是合時順理的，沒有任何困難和阻礙：

> 如今我們處於有科學和需要科學的時代，所以要跟從科學，但是跟從科學並不意味著拋棄心學。這樣，心與智可以和諧地結合，沒有什麼障礙〔註242〕。

如上所述，陳仲金之所以主張將儒教與「科學」相結合是因為他認為，儒教本來是本國的精神和傳統，具有重要的價值和意義，需要繼承和發揚。因此，在學習西方「科學」實現國家現代化的同時，我們要維護、繼承和發揚自己民族的優點、精華和文化特色，真正做到既能推動國家發展，又能保留自己的精神和特色。就是說，現代化並不是「完全西化」，徹底否定傳統文化，而是要在繼承民族傳統文化本色即儒教倫理道德的基礎上實現現代化：

> 對於自己固有的好東西，我們應該保留，對於自己沒有的東西，我們應該學習人家的，要讓我們既能成長，又能保留自己特色，自己還是自己，而不是他人〔註243〕。

〔註240〕陳仲金：〈與潘先生漫談孔教〉，《婦女新聞》，西貢，第 60 期（1930 年 7 月 10 日），收於陳仲金：《儒教》，〈附錄〉（河內：文學出版社，2003 年），第 683 頁。

〔註241〕陳仲金：〈與潘先生漫談孔教〉，《婦女新聞》，西貢，第 60 期（1930 年 7 月 10 日），收於陳仲金：《儒教》，〈附錄〉（河內：文學出版社，2003 年），第 683 頁。

〔註242〕陳仲金：〈與潘先生漫談孔教〉，《婦女新聞》，西貢，第 60 期（1930 年 7 月 10 日），收於陳仲金：《儒教》，〈附錄〉（河內：文學出版社，2003 年），第 682 頁。

〔註243〕陳仲金：〈與潘先生漫談孔教〉，《婦女新聞》，西貢，第 60 期（1930 年 7 月 10 日），收於陳仲金：《儒教》，〈附錄〉（河內：文學出版社，2003 年），第 686 頁。

　　為何要在繼承民族傳統本色的基礎上實現現代化呢？對此，陳仲金認為，潘魁所主張的與傳統儒教斷絕關系的「完全西化」的極端現代化方式必將造成嚴重後果。由於過分偏於「科學」而忽視倫理道德，所以西方國家才陷入了嚴重危機，並承受著其沉重後果。殘酷的非正義戰爭、動盪的社會、實用的物質生活、自私的個人主義、過分的自由主義、敗壞的道德風氣，凡此種種使西方人厭倦了「科學」，並正努力尋求醫治當時危機的妙方。陳仲金已認識到，如果越南拋棄傳統儒教道德，極端地學習西方「科學」，就要承受像西方國家那樣的嚴重後果。因此，陳仲金主張學習西方「科學」但不拋棄傳統儒教道德，要把兩者和諧地結合在一起，旨在既能吸收西方現代科學技術的優點，又能避免西方正要面對的惡劣後果：

> 看人家強盛，人人就迫不及待地跟著人家。哪知道那強盛裡面也潛藏隱患。對此，有識之士一般深感擔憂。我這麼說並不是說國人不要跟從科學，我只希望國人在跟從科學的同時千萬不要拋棄自己的心學，如此方得利也〔註244〕。

　　陳仲金強調，學習西方是理所當然的，但要選擇性地學習，而不是盲目地照搬。不是西方的所有東西都是值得學習的好東西。西方有該學的好東西，但也有不該學的壞東西。如果完全照搬西方，我們將重蹈其覆轍：

> 我想，潘君肯定也知道，就連西方也有許多有識之士對當前的社會情況感到不安，並正努力尋求糾正的辦法。況且我們也是有耳可聞，有目可睹，有足夠的智慧，難道我們不能辦出自己的事情來，非要死纏不放地跟從人家的尾巴不可嗎〔註245〕。

> 過去我也跟潘君一樣，凡是我們自己的東西，我都以為是壞的，應全部拋棄，並取人家的東西而代之。但後來，我慢慢地發現，原來我們要撿取的竟然是人家嚼爛之後要吐出來的廢渣。如果我們跟著撿取並視之為寶物，這豈不是很傻嗎〔註246〕。

〔註244〕陳仲金：〈與潘先生漫談孔教〉，《婦女新聞》，西貢，第60期（1930年7月10日），收於陳仲金：《儒教》，〈附錄〉（河內：文學出版社，2003年），第682頁。

〔註245〕陳仲金：〈與潘先生漫談孔教〉，《婦女新聞》，西貢，第60期（1930年7月10日），收於陳仲金：《儒教》，〈附錄〉（河內：文學出版社，2003年），第686頁。

〔註246〕陳仲金：〈與潘先生漫談孔教〉，《婦女新聞》，西貢，第60期（1930年7月

潘魁隨後發表了題為〈請陳仲金先生同孔子、孟子到邏輯（Logique）家做客。那裡，我們再談〉的文章〔註247〕。在此文中，潘魁繼續肯定儒教有許多違背「科學」的内容，因為儒教只提「所當然」，不提「所以然」。潘魁認為，在《論語》中，當回答弟子提問時，孔子很多次只說其結果，不解釋其原因所在。比如，當葉公問政時，子曰：「近者悅，遠者來」（《論語·子路》）。這段只說其結果，不說其原因。這正是孔教「與科學相反」的原因所在，「**因為科學教人要尋求所以然之理**」〔註248〕。

潘魁也認為，孔子和孟子在辯論時「**有時違背論理學（邏輯學──筆者）。這與當今學問是不相符的**」〔註249〕。比如孔子在《論語·為政篇》就「孝」問題對孟懿子的回答，孟子在《孟子·盡心上》就弟子桃應提出的問題「舜為天子，皋陶為士，瞽瞍殺人，則如之何」作出的回答，孟子在《孟子·萬章上》就萬章提出的「堯以天下與舜，有諸」做出的回答，或孟子在《孟子·滕文公上》與許行就並耕的辯論都違背現代邏輯學的基本原則如「繆妄」，「遁詞」，「變更論點」，所以要全部刪除這些章節。

不僅如此，潘魁還認為，儒教《大學》的「明德新民」論也違背「科學」。《大學》將「三綱領」和「八條目」做為修身和治國的宗旨。其中，「明德」是修身，「新民」是治國。《大學》寫道：「君子不出家而成教於國；未有學養子而後嫁者也」。大意是，人們只要完善修身，並以身感化人們，從近到遠，從家到國，以實現齊家治國平天下的目標。潘魁認為，《大學》的這一觀點與科學是相反的。因為按照今天的「科學」，人不學習就不能辦出什麼事情來。

10日），收於陳仲金：《儒教》，〈附錄〉（河內：文學出版社，2003年），第686頁。

〔註247〕 潘魁：〈請陳仲金先生同孔子、孟子到邏輯（M.Logique）家做客。那裡，我們再談〉，《婦女新聞》，西貢，第63期（1930年7月31日），第64期（1930年8月7日），收於賴原恩彙編：《潘魁檔案》，來源：http://www.viet-studies.info/Phankhoi/index.htm。

〔註248〕 潘魁：〈請陳仲金先生同孔子、孟子到邏輯（M.Logique）家做客。那裡，我們再談〉，《婦女新聞》，西貢，第63期（1930年7月31日），第64期（1930年8月7日），收於賴原恩彙編：《潘魁檔案》，來源：http://www.viet-studies.info/Phankhoi/index.htm。

〔註249〕 潘魁：〈請陳仲金先生同孔子、孟子到邏輯（M.Logique）家做客。那裡，我們再談〉，《婦女新聞》，西貢，第63期（1930年7月31日），第64期（1930年8月7日），收於賴原恩彙編：《潘魁檔案》，來源：http://www.viet-studies.info/Phankhoi/index.htm。

怎能說只要「明德」就可以立即「新民」呢？「科學注重證據和實驗。『明新』論只是高超的理想，如果拿歷史來對照就無法證明其真實性」〔註250〕。潘魁認為，由於「明德新民」違背了「科學」，所以當我們的頭腦仍然受到「明德新民」影響的話，我們就很難跟從「科學」，所以要拋棄它。

　　如果陳仲金解釋說，儒教之所以沒注意到「科學」是因為古時不需要「科學」，並憑藉「隨時」二字辯解孔教並不違背「科學」，那麼潘魁也拿「隨時」二字反駁陳仲金的觀點。潘魁認為，「明德新民」論適合春秋時期的宗法社會，但不適合當今的自由平等趨勢，因此要拋棄它：

> 那種變更只不過是隨時，沒什麼稀奇古怪的。就像春秋時期，女人還沒學會養兒育女，就照樣嫁給男人。而今天，嫁人前，女人要先學會養兒育女〔註251〕。

　　陳仲金主張將儒教「心學」與西方「科學」相結合，但潘魁只同意留下他認為仍適合當今時代的部分「心學」內容。不適合的部分一律拋棄。具體是，潘魁只願留下《大學》「明德新民」論的「修身」部分（正心、誠意），「治國、平天下」部分要全部拋棄。因為他認為，只要「修身」就能「治國平天下」的觀點或只要「明德」就可「新民」的觀點是違背「科學」的精神。

　　陳仲金主張將儒教倫理道德與西方「科學」有機結合，以免受西方國家因極端追求「科學」而正要面對的惡劣後果。潘魁則認為，陳仲金的擔憂簡直是杞人憂天。潘魁承認，歐美國家的一些人厭倦「科學」是確有其事。但那些人只是極少數，況且「他們因多餘了才厭倦，而我們需要有的，現在還沒有，所以我們無論如何都要追上」〔註252〕。所以，不能看人家厭倦，我們就

〔註250〕潘魁：〈請陳仲金先生同孔子、孟子到邏輯（M.Logique）家做客。那裡，我們再談〉，《婦女新聞》，西貢，第63期（1930年7月31日），第64期（1930年8月7日），收於賴原恩彙編：《潘魁檔案》，來源：http://www.viet-studies. info/Phankhoi/index.htm。

〔註251〕潘魁：〈請陳仲金先生同孔子、孟子到邏輯（M.Logique）家做客。那裡，我們再談〉，《婦女新聞》，西貢，第63期（1930年7月31日），第64期（1930年8月7日），收於賴原恩彙編：《潘魁檔案》，來源：http://www.viet-studies. info/Phankhoi/index.htm。

〔註252〕潘魁：〈請陳仲金先生同孔子、孟子到邏輯（M.Logique）家做客。那裡，我們再談〉，《婦女新聞》，西貢，第63期（1930年7月31日），第64期（1930年8月7日），收於賴原恩彙編：《潘魁檔案》，來源：http://www.viet-studies. info/Phankhoi/index.htm。

跟著厭倦。

針對潘魁的回應，陳仲金撰文〈請潘魁先生回我學堂談話〉〔註253〕，繼續就儒教與「科學」問題與潘魁進行爭論。在此文中，陳仲金仍然保留將儒教與「科學」相結合的觀點。他再次聲明，他並不反對學習西方「科學」，因為學習「科學」是人類的大勢所趨。沒有科學，國家就不能發展強盛。「科學」是有價值的，但過分偏於「科學」也不好。過分偏於「科學」的不好之處充分體現在當前西方人對「科學」的厭倦情緒。陳仲金認為，除了「科學」（物質部分），人的生活還需要有「心」（倫理道德）。因此，在學習人家的「科學」的同時，我們要以「心」為學習「科學」的根本和基礎。只有這樣，我們的學習和發展才有根本、牢固和富有民族特色：

> 如此進化，我們就不會丟失我們自己的特性，而且我們的進化是
> 有義理和牢固的，不會走到糊裡糊塗、混亂繁雜、不知標本的地
> 步〔註254〕。

任何社會都需要「科學」和「心學」。學習「科學」是必要的，但不能拋棄「心學」。「科學」幫我們發展智慧和物質，儒教「心學」幫我們修養道德和感情。「科學」與「心學」的有機結合使我們精神健康、和諧、不偏重、不極端地發展。正因為如此，「所以我致力於維護孔教，希望國人不要偏於科學一面或心學一面，免得偏重，有害我們精神。因為我怕情況會像一位元西方作家所說的那樣：『有科學卻沒良心，就只能有害精神』。如果精神軟弱，就怎能進化呢」〔註255〕。陳仲金認為，我們繼承、維護和發揚儒教「心學」就像西方國家在發展科學的同時仍然以基督教為本。

陳仲金同意潘魁的觀點，即西方厭倦科學者為數不多，但他同時表示，高超出眾的思想一般發自少數人之中，多數人只看到眼前的淺近事情。人們

〔註253〕陳仲金：〈請潘魁先生回我學堂談話〉，《婦女新聞》，西貢，第71期（1930年9月25日）、第72期（1930年10月2日）、第74期（1930年10月16日），收於陳仲金：《儒教》，〈附錄〉（河內：文學出版社，2003年），第687～720頁。

〔註254〕陳仲金：〈請潘魁先生回我學堂談話〉，《婦女新聞》，西貢，第71期（1930年9月25日）、第72期（1930年10月2日）、第74期（1930年10月16日），收於陳仲金：《儒教》，〈附錄〉（河內：文學出版社，2003年），第706頁。

〔註255〕陳仲金：〈請潘魁先生回我學堂談話〉，《婦女新聞》，西貢，第71期（1930年9月25日）、第72期（1930年10月2日）、第74期（1930年10月16日），收於陳仲金：《儒教》，〈附錄〉（河內：文學出版社，2003年），第706頁。

大都喜歡「科學」的舒適，但也有人不將之視為人生妙趣。「在潘先生看來，他們是稀奇古怪，但說不定他們則認為，我們才是瘋狂人呢。反正，很難斷定誰是對的，是他們還是我們？」〔註256〕。

雖然贊成潘魁的觀點，即只應留下孔教的「修身」部分，應拋棄違背「科學」的儒教所有其他內容，但陳仲金不同意潘魁所援引的旨在證明儒教與「科學」相反的證據。比如，陳仲金不認可潘魁所謂「孔教玄學違背科學」、儒教「明德新民」論只是高超的構想，無法驗證，是違背和阻礙科學的觀點。陳仲金認為，「現代科學」的廣義是指人類的全部知識，「有理貫通和方法就成系統」〔註257〕。「現代科學」的狹義是指如物理學和化學等的具體科學。按「科學」的廣義，「孔教是有貫通理、有方法和系統的哲學學科，即它仍符合於科學」〔註258〕。孔教的系統是「天地萬物一體」，孔教的方法以「直覺」為主。

陳仲金表示，大體上，現代西方哲學有兩種方法。一是證論方法：是以先天定義或「理」為根本前提。接著拿「理」證論其他觀念，使其他觀念與原始的「理」相符。該方法只按理考慮問題。二是實驗方法：是以觀察、實驗為根本。陳仲金認為，從內容和意義方面，孔教是屬於西方第一哲學方法（「證論」）的哲學。

孔教奉行「天地萬物一體」主義，「以先天定義為本」〔註259〕。既然天地萬物是「同為一體」，那麼人心中的「仁」道也同一於天地萬物的「仁」道。這就是天與人的「仁」道的二合一。「仁」道是上天賦給人類的靈覺照明和天真純潔。它存於人心中，叫做「明德」。如果我們讓私心、私欲遮蔽明德，暗化「仁」道，那麼我們心中的「仁」道和天地萬物的「仁」道的「一

〔註256〕 陳仲金：〈請潘魁先生回我學堂談話〉，《婦女新聞》，西貢，第71期（1930年9月25日）、第72期（1930年10月2日）、第74期（1930年10月16日），收於陳仲金：《儒教》，〈附錄〉（河內：文學出版社，2003年），第720頁。

〔註257〕 陳仲金：〈請潘魁先生回我學堂談話〉，《婦女新聞》，西貢，第71期（1930年9月25日）、第72期（1930年10月2日）、第74期（1930年10月16日），收於陳仲金：《儒教》，〈附錄〉（河內：文學出版社，2003年），第710頁。

〔註258〕 陳仲金：〈請潘魁先生回我學堂談話〉，《婦女新聞》，西貢，第71期（1930年9月25日）、第72期（1930年10月2日）、第74期（1930年10月16日），收於陳仲金：《儒教》，〈附錄〉（河內：文學出版社，2003年），第711頁。

〔註259〕 陳仲金：〈請潘魁先生回我學堂談話〉，《婦女新聞》，西貢，第71期（1930年9月25日）、第72期（1930年10月2日）、第74期（1930年10月16日），收於陳仲金：《儒教》，〈附錄〉（河內：文學出版社，2003年），第711頁。

體」就會消失。屆時，我們將成為卑賤小人，只顧私心私欲而忘記仁義道德。因此，人類的任務是修養、鍛煉、洗淨私欲、照亮心中明德，以求人心中的「仁」道與天地萬物的「仁」道實現二合一，形成「一體」。在「一體」成就後，人就成為正人君子。這正是儒教賢人之學。「德」一旦「明」了，我們就必有「親民」之心，因為「明明德是形成『天地萬物一體』的『體』。親民是達到『天地萬物一體』的『用』。所以，『明明德』在於『親民』，而『親民』是為了明明德」〔註260〕。在我的「德」已「明」後，我就親於我父、他父和天下父親，讓我的「仁」與我父、他父和天下父親的「仁」合為一體。只有這樣的一體，「孝」道之「明德」才照耀各地。只有我與天地萬物合為一體，我心裡的父子、君臣、朋友、夫婦之道才照耀全天下。所以才說「德」「明」了就可以修身、齊家、治國、平天下。《大學》的三大綱領是「明明德」，「親民」和「止於至善」。「明明德」是自己修身，「親民」是待人，「止於至善」是「明明德」與「親民」的完美結果。陳仲金肯定《大學》的「明明德、親民」論先於修身，後於貫通到全天下，其意義明確和貫穿標本，「確實很適合西方的證論方法」〔註261〕。

　　值得注意的是，陳仲金不用「新民」，而用「親民」，因為他認為「親民」是原版的，「新民」是程頤和朱熹後來修改的。陳仲金認為，只有「親民」才通暢於文本、合乎於孔教思想。「新民」不通暢於文本、不合乎於孔教思想。這也是陳仲金批評潘魁沒有認真研究古時資料來源，只按照程朱的解釋所以才將「新民」理解為以自己教化天下的原因所在。也正因為這一錯誤，所以潘魁才誤以為儒教的「明德新民」違背「科學」。陳仲金這樣責怪潘魁：

　　　　先生（潘魁──筆者）理應歸咎於程朱先生才是，如果這樣歸咎於

　　　　孔教，先生就簡直是錯了〔註262〕。

　　陳仲金認為，潘魁援引《大學》的「君子不出家而成教於國；未有學養

〔註260〕陳仲金：〈請潘魁先生回我學堂談話〉，《婦女新聞》，西貢，第71期（1930年
　　　　9月25日）、第72期（1930年10月2日）、第74期（1930年10月16日），
　　　　收於陳仲金：《儒教》，〈附錄〉（河內：文學出版社，2003年），第712頁。
〔註261〕陳仲金：〈請潘魁先生回我學堂談話〉，《婦女新聞》，西貢，第71期（1930年
　　　　9月25日）、第72期（1930年10月2日）、第74期（1930年10月16日），
　　　　收於陳仲金：《儒教》，〈附錄〉（河內：文學出版社，2003年），第713頁。
〔註262〕陳仲金：〈請潘魁先生回我學堂談話〉，《婦女新聞》，西貢，第71期（1930年
　　　　9月25日）、第72期（1930年10月2日）、第74期（1930年10月16日），
　　　　收於陳仲金：《儒教》，〈附錄〉（河內：文學出版社，2003年），第713頁。

子而後嫁者也」，並認為它違背「科學」也是不對的。陳仲金解釋，此段的意思是，在完成修身（明明德）後，人就成為君子。君子一旦懂得以「孝」道侍奉父親，就懂得侍奉君主，一旦懂得以「悌」重視兄長，就懂得尊敬國內尊長，一旦懂得以仁愛、慈善之心對待家人，就懂得使喚國內百姓。意思是，君子若能以「孝」、「悌」、「慈」對待家裡人，就可以使喚國內民眾。因為，儒教認為，自己的修身和家與國的教化都起源於「孝」、「悌」、「慈」。一旦成就家中的教化，就能成就國內的教化，因為儒教奉行「一體」論，所以家中的人和國內的人都奉行同一個教化之道。所以才說「君子不出家而成教於國」。

　　至於「未有學養子而後嫁者也」，此句是摘自《書經‧康告篇》的，說明《大學》治國、平天下的結果。此句的意思與〈康告篇〉的「如保赤子，心誠求之，雖不中，不遠矣」相吻合。就是說，從政者要像愛護初生嬰兒的母親一樣。母親誠心養育和無比愛護嬰兒，儘管嬰兒未能說出他需要什麼，但身為母親者仍然懂得的。從政者要愛民如赤子，要以天賦的精誠、善良之心去理解百姓。這樣，自然就知道百姓需要什麼。從政者對民眾的精誠和善良本來是我們固有的，不是學後才會，就像母親對赤子的母愛那樣自然，母親是不要學會疼愛子女的。這才是此句的意思，**「而不是潘魁先生所理解的那樣：『未學會養子』是我們今天一般所理解的沒有學會養子方法。因為這樣理解，所以先生才說它違背了科學」**〔註263〕。陳仲金認為潘魁並沒有真正理解哲學的精微意義，只是做了倉促的判斷，所以誤解了做為儒教重要思想的「明明德、親民、止於至善」的意義。不僅如此，潘魁還憑自己的誤解，修改《大學》有關內容的原始意義。陳仲金肯定「明明德、親民」並不違背「科學」。它之所以被視為違背「科學」，是因為潘魁在研究儒教思想、義理時缺乏慎重所致。所以，這裡所違背「科學」的是潘魁的淺近解讀，而不是儒教思想。如果潘魁認為「明明德、親民」沒有得到實際證驗，陳仲金則這樣辯論：

> 試問，先生（潘魁——筆者）所看到的符合實驗的哲學理論究竟有幾條？當看待一門純理哲學時，我們要判斷它是否合乎它所認准的道理。如果合乎，就是合乎科學。如果拿實驗哲學來判斷純理哲學，這就是不對的。因為各門科學採取各自的方法，不能拿這個來判斷

〔註263〕陳仲金：〈請潘魁先生回我學堂談話〉，《婦女新聞》，西貢，第71期（1930年9月25日）、第72期（1930年10月2日）、第74期（1930年10月16日），收於陳仲金：《儒教》，〈附錄〉（河內：文學出版社，2003年），第715頁。

那個。如果要哲學理論必須切合實驗，那麼我想就沒有什麼哲學可言了。所以，我不能接受先生關於「明明德、親民」不合乎科學的說法，因為先生所理解的都是錯的〔註264〕。

　　至於潘魁援引葉公與孔子的問答內容，認為孔教只提「所當然」，不提「所以然」是違背「科學」，陳仲金做出這樣的回饋：《論語》是記錄孔子與弟子之間的簡短、含蓄的對話的書籍。該書有多處意味深長，要思考得良久、量多才能充分地理解其意義和領會其中妙處。《論語》不是教誨某個知識的教材，所以不能提供充分、深入的解答。況且，孔子的教法是「對症立方」（教法因弟子而異）和「舉一隅」（教誨弟子一條知識，讓弟子自己瞭解其他知識），所以閱讀《論語》要理解其言外之意，「不以辭害意」。當葉公問起治國方法時，孔子回答說「近者悅，遠者來」。這是結果（所當然）。之所以這樣回答，是因為孔子知道葉公以武力治國，不理解政治的根本在於得到人心。葉公聽了之後，並不追問，因為他知道孔子正批評自己以武力治國、治民的政策。至於「所以然」，這裡是指孔子要葉公放棄武力政策，採用仁政政策收服人心。此段雖然有些難懂，但這就是孔子的「一舉隅」教法。如果潘氏認為《論語》的此段違背了「科學」，因為只提「果」，不提「因」，並要求《論語》的所有對話一旦說到「果」就要說到「因」，但是「**就連西方 Pascal 的 "Les Pensées" 和 Anatole France 的 "Le jardin d'Epicure" 也有多處比孔子的話還難懂，是不是也要把它們全部刪除呢？**」〔註265〕。教學是有很多方法的，有的鮮明易懂，一聽就明白，有的只說關鍵，聽者要用心去思考、體會。各有各的教法，只要合理即可。「科學」也是如此，有許多方法，不一定要遵循某個固定的方法，「**如今潘先生只採用一個方法，即任何事情凡是提到所當然，就要提到所以然，並要求所有學說採取這樣的方法。說實話，先生對學問的這種見解是很奇怪的，且前所未有**」〔註266〕。

〔註264〕 陳仲金：〈請潘魁先生回我學堂談話〉，《婦女新聞》，西貢，第71期（1930年9月25日）、第72期（1930年10月2日）、第74期（1930年10月16日），收於陳仲金：《儒教》，〈附錄〉（河內：文學出版社，2003年），第715頁。

〔註265〕 陳仲金：〈請潘魁先生回我學堂談話〉，《婦女新聞》，西貢，第71期（1930年9月25日）、第72期（1930年10月2日）、第74期（1930年10月16日），收於陳仲金：《儒教》，〈附錄〉（河內：文學出版社，2003年），第718頁。

〔註266〕 陳仲金：〈請潘魁先生回我學堂談話〉，《婦女新聞》，西貢，第71期（1930年9月25日）、第72期（1930年10月2日）、第74期（1930年10月16日），收於陳仲金：《儒教》，〈附錄〉（河內：文學出版社，2003年），第719頁。

至於儒教的論理學，陳仲金認為，孔教是一門哲學。如果認真研究孔教，我們就會發現孔教也跟西方哲學一樣由心理學、論理學、超物學（超形學）和倫理學四個部分組成。其中，儒教哲學的超物學和倫理學尤為突出，而論理學和心理學則比較淡薄。後來，儒教的心理學得到孟子繼承和發揚。而孔子起初提倡的論理學則是《論語》中的「正名」論，之後又得到荀子的繼承和發揚。孔子之所以不使用西方「理智」的論理學方法，是因為孔子主張以「直覺」為認識工具，「主以心的『直覺』求更快、更明的理解」〔註267〕。心的「直覺」包括「理智」，但「直覺」還是主要和帶有主動性的，「理智」只是次要。所以當研究事物的義理時，如果我們只單獨使用「理智」，就很難理解事物的真理所在，因為「理智」是次要，不牢固、不充分。當我們研究孔教的義理時，我們要超越「理智」的範圍，用「虛心」領會才能夠充分、透徹地理解孔教的義理思想。因此，孔子的論理學方法比西方純「理智」的論理學還奧妙和深邃：

> 孔教的論理學方法仍然合理，而且更為深邃，只不過太難了，很少人能學會。但不管怎麼說它還是一種方法〔註268〕。

重視心的「直覺」、輕視「理智」的孔子論理學方法儘管與西方純「理智」的論理學不同，但卻與當代西方若干哲學家的論理學方法十分相似：

> 法國的 Boutroux 等哲學家認為：「我們的理智是被我們的各種感覺和想像力所使喚的，是流蕩和狡詐的權力」愛怎麼使喚就怎麼使喚。無論是君主還是奴隸，都是我們的理智所致的。正是法國大哲學家 Pascal 曾經說過，要用心思考才能透徹理解各種原理，因為「心也有它自己的、理智無法摸清的道理」〔註269〕。

從此，陳仲金做出這樣的結論：「思考深邃事情時，如果僅用理智，那是

〔註267〕 陳仲金：〈請潘魁先生回我學堂談話〉，《婦女新聞》，西貢，第 71 期（1930 年 9 月 25 日）、第 72 期（1930 年 10 月 2 日）、第 74 期（1930 年 10 月 16 日），收於陳仲金：《儒教》，〈附錄〉（河內：文學出版社，2003 年），第 707 頁。

〔註268〕 陳仲金：〈請潘魁先生回我學堂談話〉，《婦女新聞》，西貢，第 71 期（1930 年 9 月 25 日）、第 72 期（1930 年 10 月 2 日）、第 74 期（1930 年 10 月 16 日），收於陳仲金：《儒教》，〈附錄〉（河內：文學出版社，2003 年），第 706 頁。

〔註269〕 陳仲金：〈請潘魁先生回我學堂談話〉，《婦女新聞》，西貢，第 71 期（1930 年 9 月 25 日）、第 72 期（1930 年 10 月 2 日）、第 74 期（1930 年 10 月 16 日），收於陳仲金：《儒教》，〈附錄〉（河內：文學出版社，2003 年），第 708 頁。

不夠的，還需要有心。所以不管潘先生相信與否，（儒教的——筆者）直覺方法仍然是科學裡面很有價值的方法」〔註270〕。陳仲金認為，之所以潘魁以為孔孟學說違背西方論理學，是因為潘魁不懂得，孔教的論理學方法也正是現代「科學」中具有重要價值的一種方法。

鑒於上述孔教論理學觀點，陳仲金就潘魁所援引的並憑此認為孔教違背「科學」的證據逐一進行了辯論和反駁。

關於孔子就「孝」道回答孟懿子提問的內容，如果潘魁認為孔子的回答是「模棱」（Amphibologie）和「繆妄」（欺騙，誘惑），陳仲金卻持相反的看法。他說，孔子之所以這樣回答是因為他的教法是「對症立方」、「一舉隅」和「循循善誘」。該教法仍然「合乎論理法」〔註271〕。潘魁之所以以為孔子在此段對話的回答違背了現代的邏輯學是因為潘魁「只拘泥於一種論理方法，而沒有充分理解其中的道理。這正好是學問中值得萬分謹慎的細節」〔註272〕。

如果潘魁以為，當桃應問起「舜為天子，皋陶為士，瞽瞍殺人，則如之何」（《孟子·盡心上》）時，孟子對他的回答違背了邏輯學的「假言推理」和「遁詞」，那麼陳仲金則認為這段對話的問與答是十分清楚，但潘氏卻以為它違背了邏輯，「我實在不懂先生的論理方法。是不是先生被邏輯小姐的嬌豔弄得一塌糊塗了」〔註273〕。何況，這是教誨道理、富有教育意義的假定故事，「潘先生卻說要拋棄，我實在不懂先生的學問到底如何，竟然能提出這麼奇怪的意見」〔註274〕。

〔註270〕陳仲金：〈請潘魁先生回我學堂談話〉，《婦女新聞》，西貢，第71期（1930年9月25日）、第72期（1930年10月2日）、第74期（1930年10月16日），收於陳仲金：《儒教》，〈附錄〉（河內：文學出版社，2003年），第708頁。

〔註271〕陳仲金：〈請潘魁先生回我學堂談話〉，《婦女新聞》，西貢，第71期（1930年9月25日）、第72期（1930年10月2日）、第74期（1930年10月16日），收於陳仲金：《儒教》，〈附錄〉（河內：文學出版社，2003年），第691頁。

〔註272〕陳仲金：〈請潘魁先生回我學堂談話〉，《婦女新聞》，西貢，第71期（1930年9月25日）、第72期（1930年10月2日）、第74期（1930年10月16日），收於陳仲金：《儒教》，〈附錄〉（河內：文學出版社，2003年），第691頁。

〔註273〕陳仲金：〈請潘魁先生回我學堂談話〉，《婦女新聞》，西貢，第71期（1930年9月25日）、第72期（1930年10月2日）、第74期（1930年10月16日），收於陳仲金：《儒教》，〈附錄〉（河內：文學出版社，2003年），第693頁。

〔註274〕陳仲金：〈請潘魁先生回我學堂談話〉，《婦女新聞》，西貢，第71期（1930年9月25日）、第72期（1930年10月2日）、第74期（1930年10月16日），

　　關於孟子對萬章提問「堯以天下與舜，有諸」做出的回答，如果潘魁以為孟子的回答犯了邏輯學的錯誤，即「變更論點」原則，那麼陳仲金卻認為，在這段對話裡，答案與問題是相符的，沒有什麼「變更論點」可言。而「按照先生（潘魁——筆者）的論理方法，那些回答犯了『變更論點』之錯。這就怪了。帶有『有諸』的問題，意思是『有嗎』或『有沒有那件事』；回答『否』，意思是『沒有』。不知潘先生如何論來理去，最終說道：『如果真正按照論理學，那麼這裡，孟子得先回答那件事情到底有沒有，之後再說別的』。那麼請問，先生以為孟子的回答『否』是何意思？先生曾怪孟子犯了論理方法的錯誤，那麼現在先生認為自己犯了論理學的哪個錯誤？」〔註275〕。這明明是意義深遠的一章，但潘先生竟然認為是「繆妄」和「變更論點」。我認為「也許因為潘先生善於論理，持有遠見，但恕我直言，我真搞不懂先生所說的話」〔註276〕。

　　關於孟子與陳相就許行的「並耕」論的對話，如果潘魁認為孟子的回答是「繆妄」，「諷刺」，「強辯」的話，那麼陳仲金卻持相反的觀點。在分析該章的意義之後，陳仲金認為，潘魁只光顧文辭，而忽略了義理精神，所以不懂聖賢之道，誤以為它違背論理學。儒教核心在於精神，學者要認真研究以求充分體會其中義理。意思吻合，但文辭不明、鬆馳、或錯誤，就不應該拘泥於文辭，以免「以辭害意」。只有據意領會才能透徹理解孔孟的言外之意。陳仲金提醒潘魁，西方現代的論理學方法對充實我們的知識是很必要的，但如果只根據論理學，就不足以讓我們領會到真理的精微和深遠之處。因此，在探索真理的時候，除了「理智」的論理學，我們還需要「心」的「直覺」，所以「就在西學裡面，連賢哲 Pascal 也說：『我們認知真理，不僅是靠理智，而且還要靠心』。足見，用心去體會也是十分必要的，所以儒教注重保持心的虛和靜，不讓其出現堵塞，這樣才能『精義入神』，透徹理解深遠知識。所以我們要注重心的直覺，因為它能幫助我們理解得快和明朗。只有依靠直覺，我們

　　　　收於陳仲金：《儒教》，〈附錄〉（河內：文學出版社，2003 年），第 694 頁。
〔註275〕陳仲金：〈請潘魁先生回我學堂談話〉，《婦女新聞》，西貢，第 71 期（1930 年 9 月 25 日）、第 72 期（1930 年 10 月 2 日）、第 74 期（1930 年 10 月 16 日），收於陳仲金：《儒教》，〈附錄〉（河內：文學出版社，2003 年），第 695 頁。
〔註276〕陳仲金：〈請潘魁先生回我學堂談話〉，《婦女新聞》，西貢，第 71 期（1930 年 9 月 25 日）、第 72 期（1930 年 10 月 2 日）、第 74 期（1930 年 10 月 16 日），收於陳仲金：《儒教》，〈附錄〉（河內：文學出版社，2003 年），第 696 頁。

才能懂得本來隱約難見的真理」〔註277〕。陳仲金批評潘魁過分偏於「理智」，熱衷於採用西方論理學規則為衡量、評估、判斷儒教思想的尺度，而忘記了「心」和聖賢之道的深遠、奧妙義理。這正是導致潘魁對聖賢義理的認識如此淺近和錯誤的原因所在：

> 聖賢之學有許多精微、奧妙之處，我們一旦疏忽，就會差之毫釐謬以千里。如果我們不慎重，不拿公正虛靜之心衡量是非，就等於我們害道，給學問造成損失〔註278〕。

從潘魁與陳仲金就儒教與「科學」的爭論可以看出，如果潘魁利用現代的西方邏輯學原則為分析、評論和判斷孔孟學說的尺度和標準，從而指出孔孟的教誨違背了邏輯學基本原則的話，那麼陳仲金則通過分析、解讀儒教思想的意義、性質和特殊，尤其是孔教重視「直覺」、輕視「理智」的特殊論理學方法，來反駁和否定潘魁所提出的儒教違背「科學」的所有觀點。陳仲金認為，儒教思想不僅不違背現代「科學」，而且在論理學方法等方面比西方純「理智」的論理學還優越。

（三）評價

在這裡，暫時不談陳仲金對儒教「科學」思想的解讀、對儒教與現代「科學」結合的評價、以及他與潘魁圍繞這一主題的爭論是對是錯。但必須肯定的是，陳仲金將儒教加（＋）西方現代「科學」的將來越南文化模式具體化為儒教「德育」與西方「智育」相結合的現代教育模式，充分體現了他對傳統與現代之間的辯證關系的觀點和看法。可以斷定，陳仲金先肯定儒教的現代價值，之後將儒教與西方現代「科學」相結合，從而形成將來越南文化模式的觀點和看法並不像某些學者所評價的那樣，只單純是對傳統儒教的一種遺憾或一種保守、盲目的挽救。從某個角度講，陳仲金已越過了儒者本人對儒教傳統文化的「偏愛」。他對文化的考慮和醞釀，或多或少是在反省當時西方文化和越南文化實況之後進行的。這無疑是富有理智色彩的經過深思熟慮和深刻反省的選擇和考慮。

〔註277〕 陳仲金：〈請潘魁先生回我學堂談話〉，《婦女新聞》，西貢，第71期（1930年9月25日）、第72期（1930年10月2日）、第74期（1930年10月16日），收於陳仲金：《儒教》，〈附錄〉（河內：文學出版社，2003年），第698頁。

〔註278〕 陳仲金：〈請潘魁先生回我學堂談話〉，《婦女新聞》，西貢，第71期（1930年9月25日）、第72期（1930年10月2日）、第74期（1930年10月16日），收於陳仲金：《儒教》，〈附錄〉（河內：文學出版社，2003年），第698頁。

三、總體評價

（一）通過陳仲金對儒教的「民主」、「科學」思想以及儒教與「民主」和「科學」之間的關系的上述分析、解讀和陳述可以看出，陳仲金在「民主」和「科學」方面實現儒教思想現代化完全符合他的宗旨。閱讀和解讀儒教經典義理絕不能拘泥於言辭，以免誤解和丟失儒教思想的真實意義。學習儒教者絕不能約束於儒教的腐朽、過時、教條的思想，而要領會儒教的精神和宗旨。學者要「隨時變易」，繼承、發明和現代化隱藏在儒教書籍的具有時代意義的思想，使儒教適應現代社會的新要求。此觀點在陳仲金的《儒教》中得以貫穿，並感染於讀者。這是陳仲金批評傳統和現代儒者不懂得煉取儒教的精髓、拋棄儒教的過時，以繼承和發揚儒教思想的原因所在。他們那幫人死纏不放地抱著儒教的腐爛和教條，使儒教變得腐敗。當儒教陷入危機並日益衰落時，他們就急於背棄、批判儒教，歸咎於儒教，而不願認真反思為何本來那麼美好的儒教突然間就變得如此敗壞、腐敗。陳仲金認為儒教本身並不那麼腐朽和敗壞。之所以儒教被推到衰亡邊緣是因為儒者沒有真正遵循儒教的宗旨和思想。他們沒有真正領會到儒教的精神和宗旨，也不懂得「隨時變易」，以繼承、發揚和創新儒教思想，使之適應時代要求。儒者在認識現代時代的變化、要求和挑戰方面的傳統固執、淺近認識和缺乏清醒是儒教陷入危機和衰落的根源所在。足見，陳仲金致力於在「民主」和「科學」方面改造和現代化儒教思想是為了克服傳統和現代越南儒者在認識和對待傳統儒教遺產方面所存在的缺點。

（二）在涉及儒教與「民主」和「科學」問題時，陳仲金專門就儒教的「君權」、「忠君」和「格物致知」等範疇的現代價值和意義做了獨特的解讀，旨在肯定儒教不僅不與「民主」相互對立，而且還含有許多「民主」因素，儒教與「科學」並不相互衝突，反而醞釀「科學」的萌芽。陳仲金主動吸收西方「科學」，將儒教加（＋）西方「科學」的將來越南文化模式確定為實現國家現代化目標的方式。足見，陳仲金對「民主」、「科學」及其與儒教的關系非常關注。他已認識到，儒教之所以衰落是因為它已失去了存在的基礎，即儒教專制國家和科舉制度。在新的社會條件下，面對時代的新要求，儒教已成為教條、落後的學說，使得它無法在現代社會裡單獨地存在下去。而西方文化的特有產物——「民主」和「科學」正是把儒教推入危機的根源所在。「民主」

和「科學」是儒教的根本欠缺，同時也是儒教需要面對的挑戰。要想恢復和振興儒教，使儒教適應時代的新要求並繼續在現代社會裡存在，就不得不對其進行改造、創新和現代化。儒教的存亡取決於儒教能否越過自己的不足和欠缺、創新自己並適應現代的「民主」與「科學」。這正是敦促陳仲金致力於在「民主」和「科學」方面實現儒教思想現代化，旨在尋求儒教存在於現代社會的新基礎的動機所在。

（三）通過在「民主」和「科學」方面對儒教進行改造和現代化的努力，本來被反傳統傾向者痛批為教條、腐敗、亡國禍根、衝突根源和現代化進程的阻礙的儒教已實現了大翻身，成為滿足西方「現代化」標準的備足「民主」和「科學」思想的完好的學說。在陳仲金看來，儒教並不是只光顧倫理道德的學說，而且還充分包含著「民主」和「科學」思想。陳仲金肯定了儒教的這一優點，意在讓我們重新認識到，不要因為儒教不能產生民主的政治體制和現代化的科學技術而倉促斷定儒教沒有「民主」和「科學」思想，儒教與「民主」和「科學」相互矛盾，無法結合在一起。陳仲金認為儒教不僅不阻礙國家現代化進程，而相反，恰恰是國家現代化事業的基礎。做為儒教特色的倫理道德思想的引導不僅促使我們的現代化進程取得理想和牢固的成就，而且還能避免西方的「物質化」和「科學」極端化的趨勢。儒教固有的「民主」和「科學」思想將為我們吸收和學習西方現代科技、以建立帶有自己特色的民主政治體制——「儒教民主政治」創造便利條件。儒教「民主」思想的特點是既重視「民主」，又重視道德。它不同、且優越於只偏於政體而忽略倫理道德的現代西方民主政治體制。儒教的這一優點正是陳仲金肯定儒教在現代社會存在的價值和理由的基礎。他相信，只有他確立的**儒教加西方「科學」**文化模式——既繼承傳統儒教精華、又採納西方現代「科學」的文化模式——既傳統又現代、現代而富有民族特色的文化模式，才能使得越南健康、穩步地發展，並勝利實現現代化事業。我們的現代化事業不可缺少儒教思想的引導、構築和後盾。儒教正是將來越南文化的核心。

（四）通過陳仲金對儒教「民主」思想的意義和優點的解讀、對西方民主政治體制缺點的批判、以及陳中金所確立的只有儒教和「科學」、沒有西方民主政治體制的存在的越南文化模式可以看出，陳仲金並不熱衷於西方民主政治體制。他始終尊崇儒教「民主」思想並大力渲染儒教「民主」思想對西方

民主政治的優越性。對此，我們要提出這樣一個問題：在致力於在「民主」和「科學」方面實現儒教思想現代化旨在確立將來越南文化模式的過程中，陳仲金為何只承認西方現代「科學」，並將之視為將來越南文化模式必不可少的組成部分，但不願接受西方現代「民主」政治體制，而西方現代民主政治體制明明也是現代化目標不可缺少的兩個基本條件之一呢？為回答這個問題，就要澄清二十世紀初葉越南反傳統傾向者和傳統傾向者所主張的國家現代化方式的基本區別。

如上所述，西方民主政治體制和現代科學技術是一個現代化國家的基本條件，也是現代化進程的目標。未滿足這兩個條件的民族和國家就算是落後的。如果永遠不能滿足這兩個條件，該民族和國家就有可能被淘汰出世界政治舞臺之外。因此，現代化成為了人類的共同目標。不管願不願意，不管跟著傳統傾向還是反傳統傾向，不管各傾向在思想上如何對立，它們都有一個共同點，即承認「科學」和「民主」的價值，並都嚮往一個共同的目標，即按照西方模式建立民主政治體制和現代科技事業。他們的區別在於吸收和實現現代化的方式。如果反傳統傾向者（潘魁）主張通過與傳統儒教思想和文化斷絕關係，實現徹底的西化來建設民主政治體制和現代科技事業的話，那麼傳統傾向者（陳仲金）則主張在傳統儒教思想的基礎上建立民主政治體制和現代科技事業。這是二十世紀初葉越南知識份子在看待傳統文化方面存在的相互對立的兩種傾向和態度。雖然都嚮往實現國家現代化的目標，但由於看待傳統儒教文化遺產的態度不同，導致他們選擇了不同的現代化方式。潘魁與陳仲金就儒教與「民主」和「科學」展開的爭論體現了他們在看待和選擇現代化方式方面存在的基本區別。

通過陳仲金對儒教「民主」思想和西方民主政治的陳述和解讀可以看出，陳仲金稱讚儒教民主思想，並批判、拒絕接受西方現代民主政治體制。之所以這樣是因為他認為，儒教本身已包含了「民主」思想，甚至儒教的「民主」思想比西方民主政治還優越。西方民主政治體制只重視民主政體，不重視領導者的品德。而儒教既包含「民主」思想，又強調並重視民主政體的領導者務必德才兼備。鑒於儒教對西方民主政治的這一優點，陳仲金肯定儒教符合於任何時代：**「跟著什麼政體都可以」**，**「無論跟從何政體，國家**

都得治也」〔註279〕。另外，我們還可以看到陳仲金為何不主張接受西方民主政治的原因。他認為，由於極端地推崇和追求科學，加上過分的自由民主和對人的倫理道德的輕視使得西方陷入了嚴重的社會、經濟、文化危機。認識到西方文化的不足之處，從而儘量引導越南避免重蹈覆轍，這是陳仲金拒絕本來只重視民主政體、輕視人類道德的西方民主政治，以回到發揚儒教「民主」政治思想的軌道的原因。因此，不應只按照儒教加「科學」的將來越南文化模式而以為陳仲金實現現代化進程的具體方式只有儒教和「科學」，而沒有「民主」。其實，這裡缺少的是西方「民主」政治體制，而不是儒教「民主」思想。要知道，儒教所蘊含的不僅是「倫理道德」，而且還是「民主政治」思想。所以，對陳仲金的**儒教**加「科學」的將來越南文化模式的具體和充分的描繪應該是：**儒教（儒教倫理道德思想和儒教民主政治思想）加西方現代「科學」**。儒教本來就含有「民主」思想，所以陳仲金選擇接受、並主動學習，以便與儒教倫理道德思想相結合的是現代「科學」，而不是西方「民主」政治體制。陳仲金拒絕接受和學習西方「民主」政治，希望回到繼承和發揚儒教「民主」思想的軌道表明，他的選擇是經過深思熟慮和反省西方現代民主政治體制的弱點之後做出的。

我們也可以從另一個角度來斷定，陳仲金之所以只接受「科學」、對西方「民主」政治說不，或許是因為他認為，做為偏於探索客觀自然世界規律的、由知識、方法和科技成就組成的體系，「科學」將具有相當獨立的位置，難以與做為一種生活風尚、一個價值體系的儒教道德思想發生衝突。而做為尊重個人自由主義的一種生活風尚，西方「民主」完全異於儒教的思維、生活風尚和價值觀。所以，如果接受西方「民主」政治體制，它必將與儒教的重視道德修養、輕視物質生活、批判過分自由的生活並追求尋常物質生活的克己生活方式發生矛盾和衝突，無法融合在一起。如果確實如此，那麼也許陳仲金還沒有充分認識到現代化的本質。理想上，很難說儒教與科學相互矛盾。但實際上，現代化並不僅僅是機械性地接受「民主」和「科學」。在接受「民主」和「科學」的同時，我們有必要創新和現代化生活觀念、思維方法、處事行為和行動風格，使之適應「民主」和「科學」。儒教的觀念和生活風尚一旦沒有

〔註279〕陳仲金：〈與潘先生漫談孔教〉，《婦女新聞》，西貢，第 60 期（1930 年 7 月 10 日），收於陳仲金：《儒教》，〈附錄〉（河內：文學出版社，2003 年），第 685 頁。

改變，那麼即使接受了「民主」與「科學」，「民主」與「科學」也難以名副其實地發展。儒教的生活觀念、思維方法和傳統的處事行為和行動風格不僅與「民主」，而且還與「科學」相互衝突，所以儒教很難與其融合。儒教重視和強調內心道德的修養，所以忽視知識，脫離經驗，甚至極端到拋棄知識的程度。儒教的價值評估方式是根據良心、良知的「直覺」，而不是根據科學的判斷基礎——「理智」〔註280〕。就連陳仲金援引「格物致知」並據此辯明說它是「科學」的萌芽，認為儒教並不違背科學的做法，也是牽強和缺乏說服力的。在傳統儒者看來，不管是程朱理學還是陸王心學，「格物致知」都不努力去探索客觀事物的原理和規律以收取自然科學知識。「格物致知」不是學習研究自然界，而是針對道德方面的，即通過閱讀、研究聖賢的經典著作暸解道德義理和明化心中的德。

　　另一方面也要看到，一旦「科學」水準得以提高，傳統儒教的生活觀念、思維方法和行動風格也會發生根本的變化。陳仲金好像還沒有認識到這一點，所以他提出的儒教與西方「科學」相結合和融合的主張仍然只是沿用「中體西用」傳統模式的機械加法，沒有取得思想上的突破，從而提出儒教與「科學」、和諧、有效和妥善地結合在一起的具體辦法。儒教倫理道德思想當然有其現代價值，但如何提取以既能繼承儒教的道德優點，又能淘汰其弱點，從而將儒教倫理道德的優點與西方「科學」相結合，使兩者有機結合，不再相互矛盾，這絕不是簡單的事情。但是，對於二十世紀初葉的一位儒者來說，如果我們硬要他提出這麼完好的辦法，這恐怕是過分奢侈的不現實的要求。況且，如何破解這一難題至今仍然具有其現實意義，是給我們當代知識份子留下的大懸念。

　　（五）儘管陳仲金在「民主」和「科學」方面實現儒教思想現代化的內容和操作沒有嚴謹和具有說服力，甚至誤解儒教民主思想和西方民主政治體制，但是憑著從自覺地認識到問題到主動地解決問題，陳仲金似乎成為了給越南儒教注入新活力的先鋒者之一，他給儒教帶來了存在和復興的機會，哪怕這一機會仍然淺於理論、重於空談，在實踐中難以取得成效。我們認為，陳仲金的主要貢獻在於他表達了自己對民族文化的將來發展方向的憂慮和關切。在此基礎上，他致力於確立將來越南文化模式，旨在為民族文化在步入

〔註280〕請參照韋政通：〈科學對中國人文思想的襲擊〉，《儒家與現代中國》（河內：國家政治出版社，1996年），第235～249頁。

將來的道路上穩步前進指明方向。在歐亞文化相互摩擦、新舊價值相互交雜、越南當時知識份子大都爭相痛批儒教、全社會無情地背棄儒教、很少人「平心」地對待儒教遺產及其現代和牢固價值的當時越南社會背景下，陳仲金為煉取、繼承和發揚儒教價值、為把傳統儒教的優點與西方現代「科學」相結合，旨在構築將來越南文化模式所做出的努力是具有重要意義和值得肯定的，充分體現了二十世紀初葉越南一位知識份子對傳統儒教文化遺產和民族文化將來的責任感和使命感。

（六）從越南儒教歷史的發展角度看，同在《孔學燈》〔註281〕致力於在「民主」和「科學」方面實現儒教思想現代化的潘佩珠一樣，陳仲金是越南率先探索將「民主」和「科學」灌輸於儒教，從而將儒教與「民主」和「科學」融為一體的先鋒者之一。這是越南儒者在尋求儒教在現代社會裡存在的新基礎的過程中做出的第一積極和主動的反應。為了振興儒教，陳仲金不像當時越南某些儒者那樣，只是對儒教的衰落深表惋惜或高呼振興儒教的空洞口號，而是採取了具體的行動，即在「民主」和「科學」方面實現儒教思想現代化。陳仲金為在「民主」和「科學」方面實現儒教思想現代化所做出的努力體現了二十世紀初葉越南儒教學術生活中的積極動向。正是陳仲金為推動儒教朝著現代化方向發展的努力，使得越南傳統儒教向新的帶有地區性的趨向，即在「民主」和「科學」方面實現儒教思想現代化旨在振興儒教的趨向，發展。與當時越南一般儒者相比，陳仲金關於在「民主」和「科學」方面實現儒教思想現代化的認識和努力體現了其新穎的、獨特的、富有創新的構想。

（七）目前，越南已經、正在實現國家工業化、現代化事業。工業化、現代化事業給越南帶來了顯著的經濟成就，但與此同時也給越南造成負面影響，即倫理道德墮落、敗壞。面對這一情況，為維護傳統文化特色，構建「富有民族本色的先進的」新型文化，越南共產黨正努力尋回、維護、繼承和發揚民族傳統文化價值，尤其是傳統倫理道德價值。越南共產黨在全民中掀起了「學習和效仿胡志明道德榜樣運動」等大規模運動。在此背景下，當回顧陳仲金在二十世紀初葉所確立的越南文化模式時，我們仍然看到其現實價值和意義。陳仲金主張繼承儒教倫理道德價值，並強調「德育」與「智育」相結合的必要性，足見他對文化的長遠眼光。但這樣說並不意味著，我們可以指望通過陳

〔註281〕參見阮壽德著：〈研究潘佩珠《孔學燈》裏的儒教思想現代化趨向〉，《漢喃雜誌》，第六期（河內：漢喃研究院，2011年），頁37～58。

仲金的理論或過去越南任何一位哲學、思想、文化家的理論，給現實社會找到妥善的答案。不過，筆者認為，深入研究和瞭解他們的思想內容、理論成果和欠缺，對我們認識和追求真理的過程也不是絲毫沒有意義的。

第六章 梁漱溟和陳仲金的儒學思想現代轉化歷程之間的異同

　　經由對梁漱溟和陳仲金的儒學思想現代化過程的論述，我們發現他們在現代化操作上具有許多相同之處如：**他們都批判傳統儒學思想和認同陸王心學；都確立將來文化模式為：儒教+民主和科學；都針對儒家哲學思想和方法進行重新詮釋和現代化；都推崇儒家哲學的直覺方法和批判西方哲學的理智方法等。**梁漱溟和陳仲金之間的這些儒學思想現代化操作的相同，是不是一個偶然的現象，還是他們之間在思想上具有某種接觸聯繫或互相影響？為了明確這一問題，要針對他們儒學思想現代化的三個方面進行比較對照：哲學思想之間的異同，道統思想之間的異同，儒教和民主與科學思想之間的異同。

第一節 哲學思想之間的異同

　　除了上述關於儒學思想現代化操作的相同之外，我們也發現在解讀和論述儒家哲學思想內容和方法時，梁漱溟和陳仲金都發表了相同地、甚至十分類似的觀點、見解和意見。下面我們僅把梁漱溟和陳仲金在解讀和論述儒家哲學思想和方法時的相同內容列舉出來：

梁漱溟和陳仲金關於儒家哲學思想及方法的相同內容的對照表
（表中粗體和帶底線的詞組是兩者相同之處）

次序	內　容	《東西文化及其哲學》	《儒教》
1	儒家哲學思想的特點為變化、調和、相對	- 中國自極古的時候傳下來的形而上學，作一切大小高低學術之根本思想的是一套完全講變化的──絕非靜體的。他們只講些變化上抽象的道理，很沒有去過問具體的問題。（頁121～122） - 有一個為大家公認的中心意思，就是「調和」。他們雖然不一定象這樣說詞，而他們心目中的意思確是如此，其大意以為宇宙間實沒有那絕對的、單的、極端的、一篇的、不調和的事物；如果有這些東西，也一定是隱而不現的。凡是出現出來的東西都是相對、雙、中庸、平衡、調和。一切的存在，都是如此。這個話都是觀察變化而說的，不是看著保靜的宇宙而是看宇宙的變化流行。所謂變化就是由調和到不調和，或由不調和到調和。彷彿水流必求平衡，若不平衡，還往下流。所差的，水不是自己的活動，有時得平衡即下流，而這個是不斷的往前流，往前變化；又調和與不調和不能分開，無處無時不是調和，亦無處無時不是不調和者。陰陽等字樣，都是表示相對待兩意味或兩勢力。在事實上為兩勢力，在吾人觀察上則為兩意味。他們說無處無陰陽即無處非調和，而此一陰或一陽者又各為陰陽之和。如是上下左右推之，相對待相關系於無窮。相對待固是相反而即是相成，	- 天地之道要有相對性才能變化無窮，永不停息，所以宇宙間的萬物只有變化而沒有定。孔子的哲學學說在於《易》，而易乃是天地變化之道〔…〕凡事物只有變才能進展，不變是定，定就是退。天道是無定的，有往者則有來者，往往來來無窮無盡。（頁77） - 天理流行不息，也就是不停地變化，從這種狀態到那種狀態，從中找出調和和平衡。天理的運行仿佛像流水一般。不同的是，當水的兩面都平靜，水就不再流行。而天理卻時時刻刻川流不息，從調和到不調和，又從不調和到調和，也就是由相成變成相反，又由相反變成相成，就這樣地變化個不停。調和和不調和是互相對立，形影相隨的無所不在的兩種理想和勢力。陰和陽象徵著這兩種勢力，所以才說陰和陽到處都有。任何地方都有一陰一陽。它們相互推託，相互對立關聯。一切事物都從其調和所在變化生成。（頁183）

		一切事物都成立於此相反相成之調和的關系之上。（頁123）	
2	儒家哲學的方法為直覺	- 儒家盡用直覺，絕少來講理智。孔子形而上學和其人生的道理都不是知識方法可以去一貫的。（126） - 我們認識這種抽象的意味或傾向，是用甚麼作用呢？這就是直覺。我們要認識這種抽象的意味或傾向，完全要用直覺去體會玩味，才能得到所謂「陰」、「陽」、「乾」、「坤」。（頁121～122）	- 儒家「注重於使用直覺方法」來體會。（頁21） - 道屬於形而上，我們只能通過自身的昭明靈覺來認知，而不能耳聞目睹。（頁595）
3	孔子之學的核心思想為「仁」。「仁」是人所有美德的根源。「直覺」是「仁」、「良知」	- 儒家完全要聽憑直覺，所以唯一重要的就在直覺敏銳明利；而唯一怕的就在直覺遲鈍麻痺。所有的惡，都由於直覺麻痺，更無別的原故，所以孔子教人就是「求仁」。人類所有的一切諸德，本無不出自此直覺，即無不出自孔子所謂「仁」，所以一個「仁」就將種種美德都可以代表。〔…〕「仁」就是本能，情感，直覺〔…〕孔子很排斥理智。（頁132～133） - 此敏銳的直覺，就是孔子所謂仁。（頁131） - 這個知和能，也就是孟子所說的不慮而知的良知，不學而能的良能，在今日我們謂之直覺。（頁130）	- 孔教的宗旨是遵循天理而滋培天地之生，而這個滋培源於仁道。（頁86） - 仁是眾善之端，主於培養天地之生化。（頁87） - 仁道是如此偉大，如此深邃，所以孔子之學也主於仁字。（頁91） - 那個宗旨（太極之理）主於仁道，稟有直覺以通曉天地變化之理，使得時時都能夠遵循此理而仍然得乎其中。（23） - 孔子用「仁」教人對待時代和物欲的方法，也就是遵循天理而使用敏銳的直覺，合時順理地待人處世。（346） - 仁是天地間生化之大本。世間因此而立，萬物因此而生，國家因此而存，禮義因此而昭彰。所以孔教以仁為天下宗教、政治、學術的唯一的宗旨。（頁91） - 這個自然認知能力就是良知，按現在的說法，就是所謂的直覺，其能迅速地明晰地認識事物，並透徹地認知全體的精神。以這種自然認知能力觀察

			事物，即用精神的眼睛透徹地看到事物的精神，就不會出錯。（頁29）
			- 人心中固有的自然的明智乃是明德，也是良知，又可以稱之為直覺，即敏捷的自然認知能力，觀察事物便很快掌握其精神和真理。這種自然認知能力就在乎人心。（頁78）
4	直覺與理智的對立	- 儒家完全要聽憑直覺，所以唯一重要的就在直覺敏銳明利；而唯一怕的就在直覺遲鈍麻痺。所有的惡，都由於直覺麻痺，更無別的原故。（133） - 所怕理智出來分別一個物我，而打量、計較，以致直覺退位，成了不仁。（頁133） - 在直覺、情感作用盛的時候，理智就退伏；理智起了的時候，總是直覺、情感平下去；所以二者很有相違的傾向。（頁133） - 這個「仁」就完全要在那「安」字上求之。宰我他於這樁事安心，孔子就說他不仁，那麼不安就是仁嘍。所謂安，不是情感薄直覺鈍嗎？而所謂不安，不是情感厚直覺敏銳是什麼？像所謂惻隱、羞惡之心，其為直覺是很明的；為什麼對於一樁事情，有人就惻隱，有人就不惻隱，有人就羞惡，有人就不羞惡？不過都是一個安然不覺，一個就覺得不安的分別罷了。（頁132） - 「仁」與「不仁」的分別：一個是通身充滿了真實情感，而理智少暢達的樣子；一個是臉上嘴頭露出了理智的慧巧伶俐，而情感不真實的樣子。（頁133）	- 凡是能夠持守虛靜之心，不讓物欲遮蔽本身自然的明智，那麼人有感必應，並明白各種道理。人心越虛靜，直覺越敏銳〔…〕但凡以私心私意定在利害盈虧之上，直覺就晦暗，人就不會看到天地間流行的天理了。（頁79） - 當我們讓私欲強大起來，本身卻只用理智計算自己的虧盈利害，這樣精神就會搞亂，直覺變得暗昧，即使有感應我們也無從而知。但如果我們知道怎樣壓下私欲，時時都保持調和的態度，保持完全平衡，那麼直覺就更加敏銳，眼一著物就看到其深奧的一面。（頁31） - 有仁之人則直覺很敏銳，一過目便明白所有精微的意義以及全體的真理。不用按部就班地尋求真理。無仁之人則直覺昏暗，見到任何事物都不能馬上明白，所以才要用理智而推算其中的私利。（頁33） - 有仁之人自有其明智的直覺，在心中的安靜默然，實行於外則萬事都合乎至公至善的天理，所以時時都能安。不仁之人則常常為己，為其私心私智，使其直覺黯淡無色，然後勉強想方設法做出惡事，違背天理，所以無時能安。（頁90）

		- <u>我們已經說過孔家要作仁的生活了，最與仁相違的生活就是算賬的生活。所謂不仁的人，不是別的，就是算賬的人。</u>（140）	<u>仁者一身上下充滿著真實的感情，〔…〕不仁者則充滿智術，非常技巧伶俐，但其情感澆薄且不真實，所以變成奸惡殘忍的人</u>。（頁90）
5	直覺是欣賞書畫、藝術、飲食的方法	至於直覺所認識為帶質境，其影乃一半出於主觀，一半出於客觀，有聲音為其質，故曰出於客觀，然此妙味者實客觀所本無而主觀之所增，不可曰全出客觀，不可曰性境；只得曰帶質而已。（唯識家不承認客觀，此特為一時便利，暫如此說之）<u>譬如我們聽見聲音覺得甚妙，看見繪畫覺得甚美，吃糖覺得好吃，其實在聲音自身無所謂妙，繪畫自身無所謂美，糖的自身無所謂好吃；所有美、妙、好吃等等意味都是人的直覺所妄添的。</u>所以直覺就是「非量」，因為現量對於本質是不增不減的；比量亦是將如此種種的感覺加以簡、綜的作用而不增不減得出的抽象的意義，故此二者所得皆真，雖有時錯，然非其本性；唯直覺橫增於其實則本性既妄，故為非量。（頁80）	<u>學術中的思想以及美術中的感受要用直覺來觀察全體，這樣才體會到精神。如果用理智分析每一部份，這樣什麼也看不到。</u>（頁21） <u>要尋找儒教的方法就得用直覺觀察，要用意會。只有這樣才能清楚地看到各種思想片斷之間的關聯。雖然其形式鬆懈支離，但是其精神始終依然是一體罷了。</u>（頁22） <u>觀賞中國繪畫作品，如果用直覺來看，就能看到很多神妙之處，但用理智觀察則一無所獲。因為中國畫主要體現在精神的巧妙，而不是表面的真相。</u>（頁21）
		- <u>凡直覺所認識的只是一種意味精神、趨向或傾向。試舉例以明之。譬如中國人講究書法，我們看某人的書法第一次就可以認識得其意味，或精神；甚難以語人；然自己閉目沉想，固躍然也；此即是直覺的作用。</u>此時感覺所認識的只一橫一畫之墨色。初不能體會及此意味，而比量當此第一次看時，絕無從施其綜簡作用，使無直覺則認識此意味者誰乎？<u>我們平常觀覽名人書法或繪畫時，實非單靠感覺只認</u>	

		識許多黑的筆畫和許多不同的顏色，而在憑直覺以得到這些藝術品的美妙或氣象恢宏的意味。這種意味，既不同乎呆靜的感覺，且亦異乎固定之概念，實一種活形勢也。（頁80）	
6	孔子的人生態度是不計較、任直覺、隨感而應	- 孔子的惟一重要的態度，就是不計較利害。這是儒家最顯著與人不同的態度，直到後來不失，並且演成中國人的風尚，為中國文化之特異色彩的。（頁136） -他們把一個道理認成天經地義，像孔子那無可無不可的話不敢出口。認定一條道理順著看去往下推就成了極端，就不合乎中。事實象是圓的，若認定一點，拿理智往下去推，則為一條直線，不能圓，結果就走不通。（頁128） - 我們再來看孔子從那形而上學所得的另一道理。他對這個問題就是告訴你最好不要操心。你根本錯誤就在找個道理打量計算著去走。若是打量計算著去走，就調和也不對，不調和也不對，無論怎樣都不對；你不打算計量著去走，就通通對了。人自然會走對的路，原不需你操心打量的。遇事他便當下隨感而應，這隨感而應，通是對的，要於外求對，是沒有的。我們人的生活便是流行之體，他自然走他那最對，最妥貼最適當的路。他那遇事而感而應就是個變化，這個變化自要得中，自要調和，所以其所應無不恰好。（頁130）	- 所以夫子「不承認存在一成不變的事物，也不固執於任何事物」。（頁106） - 天理流行不息，人事時而不同，如果將某個道理定為固定的真理，然後緊緊地保守著並以此當作自己行為的準則，這樣就變成固執，態度偏於極端，完全違反隨時執中的宗旨。這是孔教特殊的思想。（頁107） - 時時都隨感而應，任隨自己敏銳的直覺而行動，不認定任何道理為固定的真理。因為，當認定某個道理為固定的真理，必然始終都固執其理，這樣就不符合流行變化不息的天理。（頁108） - 孔子以「仁」道作為骨髓，以「中庸」作為尺度，以溫柔和諧的「無可無不可」之法對待萬事，不認定任何道理是定理，且隨感而應，隨天理而流行，站在哪個地位，處在哪個境遇都安樂，不失君子「無入而不自得」的資格。（頁524）
7	肯定理智的認識價值	- 我們在以前專發揮孔子尚直覺之一義。這也應有一個補訂	- 當（通過直覺）認知到某些事物，必須使用理智再次檢查，

| | | ——非常重要的補訂。譬如純任直覺則一一所得俱是表示，初無無表示之義；無表示之義，蓋離開當下之表示，有一回省而後得之者；此離開當下而回省者，是有意識的，理智的活動。<u>孔子差不多常常如此，不直接任一個直覺，而為一往一反的兩個直覺；此一返為回省時附於理智的直覺。</u>又如好惡皆為一個直覺，若直接任這個直覺而走下去，很容易偏，有時且非常危險，於是最好自己有一個回省，回省時仍不外訴之直覺，這樣便有個救濟。〔…〕。又說『<u>極高明而道中庸</u>』；<u>這明明於直覺的自然求中之外，更以理智有一種揀擇的求中。</u>雙、調和、平衡、中，都是孔家的根本思想；所以他的辦法始終著眼在這上頭，他不走單的路，而走雙的路；單就怕偏了，雙則得一調和平衡。<u>這雙的路可以表示如下：（一）似可說是由乎內的，一任直覺的，直對前境的，自然流行而求中的，只是一往的；（二）似可說是兼顧外的，兼用理智的，離開前竟的，有所揀擇而求中的，一往一返的</u>（頁148～149） | 為了更清楚地知道這些知識是由直覺而知的。（頁34）
<u>直覺雖然敏捷，當今科學家們還要時時使用它，不過它只是上智者用得上的利器罷了，凡人使用直覺就不牢靠。</u>使用直覺，所靠的是精神的光芒，一旦人心不正，意不誠，說不定習慣的勢力或者某些勢力使這線光芒不能準確地照射真理。因此，<u>為了認定自己所知道的知識是正確的，要使用理智來檢查所知的知識。</u>（頁37）
<u>當今人們雖然還承認直覺是很好的認知方法，但仍然要使用理智來檢驗或者分析自己所知的確實性。</u>不過，要留意別讓理智受私欲的束縛，這樣使用理智顯然是很好的事情。（頁37）
<u>我們要同時使用直覺和理智。直覺是為了認知，理智是為了控制。</u>這是當今科學理所當然的方法。不採用這個方法的就不是科學。（頁37） |

　　從上面所述關於梁漱溟和陳仲金在儒學思想現代化操作的相同方式及其兩者在上面對照表中解釋和論述儒家哲學思想和方法時所呈現出來的許多十分類似的見解，我們是否能肯定他們之間具有某種思想的聯繫，如果根據這兩部書的問世時間的前後次序，我們是否能肯定陳仲金已經接受梁漱溟思想的影響，亦即陳仲金的《儒教》一書曾經接受過梁漱溟的《東西文化及其哲學》一書的影響？為這個問題作出肯定的答案，也許還需要指出更為可信的科學證據。因為，研究思想史和哲學史的許多學者曾指出，位於不同地區的許多國家或領土地區，儘管彼此之間並不存在任何地理或思想的關系，但在

一個歷史階段（時間不一定要相應）的相同歷史條件下，這些國家或地區曾發生過與其它國家在內容或類型上十分相同的某一股思想或哲學學說。這不是罕見的情況。況且，中國和越南原來都是儒教的國家，彼此之間的思想接觸與交流關系源遠流長，兩者所面對的都是近現代時期儒教文化的危機，生活在這種社會、政治、思想等方面十分相同的環境中，完全可以導致中國和越南許多人對要解決的同一個問題而提出彼此之間十分相同的想法或解決方式。

另外，陳仲金本來是一位對儒教思想和西方哲學文化都有了深刻的了解的淵博學者。因此，我們完全可以把陳仲金的儒教哲學思想和方法的現代化過程視為他自己認識和反思的成果，而這個反思可能源於他對當時越南儒教文化危機和當時西方哲學文化發展趨勢，尤其為與儒家哲學思想具有許多相同之處的西方非理性哲學學派的自我認識和反省。按照這樣的推論，我們只能肯定陳仲金儒教哲學思想和方法的現代化過程或他對儒教哲學思想和方法的新見解是他自己認識和反思的成果，而無法說明並指出他與梁漱溟有了任何思想聯繫或接受影響。這樣一來，為了釐清陳仲金是否曾經接受梁漱溟思想的影響，並為此找出肯定的答案，我們必須找出更為可信的學術證據。

如上面所述，《東西文化及其哲學》是梁漱溟的最重要著作。在該書中，梁漱溟已經對儒家哲學思想內容和方法進行了全面現代化。《東西文化及其哲學》最突出的特點之一是它專門講儒家生命哲學思想及其直覺哲學方法。《東西文化及其哲學》的作者梁漱溟，被中國學界評價為中國現代思想史上提倡直覺方法和批判理智方法最有影響力的人物。《東西文化及其哲學》不僅為梁漱溟確定了中國現代新儒學的開山者地位，而且還使他成為海內外知名的學者。《東西文化及其哲學》的影響力巨大且廣泛，它不僅對中國思想界起了廣大的影響，而且還影響到國外的許多國家學界。《東西文化及其哲學》問世不久之後，它被翻譯成世界的多種語言。李石岑曾指出：「《東西文化及其哲學》一書出版一年，銷售十餘萬冊，有近百篇論文和十幾本小冊子同他辯論，大打筆墨官司。這樣一鬧，他這部書，居然翻成了十二國文字，把東西兩個半球的學者鬧個無寧日。五年之內同他通訊的信札有五千以上」〔註1〕。

越南與中國山水相連。在過去，越南曾經直接接受中國儒教的深刻影響。在其發展過程當中，中國儒學學術思想的任何重要變化和轉變幾乎都對越南

〔註1〕引自鄭大華：《梁漱溟傳》（北京：人民出版社，2001年），頁132。

儒學學術思想起了或多或少的影響。因此，梁漱溟的《東西文化及其哲學》也不是例外的場合。據我們的考察，《東西文化及其哲學》第一次被潘魁在他〈請陳仲金先生同孔子、孟子到邏輯（M.Logique）家做客。那裡，我們再談〉[註2]一文所談到。接下來，越南著名史學家陶維英在他《孔教批評小論》[註3]一書也談到《東西文化及其哲學》一書。這說明《東西文化及其哲學》在越南的輸入和流行，也說明在《東西文化及其哲學》問世不久之後，它已出現和流行在越南。儘管《東西文化及其哲學》早在那時已經為這些當時越南學者所提及，不過他們對《東西文化及其哲學》一書的認知幾乎只是偶然，而並沒有對《東西文化及其哲學》進行任何介紹或深入研究。

　　雖然《東西文化及其哲學》早在越南流行，但在實現儒教思想現代化的過程中，陳仲金一向沒有說明他儒教思想現代化或他對儒教思想的新見解與觀點是從哪裏來的？是從哪一位學者的思想接受和運用過來，或是他自己對儒教思想的自身反思？在《儒教》一書，只有一次陳仲金談到梁漱溟及其《東西文化及其哲學》一書，這一段話為陳仲金在《儒教》的十九篇〈清代儒教〉的「新學派」節的最後部分所寫的。在談到中國儒教面對反傳統派（西化思潮）的強烈攻擊而成為薄弱以及儒教所需要革新來適應當時社會的新要求，陳仲金說：

> 請看梁漱溟的《東西文化及其哲學》一書，書中所談孔學的部分確有許多可取之處，就明白在未來儒教一定發生一股變化，但儒教的變化只是外表的形狀，而儒教的精神則不可消亡[註4]。

　　這一段話是《儒教》一書中最重要的唯一證據，證明陳仲金曾經閱讀梁漱溟的《東西文化及其哲學》一書。但在這一段話中，陳仲金也並沒有說他有無接受《東西文化及其哲學》思想的影響，因此我們充其量也只能說他曾讀過《東西文化及其哲學》而已，而很難說他接受了《東西文化及其哲學》思想的影響。雖然如此，但如果按照這段話的內容含意來推論，我們還可以獲得較為客觀的結論。

〔註2〕〔越〕潘魁：〈請陳仲金先生同孔子、孟子到邏輯（M.Logique）家做客。那裡，我們再談〉，《婦女新聞》，西貢，第63期（1930年7月31日），第64期（1930年8月7日），收於賴原恩彙編：《潘魁檔案》，來源：http://www.viet-studies.info/Phankhoi/index.htm。

〔註3〕〔越〕陶維英：《孔教批評小論》（順華：觀海叢書，1938年）。

〔註4〕《儒教》，第645頁。

　　我們認為，上面引文中的「確有許多可取之處」詞組不但揭示了陳仲金已讀過《東西文化及其哲學》，而且還表示他很仔細地研讀《東西文化及其哲學》的具體內容。更重要的是，「確有許多可取之處」詞組還表示他很讚美梁漱溟的這本書。這種讚美幾乎也說明陳氏十分贊同梁漱溟在《東西文化及其哲學》對儒教思想所提出的新見解，並且對梁漱溟的思想表示滿意和心得。如上所述，陳仲金對儒教哲學思想和方法的新解釋和新見解之所以與梁漱溟的有了許多相同之處，是否已說明陳仲金對儒教哲學思想和方法的新解釋和新見解就是他對《東西文化及其哲學》的心得與「可取」的成果，這一問題的肯定答案幾乎不言而喻。

　　至此，根據陳仲金和梁漱溟的儒家思想現代化操作的相同，根據陳仲金對儒教哲學思想和方法的新解釋和新見解與梁漱溟的許多相同之處，也根據陳仲金曾經閱讀《東西文化及其哲學》以及他對《東西文化及其哲學》思想的讚美，我們是否能提出這樣的結論：**在對儒教哲學思想和方法進行現代化時，陳仲金曾經讀過並接受梁漱溟《東西文化及其哲學》一書的影響，並且陳仲金也或多或少地接受和運用《東西文化及其哲學》對儒教哲學思想和方法重新解釋的一些觀點來對他自己在《儒教》一書中的儒教哲學思想和方法進行現代化**。這樣一來，在某一程度上，可以說梁漱溟《東西文化及其哲學》已經為陳仲金的儒教思想現代化過程提供了重要的思想資源。

　　陳仲金對梁漱溟思想的接受影響，表示陳氏對當時儒學學術思想變化的及時與敏感地認識，同時也表示為了恢復、振興和把儒教擺脫當時的嚴重危機，陳仲金已經主動地謀求新思想資源來實現儒教思想的現代化。陳仲金對梁漱溟思想的接受影響也證明 20 世紀初期中國和越南之間依然維持儒教學術思想的接觸與交流關系，並沒有斷裂。在許多變動的 20 世紀初期歷史階段中，隨著中國和越南儒教國家的失敗和解體，儒教也失去了政治和教育的正統思想地位，中越長久以來儒教學術思想之間的官方正統交流關系也斷裂。在此背景中，中越儒教學術思想之間的接觸和聯繫幾乎也結束了，但經由接受梁漱溟的思想來實現儒教思想現代化的努力下，陳仲金繼續維持著中越儒教學術思想之間的接觸和交流關系。**他就是 20 世紀初期中越儒教學術思想之間的非正統交流和聯繫的連接橋梁。**當然，這種中越儒教學術思想之間的非正統交流和聯繫只是單向的接受。這段時間中越儒教學術思想之間的非正統交流和聯繫也再次表明梁漱溟《東西文化及其哲學》對國外的影響力是巨大

和廣泛。在《東西文化及其哲學》問世不久之後，它已經在越南流行，並對越南思想界起了重要的影響。從這一角度來看，可以說《東西文化及其哲學》已經為 20 世紀初期中越儒教學術思想之間的非正統交流和聯繫作出極其重要的貢獻。

雖然接受梁漱溟《東西文化及其哲學》的思想來對自己在《儒教》的儒教思想進行現代化，但陳仲金沒有全面地接受梁漱溟的所有觀點。除了儒教思想現代化過程的相同之處以外，我們也看到梁漱溟和陳仲金的儒教思想現代化過程之間具有許多差別之處。關於兩者之間的差別，我們將在後文繼續分別論述。

第二節　道統思想之間的異同

一、中國傳統儒家道統觀的簡介

「道統」即聖道承繼的統系，「儒家指由堯舜禹而至湯文王武王周公孔子孟子的統系」〔註5〕。第一人提出「道統」說並為此作詳細地解釋為朱熹。不過，「道統」觀早已形成在儒家的歷史發展中。不直接言及「道統」，但孔子幾乎是談到「道統」意義的第一個人。在談到堯禪位於禹及其對禹囑咐時，孔子說：「堯曰：咨，爾舜！天之歷數在爾躬，允執其中。四海困窮，天祿永終。舜亦以命禹」（《論語‧堯曰》）。

孔子內孫子思也推崇「道統」觀，並對「道統」的意義作了說明。他把孔子列入道統傳承的譜系：「仲尼祖述堯舜，憲章文武」（《中庸》）。孟子又把「道統」概括成一個五百年為周期的循環規律，並提出由堯舜至孔子的具體道統傳承譜系：「五百年必有王者興，其間必有名世者」（《孟子‧公孫丑下》）和「由堯舜至於湯，五百有餘歲，若禹、皋陶則見而知之，若湯則聞而知之。由湯至於文王，五百有餘歲，若伊尹、萊朱則見而知之，若文王，則聞而知之。由文王至於孔子，五百有餘歲，若太公望、散宜生，則見而知之，若孔子則聞而知之。由孔子至於今，百有餘歲，去聖人之世，若此其未遠也」（《孟子‧盡心下》）。孟子也認為自己承接到孔子的道統，他說：「我亦欲正人心，息邪說，距詖行，放淫詞，以承三聖」（《孟子‧滕文公下》）。

〔註 5〕商務印書館編輯部：《辭源》（臺北：遠流出版事業股份有限公司，1989 年），頁 1672。

　　唐代佛老盛行，韓愈（768～824）大力排斥佛老，並提倡儒家「道統」說：「斯吾所謂道也，非向所謂老與佛之道也。堯以是傳之舜，舜以是傳之禹，禹以是傳之湯，湯以是傳之文、武、周公，文、武、周公傳之孔子，孔子傳之孟軻。軻之死，不得其傳焉」（韓愈：《源道》）。為儒家建立了這樣的道統傳承譜系，韓愈幾乎也自視承接到孟子的道統。

　　自宋代以後，道統說的影響越來越大。程頤（1033～1107）根據韓愈的道統說，認為孟子之後，無人承接儒家的道統，只有他的兄長程顥（1032～1085）承接到孟子的道統，並繼續把程顥納入儒家道統的傳承譜系。在《中庸章句序》，在前人道統觀的基礎上，朱熹繼續說明道統的意義，並把道統傳承譜系的篇幅拉長。朱熹認為二程承接到孟子的道統，並把二程納入儒家道統傳承譜系。自視二程的私塾門人〔註6〕，表示朱熹也自視承接到二程的道統。朱熹之後的儒者都十分重視道統說，並承認朱熹是二程的嫡派，承接到儒家真傳的道統。

　　清代張伯行（1651～1725）在《道統錄》認為周敦頤、張載、程顥、程頤、朱熹承接到孔孟、曾思的真傳道統。他強調說孔子是先聖的集大成，而朱熹是諸儒的集大成。在肯定朱熹承接到孔孟真傳的道統之同時，張伯行也批評陸王心學為異端邪說。這種道統觀就是南宋以下理學儒者所共同承認和推崇的道統觀。由此，可見宋代以後的儒家道統觀不只是儒家的一般道統觀，而是特指由朱熹確立且為理學儒者所推崇的道統觀。凡朱熹之外的思想如陸王心學都被批評為儒家非正統或儒家思想之外的異端邪說。在儒家發展歷史中，自南宋至元、明、清等代，由朱熹所建立的儒家道統觀已經成為一時定論。實際上，自宋代末期至清代末期，程朱理學一直被儒教專制國家政權視為儒家的正統思想，並在中國政治、思想和教育等方面佔有了幾百年的正統官方地位〔註7〕。一直到19世紀末20世紀初，陸王心學才逐漸復活起來。那時肯定和推崇陸王心學的人包括康有為、譚嗣同、梁啟超、孫中山、陳天華、章太炎等〔註8〕。

〔註6〕「河南程氏兩夫子出，而有以接孟氏之傳〔…〕雖以熹之不敏，亦幸私淑而有聞焉」（《大學章句序》）。

〔註7〕關於傳統儒家道統觀的問題，參見蔡德貴、侯拱辰：《道統文化新編》，〈引論〉（濟南：山東大學出版社，2000年），頁1～12。

〔註8〕參見鄭大華：《梁漱溟與現代新儒學》（臺北：文津出版社，1993年），頁139～140。

二、現代新儒家對傳統儒家道統觀的新見解

　　觀察中國現代新儒家的思想發展，我們發現他們對傳統儒家道統觀的看法與傳統儒者視程朱理學為儒家正派真傳思想的道統觀完全不同。現代新儒家並非承認程朱理學為儒家正派的思想，也否認程朱承接到孔孟真正的道統命脈。在他們看來，陸王才是儒家正派的思想，且承接到儒家真傳內聖心性之學的道統，程朱是儒家非正派的思想。

　　現代新儒家認為孟子之後，沒有人承接到儒家的真傳道統。自孟子至唐代期間象數學、佛教、道教的蓬勃發展和橫行，使儒家內聖心性之學無法發揚光大，儒家的道統也由此斷裂。直到宋明二代，儒者才回過頭來由孟子「盡心知性，知性則知天」的思路來繼承和發揮儒家思想，儒家內聖心性之學由此而獲得重新發揚光大。至明末時期，儒家內聖心性之學又再次陷入嚴重的危機。清代儒者著重於訓詁、詞章、文字，而沒有著重於儒家心性之學，儒家內聖心性之學再次為清代考證學所歪曲。現代新儒家嚴厲批評清代考證學，並認為考證學已經背離儒家道統的真正思想與精神。清代之後，又是主張全盤否定儒家思想價值的五四新文化運動。在現代新儒家看來，五四運動者所提倡用科學方法來整理中國的所有歷史文獻的方法，就是再次欺壓儒家內聖心性之學的新考證思潮。

　　關於儒家道統觀的意義和內涵，新儒家認為「內聖心性之學」或稱之為「內聖成德之教」是儒教思想的關鍵和核心，也是儒家思想貫穿和一貫的「聖學的血脈」，同時也是儒家的道統，是中國文化的根源。基於這個認識，絕大部分現代新儒家都承認陸王心學是儒家的正統思想，承接到孔孟內聖心性之學的道統。因此，在發展過程中，現代新儒家一方面認同和肯定陸王心學是承接到孔孟道統的儒家正派思想，另一方面他們也視陸王為與自己有著最密切關系的思想根源，繼承和發展陸王思想到更高的新程度。在此同時，現代新儒家也視程朱理學為儒家非正派的思想，批評程朱沒有理會到孔孟真正的思想與精神，也沒有承接到儒家的正派道統。這是中國現代新儒家有關儒家道統觀的主導思想與共同特徵〔註9〕。

　　關於現代新儒家對儒家道統傳承譜系的具體重建，被研究學界視為現代新儒家集大成的牟宗三（1909～1995）認為「道統」觀念是指儒家的「內聖心性」之學或稱之為「內聖成德」之教。

〔註9〕參見鄭家棟：《現代新儒學概論》（南寧：廣西人民出版社，1990年）。

　　牟宗三對「道統」重建的第一步驟是重新肯定孔子的「教主」地位。他認為孔子所創立的「仁教」是儒家「道的本統」，「仁教」也是「內聖成德」之教，所以「道統」一定要從孔子講，而不是從堯、舜、禹、湯、文、武、周公講。因此，牟氏也不贊同和接受朱熹《中庸章句序》中關於道統所說「堯、舜、禹、湯、文、武、周公相承至孔子」的看法。因為，在他看來，堯舜禹三代所傳的道是「政規業績」或文制的政治之道。那是君道、王道，而不是內聖的道（天道和仁教）。內聖的道與王道截然不同，因此真正的內聖之道是從孔子開始的。

　　接下來，在對孔子之後的儒者們思想作分析和辨別之後，牟宗三提出關於儒家「道統」的這樣結論：能繼承孔子的「道統」，只有曾子，子思，孟子。孟子之後，則有周敦頤、張橫渠、程明道、陸象山、王陽明、胡五峰、劉蕺山。他們是儒家正派的大宗，既能承接儒家的道統，又能維護儒家道統的命脈。在此，牟宗三也嚴厲批評程頤和朱熹。他認為程朱沒有領會到孔孟的真正思想和精神，也沒有承接到孔孟的正派道統。牟宗三不但否定朱熹在《中庸章句序》所建立的儒家道統傳承譜系，而且還把「**歷來被尊為宋明儒之正統和集大成者的朱子判為『別子為宗』，把伊川、朱子一系列判為『宋明儒之旁支』**」〔註10〕。

　　這樣，牟氏的道統觀與傳統儒家的道統觀完全不同。如果說傳統儒者依據歷史文獻和傳說因素來建立儒家道統的傳承譜系，那麼牟宗三則著重從哲學方面來界定、衡量和建立儒家道統的傳承譜系，即把儒家的道統觀徹底擺脫了歷史和傳說的因素。前者偏重於歷史文化，後者偏重於哲學思想〔註11〕。

三、關於陳仲金和傳統儒家及現代新儒家的「道統觀」之間的異同

　　經由簡要地論述傳統儒家的道統觀和現代新儒家對道統觀的新見解，我們看見由陳仲金在他《儒教》一書所重新建立的儒家道統傳承譜系與傳統儒家的道統觀完全兩樣，但陳氏的道統觀又與現代新儒家的道統觀十分相同，即他們都認同、肯定陸王心學和批判程朱理學及清代考證學。這表示認同陸

〔註10〕鄭家棟：《當代新儒學論衡》，〈當代新儒家的道統論〉（臺北：桂冠圖書股份有限公司，1995年），頁20。

〔註11〕關於現代新儒家道統觀的詳細內容，參見鄭家棟：《當代新儒學論衡》，〈當代新儒家的道統論〉（臺北：桂冠圖書股份有限公司，1995年），頁1～38。

王心學和批判程朱理學是 20 世紀初期中國現代新儒家和越南肯定與振興儒
學的傳統傾向者的共同趨向。這反映了兩者在面對恢復、振興和把儒家擺脫
當時嚴重危機的同一個問題所表現出來的共同認識、相同反應、同調轉向及
其所選擇較為統一的具體解決方式。

　　梁漱溟和陳重金有關道統思想的相同點在於他們都認同、肯定陸王心學
和批判程朱理學。他們之間的差別在於梁漱溟讚揚和肯定泰州學派王根父子
繼承到孔子人生哲學思想的真正精神，但是陳仲金則批評泰州學派已歪曲和
毀壞了王陽明的真正思想，他說：「**泰州學派之學，後來已歪曲了陽明之學的
真相**」〔註12〕。

　　雖然梁漱溟和陳仲金都認為中國之所以成為儒弱且陷入近現代時期的
嚴重危機是由後儒沒有遵照孔孟的真正思想所造成的，但是梁漱溟所針對
的批判對象是一般的後儒，而不是特指程朱理學。陳仲金與梁漱溟不同，
他所針對的批判對象不僅是一般的後儒，而是特指程朱理學。雖然他們都
認同和肯定陸王心學，但與梁漱溟相比，陳仲金對程朱理學的批評更為厲
害。陳氏不但批評程朱理學沒有繼承到儒家正派的道統和孔孟的真正思想，
而且還認為儒教之所以成為教條落後，並陷入近現代時期的嚴重危機，是
由於後儒一向承認程朱理學為儒家的正統思想和尊崇程朱理學所造成的。
陳氏強調程朱理學是使儒教成為教條腐敗且使越南成為薄弱和陷入近現代
時期嚴重危機的根本原因。因此，他一向強調，想要讓越南擺脫當前的危
機且成為富國強兵的國家，使儒教能正常地發展和脫離困境，必定拋棄程
朱理學和重返繼承和發揮孔孟真正內聖心性之學、儒家正派之道統的陸王
心學。

　　認同、肯定陸王心學和批判程朱理學是現代新儒家的共同方向，而梁漱
溟是現代新儒家的提倡者，不過梁漱溟和他同時一些新儒家代表者如張君勱、
熊十力、賀麟等人幾乎都沒有意識到重建儒家道統傳統譜系的重要性，因此
他們並沒有著重對儒家道統傳承譜系進行具體重建。關於梁漱溟的儒家道統
觀，鄭家棟指出：「**在梁先生的思想中基本沒有嚴格意義上的「道統」觀念，
他也幾乎沒有論及道統問題**」〔註13〕。一直到被視為現代新儒家第三代集大

〔註12〕《儒教》，頁 652。
〔註13〕鄭家棟：《當代新儒學論衡》，〈當代新儒家的道統論〉（臺北：桂冠圖書股份
　　　　有限公司，1995 年），頁 5。

成者牟宗三（1909～1995）《心體與性體》大著於 1969 年問世的時候，儒家道統傳承譜系的重建工作才為牟氏所系統、詳細和具體地進行的〔註14〕。與梁漱溟及其他同時的幾位新儒家代表者相比，可見陳仲金早已對儒家道統傳承譜系進行較為具體、條理和分明地重建。

由牟宗三和陳仲金所重建的新儒家道統傳承譜系之間的相同點在於，他們都批判和否認程朱理學，且都否定朱熹所建立的傳統儒家道統傳承譜系。他們都脫離傳統儒家的道統觀，並為重建新儒家道統觀及其道統傳承譜系建立了自己的新理論和新標準。他們都放棄了帶有歷史文化傳說因素的傳統道統觀，重新建立含有哲學思想色彩的新道統觀。在他們看來，確定某一位儒者有無繼承到孔孟真正的道統，是必須按照他哲學思想的特質來定位，而不再按照他的文化或歷史傳說因素來衡量。這樣一來，哲學思想成為重建儒家道統傳承譜系的理論基礎和標誌。換句話說，中國現代新儒家和越南振興儒教傳統趨向者不再承認儒家道統源於堯、舜、禹、湯、文、武、周公，再傳至孔子，而肯定孔子是儒家道統的奠定與開創者。因為，他們都肯定孔子所創造的「仁」是儒家內聖心性之學的核心思想，也是儒家道統的核心思想。因此，儒家道統要自孔子講，而不是自堯舜禹講。這是現代新儒家和越南傳統趨向者所重建儒家道統傳承譜系最重要的理論與標誌。這種理論和標誌也是現代新儒家和越南傳統趨向者與傳統儒者之間在建立儒家道統傳承譜系原則中的最大差別之處。

由於都基於建立儒家道統傳承譜系的相同理論和標誌，所以牟宗三和陳仲金所選出來並納入儒家正派道統傳承譜系的所有代表人物基本上是相同的。兩者之間的差別在於，牟宗三對陸王心學思想和程朱理學思想的論述和解釋及其對陸王如何繼承到儒家的真正道統及程朱為何沒有繼承到儒家的真正道統等問題的辯論比陳仲金的更為細膩、詳細和系統。

如果陳仲金只有認同和肯定陸王心學是儒家的正派思想，並把陸王重新納入儒家正派道統傳承譜系，那麼牟宗三則不停於此，他在繼承陸王心學的基礎上，進而重建陸王思想並把陸王思想發揮成一個嚴謹和周密的龐大哲學體系。牟宗三還繼續把他所重建的新儒家道統傳承譜系的篇幅再次拉長，即

〔註14〕關於牟宗三對儒家道統傳承譜系重建的具體內容，參見鄭家棟：《當代新儒學論衡》，〈當代新儒家的道統論〉（臺北：桂冠圖書股份有限公司，1995 年），頁 1～37。

他認為只有熊十力是能繼承到宋明陸王一派的思想，且復活了中國聖學的學脈〔註15〕。

第三節　儒教和「民主」與「科學」思想之間的異同

如前面所述，近現代意義的「民主」與「科學」是中國傳統文化及東亞儒教各國家所缺少的，但「民主」與「科學」又是現代化的基本標準，也是我們走向現代化所必要的道路。因此，現代化的主要內容是接受和建設民主政治和現代科學。如何接受西方的民主與科學，並為自己國家新建民主政治和現代科學成為中國現代新儒家和越南傳統趨向者所努力奮鬥的共同目標。

梁漱溟和陳仲金關於儒教和民主與科學思想的見解之間的相同點在於他們都承認「民主」與「科學」的價值，並且都以「儒教 +（西方）民主與科學」模式當作實現國家現代化目標的具體化方式。他們都相信這種現代化模式對於使中國和越南成功地進行現代化的事業且擺脫近代以來所遭遇到的危機和困擾具有不容置疑的功效。他們也認為只有通過在「民主」與「科學」方面實現儒教思想現代化的模式，儒教才能擺脫近代以來的嚴重危機且能繼續在現代社會生存。雖然都主張在「民主」與「科學」方面實現儒教思想現代化並以此模式為國家現代化目標的具體化方式，但由於梁漱溟和陳仲金對儒教的民主與科學思想以及儒家和民主與科學之間的關系的看法不同，導致兩者之間在「民主」與「科學」方面實現儒教思想現代化的具體化操作有所不同。

梁漱溟認為儒家是中國文化的核心。中國文化的發展路向與西方文化的發展路向不同，因此兩者的文化成就也是兩樣。西方文化的突出成就為民主政治和現代科學，中國文化沒有產生民主與科學。在梁漱溟看來，如果一直按照自己的文化路向發展下去，且沒有與西方接觸，中國永遠不會產生現代的民主政治與現代科學。這意味著儒家原來缺乏民主與科學思想，因此儒家也無法產生民主政治與現代科學。他強調說：

> 無征服自然態度而為與自然融洽游樂的，實在不差。這就是甚麼？
> 即所謂人類生活的第二條路向態度是也。他持這種態度，當然不能
> 有甚麼征服自然的魂力，那輪船、火車、飛行艇就無論如何不會產

〔註15〕參見鄭家棟：《當代新儒學論衡》，〈當代新儒家的道統論〉（臺北：桂冠圖書股份有限公司，1995 年），頁 20～21。

生。他持這種態度，對於種種的威權把持者，要容忍禮讓，哪裡能奮鬥爭持而從其中得個解放呢？那德謨克拉西實在無論如何不會在中國出現！他持這種態度，對於自然，根本不為解析打碎的觀察，而走入玄學直觀之路，如我們第二章所說；又不為制馭自然之想，當然無論如何產生不出科學來。凡此種種都是消極的證明中國文化不是西方一路，而確是第二條路向態度〔註16〕。

我可以斷言假使西方化不同我們接觸，中國是完全閉關與外間不通風的，就是再走三百年、五百年、一千年也斷不會有這些輪船、火車、飛行艇、科學方法和「德謨克拉西」精神產生出來。這句話就是說：中國人不是同西方人走一條路線。因為走的慢，比人家慢了幾十裡路。若是同一路線而少走些路，那麼，慢慢的走終究有一天趕的上；若是各自走到別的路線上去，別一方向上去，那麼，無論走好久，也不會走到那西方人所達到的地點上去的！〔註17〕

基於認為儒家原來缺乏民主與科學思想的這種認識，梁漱溟已經在「民主」與「科學」方面實現儒教思想現代化，即接受西方的民主與科學，並把民主與科學簡單和機械地移植到儒家思想上去。在梁漱溟看來，「儒家 +（西方）民主與科學」模式是實現儒家思想現代化的具體方式，是將來中國文化的模式，也是實現中國現代化目標的具體化方式。

與梁漱溟對儒教的民主與科學思想的見解不同，陳仲金雖然也承認儒教沒有發展和成就民主政治與現代科學，但他並不認為儒教思想缺乏民主與科學思想因素。通過對儒教的「格物致知」詞組和「君權」、「忠君」等範疇的重新詮釋，陳仲金肯定儒教不但具有科學思想的種子且還包含著許多民主思想因素。陳氏認為儒教不但沒有缺乏民主思想，並且與西方的民主政治體制相比，儒教的民主思想還表現得更為優越。因此，陳仲金所建立並以此為實現國家現代化目標的具體化方式的將來越南文化模式只有：「儒教 +（西方）科學」，而沒有西方的民主政治因素。也是說，在實現儒教思想現代化過程中，陳仲金僅有主張接受和引進西方的現代科學成就，而並不接受西方的民主政治。但這並不意味著陳氏所建立的將來越南文化模式只有「儒教」和「科學」，而缺乏了「民主」因素。實質上，陳氏所建立的將來越南文化模式的具體因

〔註16〕梁漱溟：《東西文化及其哲學》（北京：商務印書館，1999 年）修訂本，頁72。
〔註17〕梁漱溟：《東西文化及其哲學》（北京：商務印書館，1999 年）修訂本，頁72。

素仍是：「儒教 + 科學和民主」，不過這模式裏面的「民主」是傳統儒教學說原來所含有的優越「民主」思想，而不是西方的現代民主政治。這樣一來，陳氏所建立並以此當做實現國家現代化目標的具體化方式的將來越南文化模式就是：「**儒教（包括儒教的倫理道德思想和民主政治思想）+（西方現代）科學**」。這也是陳氏實現儒教思想現代化的具體化方式。

這是梁漱溟和陳仲金之間對儒家的民主思想的見解的最大差別。這一根本差別導致兩者在「民主」方面實現儒教思想現代化的操作不同。在梁漱溟看來，儒家原來缺乏民主思想，因此在「民主」方面實現儒教思想現代化，一定要接受和引進西方的民主思想並把西方民主思想移植給儒家上去。陳仲金則認為儒家原來含有著許多比西方的民主政治更為優越的民主思想因素，因此他拒絕接受和學習西方的民主思想。在陳氏看來，在「民主」方面實現儒教思想現代化不是接受、引進或學習西方的民主思想，而是回過頭來對儒教原有的民主思想進行繼承、發揮和弘揚光大。

與梁漱溟簡單和機械地把西方的民主與科學移植到儒家上去的儒家思想現代化方式不同，梁漱溟以後的現代新儒家不贊同梁氏這種儒家思想現代化的做法，也反對把儒家思想現代化視為吸收西方文化的民主與科學的簡單添加法。

沿著由儒家傳統心性之學到現代民主與科學的新外王的道路前進，後來中國現代新儒家不贊同把西方的民主與科學移植給儒家視為一個簡單的添加法，而是要通過實現儒家哲學思想現代化的過程來謀求儒家哲學思想中所含有民主和科學思想因素，並以此為形而上理論基礎來證明他們所提出和肯定「發展民主與科學是儒家內聖心性之學的必要內在需要」的論點。現代新儒家認為只有在儒家哲學思想理論基礎所指導下的現代化，才是中國最理想的現代化方式。這是自中國文化根底的最徹底和最根本的現代化方式。只有通過這種現代化方式，中國才能順利和深刻地接受西方的民主與科學，也能有效地建立和發揮民主與科學在中國，並且也能避免西方各國正在遭遇的當前文化危機。其他現代化的所有方式都是一種忘本且不穩固的借用方式，甚至將把中國變成一個殖民文化之地。

牟宗三聲明他之所以沿著這種儒家思想現代化的方式，因為在他看來，事實上中國文化的發展沒有導致近現代意義上的民主政體與現代科學的產生，但這並不意味著中國文化、儒家文化在本源上是先天不足。中國文化、

儒家思想並不缺乏民主的萌芽種子。民主政治從根本上說應該是中國文化、儒家文化的道德精神自身發展的內在要求。本著儒家思想的內在要求或內在目的，必然地會要求完成民主政體的建立和科學技術的發展。因此，民主與科學是中國文化、儒家思想的道德精神發展和完善的必然要求。在此，牟宗三強調說，中國文化的精神義理如果只是滿足於聖人人格的直覺形態，則無從引進西方的民主與科學。牟氏也指出不能把儒家思想與現代化的關系看成只是一個「適應」問題，而應當看成是「實現」問題，因為從儒家內部的生命中即積極地要求民主與科學，並且儒家是能促進和實現民主與科學的。

為了證明這一論點，牟宗三提出「道德良知自我坎陷」說作為實現現代新儒家所提倡「由內聖開出新外王」或稱之為「返本開新」現代化方針的具體化方式。「返本」是繼承儒家的內聖之學，「開新」是把儒家道德倫理精神落實到外王事業上來開出和成就科學和民主，或稱之「新外王」。「道德良知自我坎陷」的具體內容說明民主與科學的產生乃是由道德主體創造性地轉化出政治主體及知性主體的結果，即從道德主體轉化的角度說明民主與科學的根據。就科學方面而言，是指道德主體（良知）在肯定知識的價值的前提下，能夠自覺地坎陷自己以轉出知性主體。道德主體通過「道德良知自我坎陷」轉出相對獨立的知性主體，為科學的發展提供了內在根據。或者說道德良知通過自我否定自覺地從「無執」轉為「有執」，由道德主體（道德心）轉出知性主體（認知心）來發展科學。德性主體（良知）的作用是完成德性人格，知性主體的作用是成就知識與科學。就民主方面而言，是指由道德主體的自由進而要求政治主體的自由。換言之，民主與科學必定從儒家內聖心性之學的基礎上發展出來，而不是簡單、機械和牽強地把西方的民主與科學移植到儒家思想上去。或者說在「民主」與「科學」方面實現儒家思想現代化的過程是離不開儒家內聖心性之學，而且要以儒家內聖心性之學為形上理論基礎。儒家內聖心性之學是為民主與科學的生根與發展提供和奠定了某種形上基礎。這是牟宗三處理和說明儒家本有的精神義理與民主、科學之關系的特定方式〔註18〕。

〔註18〕關於牟宗三的「三統」說和「道德良知自我坎陷」說，參見鄭家棟：《現代新儒學概論》，第一章〈作為文化思潮的新儒學〉，第五節「科學、民主與儒學第三期發展」（南寧：廣西人民出版社，1990年），頁25〜35；鄭家棟：《當代新儒學論衡》，〈新儒家與中國現代化〉（臺北：桂冠圖書股份有限公司，1995年），頁51〜67。

　　與牟宗三相比，陳仲金在「民主」與「科學」方面實現儒教思想現代化的具體操作並沒有出發於儒家內聖心性之學的根源，也沒有從儒家哲學心性之學探索理論根據，為論述儒教的民主與科學思想以及在「民主」與「科學」方面實現儒教思想現代化提供形上理論基礎。陳氏儒教思想現代化的具體操作只是從儒教經典裏抽選出似乎帶有民主與科學思想的詞句，並對這些詞句進行義理辯論，進而肯定儒教具有民主與科學思想。這顯然只是一種「古已有之」說法的簡單牽強附會。陳仲金幾乎沒有認識到在「民主」與「科學」方面實現儒教思想現代化時，除了他在《儒教》所做的那種從儒教經典裏抽選出幾乎帶有民主與科學思想的詞句，並對這些詞句進行義理辯論和重新解釋儒教思想，進而肯定儒教具有民主與科學思想的簡單做法之外，那麼從儒教內聖心性之學探索形上根據，旨在為論述儒教的民主與科學思想，以及為儒教能夠順利地接受和容納西方現代民主政治與現代科學提供形上理論基礎，也是一個具有理論性意義的重要環節。可見，陳氏儒教思想現代化的這種牽強附會的簡單做法，使陳仲金在「民主」與「科學」方面實現儒教思想現代化只停止在解釋外表的詞句意義，而缺乏了儒教哲學思想和民主與科學思想之間在裏面的深度聯結。沒有堅實哲學理論基礎作為後盾，使得陳仲金對儒教的民主與科學思想的論述以及他為越南現代化進程所建立「**儒教（包括儒教的倫理道德思想和民主政治思想）＋（西方現代）科學**」的將來越南文化模式，也缺乏理論性的說服力。這也是牟宗三和陳仲金在「民主」與「科學」方面實現儒教思想現代化的具體操作之間的差別所在。

　　經由對陳仲金和中國現代新儒家在「民主」與「科學」方面實現儒教思想現代化的操作進行初步地比較，我們可以看到他們之間的異同。如果說他們儒家思想現代化的內容、方向和目標是一致的話，那麼由於他們之間對儒家的民主與科學思想的見解不同，導致他們之間在「民主」與「科學」方面實現儒教思想現代化的具體化操作有所相差。

第四節　其他方面之間的異同

　　除了上面所述的異同之外，梁漱溟和陳仲金的儒家思想現代化過程之間的異同還體現於以下幾點：

- 梁漱溟和陳仲金都肯定孔子是儒家的集大成，且都承認孔子的哲學思想源於《易經》。兩者之間的差別在於，在論述儒家生命哲學思想時，梁漱溟僅論及儒家哲學變化流行的特點，而沒有談到宇宙本體的「太極之理」範疇。其中，陳仲金又針對作為宇宙本體的「太極之理」範疇的意義以及「太極之理」創生萬物的活動原則作了較為詳細地論述和解釋。

- 梁漱溟和陳仲金都認為「直覺」是「仁」、是「良知」。兩者之間的差別在於，梁漱溟還把「直覺」解釋為人的「道德本能」和「本能欲望」，陳仲金則沒有說「直覺」為人「本能的欲望」。

- 他們都肯定直覺方法在認識宇宙本體和人內在道德本體的價值，並且都嚴厲批評理智方法在認識宇宙本體和人內在道德本體的限制，不過他們也都承認理智方法在檢討直覺所獲得知識的正確性的功能。

- 他們都認為傳統儒教的教條、呆板和腐敗是導致近現代時期中越文化和儒教文化的嚴重危機、同時也是使儒教變成一個懦弱的學說，並屈服於西方文化的侵略和壓迫的根本原因。不過，他們都把儒教的這些缺陷歸罪於後儒。在他們看來，儒教之所以變成教條和腐敗都是由於後儒失去了孔孟的真正思想或沒有依照孔孟的真正思想精神去做所造成的。

- 他們都承認西方文化的民主與科學的價值，並主張接受、學習西方的民主與科學，以建設自己國家的民主政治和現代科學，但他們都批評和拒絕西方文化的雜亂物質生活方式。在他們看來，西方文化正在陷入危機，並露出許多弊病尤其為道德人倫的崩潰。因此，他們認為恢復、繼承和發揮儒家道德倫理思想不但為中國未來文化的美好發展奠定了基礎，而且還能克服西方文化當前道德崩潰的趨向。

除了梁漱溟在《東西文化及其哲學》和陳仲金在《儒教》的儒家思想現代化過程內容之間的異同之外，如果再把《東西文化及其哲學》和《儒教》這兩部書作進一步地比較，我們也發現這兩部書還有彼此之間的一些異同點：

- 雖然問世的時間不同（《東西文化及其哲學》問世於 1921 年，《儒教》問世於 1930 年），但兩者問世的動機和目的是相同的。梁漱溟和陳仲金都活在中越儒教發生嚴重危機的時期中，在那個東西文化新舊價值交叉的時刻，他們都關心傳統儒家文化，並對傳統儒家文化的未來命運極為擔憂。因此，這兩部書的撰寫目的都是要通過儒家思想的現代化來繼承和發揮儒家倫理道德的思想，由此肯定儒家道德倫理的現代意義與價值，旨在恢復和振興儒學。

　　- 梁漱溟和陳仲金都對儒家思想進行現代化，但他們的著述方式不同。如果梁漱溟撰寫《東西文化及其哲學》專門論述自己對儒家思想及儒家思想現代化方式的新見解，那麼陳仲金則沒有撰寫一部專門討論儒家思想及儒家思想現代化方式的專書，而通過撰寫一部儒教史來寄托自己對儒教思想的新見解。陳仲金之所以這樣做，可能是由於當時越南社會特殊環境所規定的。陳氏撰寫《儒教》的時期，就是越南政治和文化正在發生了重要轉變的階段。越南儒教專制國家及其教育科舉制度已經解體，越南文字由使用傳統漢文轉入宣傳和使用拉丁文的階段。因此，當時能閱讀漢文書籍的人主要是少數年長的儒者，大多數年輕知識份子都在法越學校學習，他們都不懂漢文，因此也無法了解傳統儒教思想。所以，陳氏以儒教歷史編年形式和用越南拉丁文字來撰寫《儒教》，並在此寄托自己對儒教思想的新見解，旨在為當時越南年輕知識份子提供了儒教思想史的最基本知識，接下來才是為越南讀者提供他對儒教思想的新見解。不過，陳氏這種做法幾乎只有在宣傳儒教思想基本知識的第一目的方面取得較好的效果，而他所主張儒教思想現代化的第二目的則沒有獲得多少效果。因為，從《儒教》問世至今，越南大多數讀者都把《儒教》視為一部儒教史，而幾乎都沒有認識到陳仲金在《儒教》對儒教思想所寄托的新見解。只有與陳氏同時幾位學者如潘魁、吳必素等人認識到陳氏在《儒教》的新見解，不過他們所認識到也只是零散而不是全面的，並且他們也沒有對《儒教》的思想內容進行詳細和全面地研究。

　　- 梁漱溟《東西文化及其哲學》一書所討論的問題沒有限制於儒家思想的範圍之內，該書還論及中西文化的理論和特色，也論及佛家唯識論的哲學思想，但是陳氏並沒有接受《東西文化及其哲學》的中西文化觀及唯識論思想的影響，陳氏對《東西文化及其哲學》所接受的影響只是梁漱溟對儒家哲學思想及其哲學方法的新見解。

　　- 《東西文化及其哲學》的問世，使梁漱溟成為中國現代新儒學的開山者，且聞名國內外的學界。至今，中國和外國學界已經對《東西文化及其哲學》進行了詳細、系統和全面地研究。專門研究《東西文化及其哲學》的項目是難以計數的。《儒教》的問世，也使陳仲金成為當時越南肯定和振興儒教的傳統趨向代表者，並且在越南學界引起了一陣強烈的反響。我們認為《儒教》是反映 20 世紀初期越南儒教學術思想的運動與發展的最重要著作之一。可惜的是，至今《儒教》幾乎仍依然為越南學界視為一部單純的儒教史。從來沒

有任何人對《儒教》進行全面和系統地研究，並對《儒教》的學術思想價值及其它在 20 世紀初期中越儒教學術思想之間的交流與接觸的地位作出應有與恰當的評價。

第七章 結論：相同與差異，開端與終局

一、相同與差異

經由對梁漱溟和陳仲金的儒教思想現代化過程之間進行比較之後，可見雖然接受梁漱溟《東西文化及其哲學》的思想來實現自己在《儒教》的儒教思想現代化，但陳仲金並沒有全盤地接受《東西文化及其哲學》關於儒教思想的所有見解。梁漱溟和陳仲金的儒教思想現代化內容之間的異同已經明顯地反映這一點。陳氏對梁氏的接受影響主要是梁氏關於儒教哲學思想及哲學方法的重要新見解及其儒教思想現代化過程的總體性操作。

關於儒教哲學思想及哲學方法現代化的具體內容，陳仲金主要接受梁漱溟對儒家生命哲學思想及其直覺方法所重新論述的新觀點。關於在「民主」與「科學」方面實現儒家思想現代化，陳仲金不贊同梁漱溟所認為儒家思想原來沒有「民主」思想的觀點。關於儒家道統的重建方面，陳氏也不贊同梁漱溟只有認同和肯定陸王心學是孔孟的正派思想而沒有對儒家道統傳承譜系進行詳細和系統的重新建立。從對梁漱溟的這些不滿之處，陳氏已經致力對儒教思想作了精心地探索和研究，旨在為儒教的民主與科學思想提出了自己的新見解，並為儒教學說重新建立了詳細、系統和富有創造性的新儒家道統傳承譜系。這是陳氏對儒教思想的創造探索和反思。陳仲金的這些創造探索和反思，反映了梁漱溟和陳仲金對儒教的民主與科學思想以及儒教道統觀的見解之間的差別。這一點表示陳氏對梁氏思想的接受影響是取捨與創造的接受，而不是全盤地接受或原樣地仿照的。如果說梁漱溟和陳仲金的思想之間

的相同表示陳氏對梁氏的接受影響，那麼兩者之間的差別又表示陳氏在思想上的獨立與創造的反思。

對儒家思想進行現代化是儒教文化圈地區各國共同和必要趨向。共同面對當時儒教的嚴重危機以及要實現儒教思想現代化的同一個問題來恢復和振興儒教，使各國之間學者們的儒教思想現代化過程的具體內容具有大體相同之處，但由於他們活在不同的具體環境中，導致彼此之間的儒教思想現代化過程的具體觀點與見解仍然具有實質性的差別之處。

二、開端與終局

觀察 20 世紀初期越南儒教學術思想的運動與發展，除了陳仲金之外，還有一位著名學者也對儒教思想進行現代化，即潘佩珠（1867～1940）的《孔學燈》一書〔註1〕。經由對潘佩珠《孔學燈》作初步的研究，我們發現潘佩珠儒教思想現代化的內容和操作與陳仲金的有所不同。如果說陳仲金接受梁漱溟《東西文化及其哲學》的思想來實現自己在《儒教》的儒教思想現代化，那麼潘佩珠則沒有接受任何學者的思想來實現自己在《孔學燈》的儒教思想現代化。因此，可以說潘佩珠的儒教思想現代化是一個獨立反思的過程。潘佩珠儒教思想現代化的內容和操作與陳仲金的也有了許多差別之處。兩者之間的最大差別在於，潘佩珠並沒有對儒教哲學思想內容及哲學方法進行現代化，而僅有在「民主」與「科學」方面實現儒教思想現代化。因此，潘佩珠在「民主」與「科學」方面實現儒教思想現代化的具體方式也沒有出發於儒教內聖心性之學，或以儒教內聖心性之學為形上理論基礎，而仍依然只是一種「古已有之」說法的簡單牽強附會的現代化方式〔註2〕。

經由對 20 世紀初期越南儒教學術思想的著作進行考察之後，我們認為陳仲金和潘佩珠是 20 世紀初期越南儒教思想現代化趨向的開幕代表者，但他們同時也是這個趨向的閉幕者。1949 年以後，由於思想的不同，大多數中國大陸現代新儒家代表都遷居到港臺和海外等地，繼續繼承和發展他們所主張恢復和振興儒學的思路。在越南，陳仲金和潘佩珠之後，我們沒有看到任何著

〔註1〕《孔學燈》是一部論述儒家思想的龐大著作，為潘佩珠在 1929 年至 1935 年期間所編寫的，但一直到 1957 年《孔學燈》才為順華明英出版社所出版的。

〔註2〕關於潘佩珠在《孔學燈》所進行的儒教思想現代化的具體內容，參見阮壽德著：〈研究潘佩珠《孔學燈》裏的儒教思想現代化趨向〉，《漢喃雜誌》，第六期（河內：漢喃研究院，2011 年），頁 37～58。

作接著他們儒教思想現代化的思路發展下去。越南現代時期儒教學術思想的繼承與發展在陳仲金和潘佩珠的努力之後幾乎也斷裂了。中越儒教學術思想之間的交流與接觸在 1949 年之後，幾乎也由此斷裂。

主要參考書目

一、原著

1. 梁漱溟：《東西文化及其哲學》（北京：商務印書館，1999 年）修訂本。

2. 《中國民族自救運動之最後覺悟》（北平京城印書局出版，1932 年）。

3. 《中國文化要義》（台北：五南圖書出版有限公司，1991 年）重訂新版本。

4. 《人心與人生》；（梁培寬，王宗昱編校：《梁漱溟卷》，《人心與人生》，頁 541～849）（河北：河北教育出版社，1996 年）。

5. 《梁漱溟全集》第二卷，（山東：山東人民出版社，1992 年）。

6. 《梁漱溟全集》第五卷，（山東：山東人民出版社，1992 年）。

7. 〔越〕陳仲金：《儒教》（河內：文化通訊出版社，2001 年）。

8. 〔越〕潘魁：〈閱讀陳仲金先生的《儒教》〉，《婦女新聞》，西貢，第 54 期（1930 年 5 月 29 日），收於賴原恩彙編：《潘魁檔案》，來源：http://www.viet-studies.info/Phankhoi/index.htm。

9. 〔越〕陳仲金：〈與潘先生漫談孔教〉，《婦女新聞》，西貢，第 60 期（1930 年 7 月 10 日），收於陳仲金：《儒教》，〈附錄〉（河內：文學出版社，2003 年），第 671～687 頁。

10. 〔越〕潘魁：〈請陳仲金先生同孔子、孟子到邏輯（M.Logique）家做客。那裡，我們再談〉，《婦女新聞》，西貢，第 63 期（1930 年 7 月 31 日），第 64 期（1930 年 8 月 7 日），收於賴原恩彙編：《潘魁檔案》，來源：http://www.viet-studies.info/Phankhoi/index.htm。

11. 〔越〕陳仲金：〈請潘魁先生回我學堂談話〉，《婦女新聞》，西貢，第 71 期（1930 年 9 月 25 日）、第 72 期（1930 年 10 月 2 日）、第 74 期（1930 年 10 月 16 日），收於陳仲金：《儒教》，〈附錄〉（河內：文學出版社，2003 年），第 687～720 頁。

二、專書（依作者姓名筆劃排列）

（一）中文

1. 方克立：《現代新儒學與中國現代化》（天津：天津人民出版社，1997 年）。

2. 王元化：《思辯發微》（台北：書林出版有限公司，1994 年）。

3. 【美】艾愷：《最後的儒家——梁漱溟與中國現代化的兩難》，中譯本，王宗昱、冀建中翻譯，（南京：江蘇人民出版社，1995 年）。

4. 包遵信：《批判與啟蒙》（台北：聯經出版事業公司，1989 年）。

5. 李澤厚：《中國現代思想史論》（台北：三民書局股份有限公司，1996 年）。

6. 李澤厚：《世紀新夢》（合肥：安徽文藝出版社，1998 年）。

7. 牟宗三：《生命的學問》（台北：三民書局股份有限公司，1978 年）。

8. 成中英：《中國哲學的現代化與世界化》（台北：聯經出版事業公司，1994 年）。

9. 成中英：《中國現代化的哲學反省：從傳統到現代理性的總合》（台北：東大圖書股份有限公司，1991 年）。

10. 汝信主編：《儒家文明》（北京：中國社會科學出版社，1999 年）。

11. 李明輝主編：《當代新儒家人物論》（台北：文津出版社，1994 年）。

12. 李明輝：《儒學與現代意識》（台北：文津出版社，1991 年）。

13. 李明輝主編：《儒家思想的現代詮釋》（台北：中研院文哲所籌備處，1997 年）。

14. 江日新主編：《中西哲學的會面與對話》（台北：文津出版社，1994 年）。

15. 宋志明：《現代新儒學研究》（北京：中國人民大學出版社，1991 年）。

16. 宋德宣：《新儒家》（台北：揚智文化事業股份有限公司，1994 年）。

17. 宋仲福，趙吉惠，裴大洋：《儒學在現代中國》（鄭州：中州古籍出版社，1991 年）。

18. 何信全：《儒學與現代民主：當代新儒家政治哲學研究》（台北：中央研究院文哲所，1996 年）。

19. 杜維明：《儒學第三期發展的前景問題》（台北：聯經出版事業公司，1988 年）。

20. 杜維明：《儒家傳統的現代轉化》（北京：中國廣播電視出版社，1992 年）。

21. 杜維明：《儒學第三期發展的前景問題》（台北：聯經出版事業公司，1988 年）。

22. 杜維明：《儒家思想》（台北：東大圖書公司，1997 年）。

23. 余英時：《中國思想傳統的現代詮釋》（南京：江蘇人民出版社，2003 年）。

24. 余英時：《歷史與思想》（台北：聯經出版事業公司，1987 年）。

25. 余英時：《中國文化與現代變遷》（台北：三民書局股份有限公司，1992 年）。

26. 余英時：《從價值系統看中國文化的現代意義》（台北：時報文化，1992 年）。

27. 余英時：《中國思想傳統的現代詮釋》（台北：聯經出版事業公司，1989 年）。

28. 余英時：《史學與傳統》（台北：時報文化，1992 年）。

29. 余英時：《現代儒學的回顧與展望》（北京：生活・讀書・新知三聯書店，2005 年）。

30. 林啟顏：《中國學術思想史》（台北：書林出版有限公司，1994 年）。

31. 林安梧：《儒學革命論：從新儒家哲學的問題向度》（台北：台灣學生書局，1998 年）。

32. 林啟顏：《中國學術思想史》（台北：書林出版有限公司，1994 年）。

33. 金耀基：《中國民本思想史》（台北：台灣商務印書館股份有限公司，1993 年）。

34. 金耀基：《從傳統到現代》（台北：時報文化出版社，1992 年）。

35. 莫詒謀：《柏格森的理智與直覺》（台北：水牛出版社，2001 年）。

36. 郭齊勇：《梁漱溟哲學思想》（武漢：湖南人民出版社，1996 年）。

37. 柴文華：《現代新儒家文化觀研究》（北京：生活・讀書・新知三聯書店，2004 年）。

38. 啟良：《新儒學批判》（上海：上海商聯書店，1996 年）。

39. 陳來：《現代中國哲學的追求：新理學與新心學》（北京：人民出版社，2001 年）。

40. 陳錚：《當代新儒學論文集・外王篇》（台北：文津出版社，1991 年）。

41. 陳啟智主編：《儒學與全球化》（濟南：齊魯書社，2004 年）。

42. 韋政通：《儒家與現代中國》（上海：人民出版社，1990 年）。

43. 韋政通：《中國哲學思想史批判》（台北：水牛圖書出版事業有限公司，1992 年）。

44. 韋政通：《儒家與現代化》（台北：水牛圖書出版事業有限公司，1986 年）。

45. 韋政通：《中國文化概論》（台北：水牛出版社，1991 年）。

46. 韋政通：《中國哲學思想批判》（台北：水牛出版社，1992 年）。

47. 韋政通：《傳統的更新》（台北：水牛出版社，1989 年）。

48. 韋政通：《中國思想傳統的現代反思》（台北：桂冠圖書股份有限公司，1990 年）。

49. 曹跃明：《梁漱溟思想研究》（天津：天津人民初版社，1995 年）。

50. 張豈之主編：《中國儒學思想史》（台北：水牛出版社，1992 年）。

51. 黃光國：《儒家思想與東亞現代化》（台北：巨流圖書公司，1988 年）。

52. 傅偉勳：《學問的生命與生命的學問》（台北：正中書局，1994 年）。

53. 傅偉勳：《批判的繼承與創造的發展》（台北：東大圖書股份有限公司，1986 年）。

54. 鄭大華：《梁漱溟傳》（北京：人民出版社，2001 年）。

55. 鄭大華：《梁漱溟與現代新儒學》（臺北：文津出版社，1993 年）。

56. 鄭家棟：《現代新儒學概論》（南寧：廣西人民出版社，1990 年）。

57. 鄭家棟：《當代新儒學論衡》（臺北：桂冠圖書股份有限公司，1995 年）。

58. 鄭家棟：《斷裂中的傳統：理念與理性之間》（北京：中國社會科學出版社，2004 年）。

59. 鄭志明：《儒學的現世性與宗教性》（嘉義：南華管理學院，1998 年）。

60. 楊明：《現代儒學重構研究》（南京：南京大學出版社，2002 年）。

61. 楊祖漢主編：《儒學與當今世界》（台北：文津出版社，1994 年）。

62. 蔡仁厚：《中國哲學的反省與新生》（台北：正中書局，1994 年）。

63. 蔡仁厚：《儒學的常與變》（台北：東大出版社，1980 年）。

64. 蔡仁厚：《儒家心性之學論要》（台北：文津出版社，1990 年）。

65. 蔡仁厚：《孔孟荀哲學》（台北：台灣學生書局，1990 年）。

66. 蔣永福、吳可、嶽長齡主編：《東西方哲學大辭典》（南昌：江西人民出版社，2008 年）。

67. 劉述先：《新時代哲學的信念與方法》（台北：台灣商務印書館股份有限公司，1991 年）。

68. 劉述先：《中西哲學論文集》（台北：台灣學生書局，1977 年）。

69. 劉述先等著：《當代新儒學論文集：外王篇》（台北：文津出版社，1991 年）。

70. 馮契主編：《哲學大辭典》（上海：上海辭書出版社，1992 年）。

71. 商務印書館編輯部：《辭源》（臺北：遠流出版事業股份有限公司，1989 年）。

72. 蔡德貴、侯拱辰：《道統文化新編》，〈引論〉（濟南：山東大學出版社，2000 年）。

（二）越文

1. 吳必素（Ngô Tất Tố）：《批評陳仲金的《儒教》》（河內：梅嶺出版社，1940 年）。

2. 陳文由（Trần Văn Giàu）：《越南思想由 19 世紀至八月革命時期的發展》（河內：社會科學出版社，1975 年）。

3. 馬江麟（Mã Giang Lân）：《二十世紀上半葉的文學爭論》（河內：通訊出版社，2005 年）。

4. 潘玉（Phan Ngọc）：《越南文化與法國文化的接觸》（河內：文化通訊出版社與文化研究院，2006 年）。

5. 陶維英（Đào Duy Anh）：《越南文化史綱》（河內：文化通訊出版社，2006 年）。

6. 陶維英（Đào Duy Anh）：《孔教批評小論》（順華：觀海叢書，1938 年）。

三、期刊論文

（一）中文

1. 王宗昱：〈梁漱溟與心理學〉，《哲學與文化》，1990 年 9 月，第 9 期，第 17 卷，頁 826～837。

2. 牛君，溫炳祿：〈論梁漱溟、胡適的中西文化思想及其對新民主主義文化的影響〉，《山西高等學校社會科學學報》，2002 年 3 月，第 3 期，第 14 卷，頁 112～115。

3. 史云波：〈陳獨秀與梁漱溟的中西文化觀異同論〉，《江蘇大學學報（社會科學報）》，2002 年 9 月，第 3 期，第 4 卷，頁 18～22。

4. 史炳軍，李敏：〈面對西學：梁漱溟對中國文化的闡釋與批評〉，《西北大學學報（哲學社會科學版）》，2002 年 5 月，第 2 期，第 32 卷，頁 96～101。

5. 史炳軍：〈梁漱溟晚期心性論研究〉，《西北大學學報（哲學社會科學版）》，1998 年，第 4 期，第 28 卷，總第 101，頁 78～82。

6. 史鋒銳：〈剛直不阿的梁漱溟〉，《文史精華》，2000 年 10 月，總 125 期，頁 47～52。

7. 申曉勇：〈傳統與現代的二難抉擇：梁漱溟的中西文化取向〉，《青海示範大學學報》，2002 年 1 月，第 1 期，總第 92 期，頁 31～34。

8. 朱從兵：〈梁漱溟社會發展史動力觀及對人類社會歷史發展的總體把握〉，《世紀橋》，2000 年，第 1 期，頁 31～33。

9. 朱人求：〈梁漱溟的文化發展理論〉，《南昌職業技術師范學院學報》，1999 年，第 1 期，頁 22～25。

10. 江海:〈中西文化觀的地平線:馮友蘭、梁漱溟中西文化觀上的方法論考察〉,《船山學報》,1997年,第2期,頁41～45。

11. 李道湘:〈文化大師的心思歷程:梁漱溟思想形成的發生學探討〉,《中央社會主義學院學報》,1998年,第11期,頁24～28。

12. 李可亭:〈論五四後梁漱溟在傳統思想現代化方面的局限性〉,《鄭州大學學報(哲學社會科學版)》,2002年5月,第3期,第35卷,頁27～30。

13. 李翔海:〈世紀之交的回觀:後現代視野下的梁漱溟中西文化觀〉,《北京社會科學》,1998年,第3期,頁60～66。

14. 李鐵強,殷耀德:〈論梁漱溟鄉村建設理論的現代意義〉,《咸寧師專學報》,1997年11月,第4期,第17卷,總第55期,頁7～10。

15. 李振網,宋薇:〈梁漱溟文化心理學述評〉,《河北大學成人教育學院學報》,2000年9月,第3期,第2卷,頁6～8。

16. 李毅:〈梁漱溟「人生倫理」之理性追求的偏執〉,《中國倫理史研究》,2001年,第3期,頁48～50。

17. 季芳桐:〈梁漱溟對孔子倫理思想的體認〉,《南京理工大學學報(社會科學版)》,2002年,第1期,第15卷,頁13～19。

18. 肖良武:〈從「出世」到「入世」:梁漱溟由佛轉儒思想的嬗變〉,《貴州社會科學》,2000年,第6期,總第168期,頁94～98。

19. 谷孝虎:〈「五四」時期胡適和梁漱溟中西文化觀之比較〉,《金陵職業大學學報》,1999年6月,第2期,第14卷,頁50～52。

20. 沈松平,俞成鳳:〈梁漱溟的新民觀及其實踐〉,《廣西地理志》,2001年,第6期,頁47～49。

21. 邱志強:〈對梁漱溟鄉村合作運動的反思〉,《中國社會經濟史研究》,2002年,第2期,頁100～104。

22. 周德豐:〈略論梁漱溟的中西印文化比較觀〉,《天津社會學報》,1997年,第6期,頁46～52。

23. 周志煌:〈梁漱溟與泰州學派〉,《輔大中研所學刊》,1997年,第6期,頁166～188。

24. 林存光：〈中國文化的問題性：梁漱溟「文化問題論」的內在思維理路〉，《齊魯學刊》，1998 年，第 6 期，頁 102～108。

25. 柳友榮：〈再論梁漱溟心理學思想〉，《心理學報》，2000 年，第 4 期，第 32 卷，頁 470～474。

26. 洪文傑：〈論「五四」時期東西文化論爭中梁漱溟的文化思想〉，《天中學報》，2000 年 2 月，第 1 期，第 15 卷，頁 43～45。

27. 馬瑞：〈梁漱溟儒家政治人格及其鄉村建設實踐〉，《河南大學學報》，2000 年 11 月，第 6 期，第 40 卷，頁 57～58。

28. 孫遠方，吳振文：〈梁漱溟與鄒平「鄉村建設」〉，《濱州教育學院學報》，2000 年 12 月，第 4 期，第 6 卷，頁 21～25。

29. 韋政通：〈梁漱溟的人格特質與生命動力〉，《南昌大學學報（人社版）》，1999 年 6 月，第 2 期，第 30 卷，頁 1～8。

30. 陳來：〈論梁漱溟早期的中西文化觀〉，《武漢大學學報（人文科學版）》，2001 年 5 月，第 3 期，第 54 卷，頁 261～269。

31. 陳來：〈對新文化運動的再思考：從「五四」後期的梁漱溟說起〉，《南昌大學學報（人社版）》，2000 年 1 月，第 1 期，第 31 卷，頁 1～5。

32. 陳雷：〈基於心理事實他探究倫理道德：試論梁漱溟研究倫理道德的方法〉，《南京理工大學學報（社會科學版）》，2001 年 6 月，第 3 期，第 14 卷，頁 33～37。

33. 陸信禮，周德豐：〈論梁漱溟譯孔闡儒的內容及方法〉，《南開學報》，2001 年，第 3 期，頁 44～50。

34. 時廣東：〈似聖非聖：梁漱溟早期思想探微〉，《重慶師院學報哲社版》，1998 年，第 2 期，頁 23～31。

35. 柴文華：〈論梁漱溟的人哲學〉，《哲學研究》，2001 年，第 10 期，頁 43～48。

36. 栗玉仕：〈文化失調與儒者復出的呼喚：梁漱溟東西倫理文化觀研究〉，《中南工業大學學報（社會科學版）》，1999 年 3 月，第 1 期，第 5 卷，頁 78～82。

37. 翁有為：〈新儒家的「守身」與「捨身」：梁漱溟在「文化大革命」中的學術心路分析〉，《史學月刊》，1998 年，第 6 期，頁 53～57。

38. 袁陽：〈儒學的張力：韋伯、梁漱溟儒學觀比較〉，《哲學與文化》，2001 年 7 月，第 7 期，第 28 卷，頁 662～676。

39. 高瑞泉：〈直覺與工具理性批判：梁漱溟對儒家經典的文化詮釋〉，《台大歷史學報》，2002 年 6 月，第 29 期，頁 107～125。

40. 曹跃明：〈論梁漱溟的多元文化觀〉，《中國哲學史》，1997 年，第 1 期，頁 94～100。

41. 彭啟福：〈當代新儒家的先驅：梁漱溟〉，《北方論叢》，1998 年，第 4 期，總第 150 期，頁 14～19。

42. 張牛：〈梁漱溟的文化哲學觀及其現代價值〉，《重慶郵電學院學報》，2000 年，第 1 期，第 1 卷，頁 21～24。

43. 張應凱：〈梁漱溟道德哲學探析〉，《武漢理工大學學報（社會科學版）》，2001 年 12 月，第 6 期，第 14 卷，頁 525～528。

44. 張光芒：〈論梁漱溟的理性觀〉，《棗庄師專學報》，2001 年，第 6 期，第 18 卷，頁 88～93。

45. 張文儒：〈梁漱溟與佛學〉，《湘潭師範學院學報》，2001 年 3 月，第 2 期，第 23 卷，頁 5～11。

46. 張秀軍：〈心理學的哲學之光〉，《遼寧師範大學學報（社會科學版）》，2001 年 3 月，第 2 期，第 24 卷，頁 4～6。

47. 程恭讓：〈梁漱溟的佛教思想述評〉，《孔子研究》，1998 年，第 2 期，頁 66～75。

48. 程恭讓：〈從太虛與梁漱溟的一場爭辯看人生佛教的理論難題〉，《哲學研究》，2002 年，第 5 期，頁 71～77。

49. 楊雪英，陳太彬：〈梁漱溟的文化理想及其影響〉，《淮陰師範學院學報（哲學社會科學版）》，2001 年 3 月，第 23 卷，頁 351～353。

50. 楊雷聘：〈宗教與生命的糾結〉，《南昌大學學報（人社版）》，2001 年 10 月，第 4 期，第 32 卷，頁 19～24。

51. 熊呂茂：〈近十年來梁漱溟研究綜述〉，《湖南師範大學社會科學學報》，1997 年，第 5 期，第 26 卷，頁 68～73。

52. 熊呂茂：〈梁漱溟與「五四」新文化運動〉，《長沙電力學院學報（社會科學版）》，2002 年，第 2 期，第 17 卷，頁 69～73。

53. 熊呂茂：〈梁漱溟的文化思想綜論〉，《湘潭師範學院學報》，2000 年 7 月，第 4 期，第 21 卷，頁 54～57。

54. 熊呂茂：〈梁漱溟的文化哲學思想初探〉，《株洲師範高等專科學校學報》，2002 年 6 月，第 3 期，第 7 卷，頁 5～10。

55. 熊呂茂：〈梁漱溟與柏格森的生命哲學〉，《常德師範學院學報（社會科學版）》，2000 年，第 2 期，第 25 卷，頁 35～39。

56. 熊呂茂，丁小紅：〈是佛家還是儒家：梁漱溟的思想歸宿辨析〉，《湘潭師範學院學報》，1999 年 8 月，第 4 期，第 20 卷，頁 75～77。

57. 熊呂茂：〈梁漱溟的儒佛文化觀之比較〉，《湖湘論壇》，2000 年，第 4 期，頁 73～74。

58. 熊呂茂：〈梁漱溟的道德理性思想評析〉，《內蒙古師範大學學報（哲學社會科學版）》，2002 年，第 1 期，第 31 卷，頁 31～35。

59. 熊呂茂：〈梁漱溟的佛學文化思想探略〉，《林洲師範高等專科學校學報》，2000 年 2 月，第 1 期，第 21 卷，頁 21～26。

60. 趙衛東：〈中西文化的深層撞擊與整合：梁漱溟先生中西文化觀述評〉，《鵝湖月刊》，1997 年，第 5 期，第 28 卷，頁 40～49。

61. 鄭萬鵬：〈梁漱溟與托爾斯泰〉，《中國文化研究》，1997 年，夏之卷，總第 16 期，頁 110～114。

62. 鄭黔玉：〈試論梁漱溟鄉村建設的文化哲學基礎〉，《貴州大學學報（社會科學版）》，2000 年 7 月，第 4 期，第 18 卷，頁 10～15。

63. 鄭劍虹：〈梁漱溟自戀人格的心理分析〉，《寧德師專學報（哲學社會科學版）》，1997 年，第 2 期，總第 41 期，頁 28～32。

64. 劉長林：〈試析梁漱溟對中國傳統人生態度的闡說〉，《學術月刊》，1998 年，第 2 期，頁 84～91。

65. 劉長林：〈梁漱溟生命化的人性本善論述評〉,《上海大學學報（社會科學版）》,1998 年,第 3 期,第 5 卷,頁 36～42。

66. 劉秀江：〈梁漱溟的生命哲學觀與鄉村教育理論述評〉,《高等師範教育研究》,1998 年,第 3 期,頁 75～79。

67. 劉秀江：〈梁漱溟文化思想述評〉,《首都師範大學學報（社會科學版）》,1998 年,第 6 期,總第 125 期,頁 22～26。

68. 魏小奮：〈法治化民主的精神何在：梁漱溟思想解讀〉,《北方論叢》,2001 年,第 1 期,總第 165 期,頁 64～66。

69. 譚吉華：〈試論梁漱溟文化思想的特點〉,《婁底師專學報》,2000 年 7 月,第 3.期,頁 40～43。

70. 鄭家棟：〈直覺思維與現代新儒學〉,《吉林大學科學學報》,1988 年,第二期。

（二）越文

1. 阮金山（Nguyễn Kim Sơn）：〈梁漱溟和中國現代新儒學的產生〉,《科學雜誌》,第一期（河內：越南河內國家大學,2005 年）。

2. 阮金山（Nguyễn Kim Sơn）：〈關於當今學界研究儒教所使用術語的若干意見〉,《漢喃學通報》（河內：漢喃研究院,1997 年）。

3. 阮壽德（Nguyễn Thọ Đức）：〈研究潘佩珠《孔學燈》裏的儒教思想現代化趨向〉,《漢喃雜誌》,第六期（河內：漢喃研究院,2011 年）。